NÓS
QUEREMOS
QUE
VOCÊ
FIQUE
RICO

NÓS QUEREMOS QUE VOCÊ FIQUE RICO

Dois Homens • Uma Mensagem

— Edição Revista e Atualizada —

Donald J. TRUMP   Robert T. KIYOSAKI

ALTA BOOKS
E D I T O R A
Rio de Janeiro, 2017

Nós Queremos que Você Fique Rico — Dois Homens, Uma Mensagem
Copyright © 2017 da Starlin Alta Editora e Consultoria Eireli. ISBN: 978-85-508-0126-1

Translated from original Why We Want You To Be Rich by Donald J. Trump and Robert T. Kiyosaki. Copyright © 2006 by Donald J. Trump and Robert T. Kiyosaki. ISBN 978-1-61268-091-0. This edition published by arrangement with Rich Dad Operating Company, LLC., the owner of all rights to publish and sell the same. PORTUGUESE language edition published by Starlin Alta Editora e Consultoria Eireli, Copyright © 2017 by Starlin Alta Editora e Consultoria Eireli.

CASHFLOW, Rich Dad, Rich Dad Advisors, ESBI, e Triângulo B-I são marcas registradas da *CASHFLOW Tecnologies, Inc.*

Todos os direitos estão reservados e protegidos por Lei. Nenhuma parte deste livro, sem autorização prévia por escrito da editora, poderá ser reproduzida ou transmitida. A violação dos Direitos Autorais é crime estabelecido na Lei nº 9.610/98 e com punição de acordo com o artigo 184 do Código Penal.

A editora não se responsabiliza pelo conteúdo da obra, formulada exclusivamente pelo(s) autor(es).

Marcas Registradas: Todos os termos mencionados e reconhecidos como Marca Registrada e/ou Comercial são de responsabilidade de seus proprietários. A editora informa não estar associada a nenhum produto e/ou fornecedor apresentado no livro.

Impresso no Brasil — 2017 — Edição revisada conforme o Acordo Ortográfico da Língua Portuguesa de 2009.

Publique seu livro com a Alta Books. Para mais informações envie um e-mail para autoria@altabooks.com.br

Obra disponível para venda corporativa e/ou personalizada. Para mais informações, fale com projetos@altabooks.com.br

Produção Editorial Editora Alta Books	**Gerência Editorial** Anderson Vieira	**Produtor Editorial** (Design) Aurélio Corrêa	**Marketing Editorial** Silas Amaro marketing@altabooks.com.br	**Vendas Atacado e Varejo** Daniele Fonseca Viviane Paiva comercial@altabooks.com.br
Produtor Editorial Claudia Braga Thiê Alves	**Supervisão de Qualidade Editorial** Sergio de Souza	**Editor de Aquisição** José Rugeri j.rugeri@altabooks.com.br	**Vendas Corporativas** Sandro Souza sandro@altabooks.com.br	**Ouvidoria** ouvidoria@altabooks.com.br
Equipe Editorial	Bianca Teodoro Christian Danniel	Ian Verçosa Illysabelle Trajano	Juliana de Oliveira Renan Castro	
Tradução (1ª edição) Alessandra Mussi Araujo	**Copidesque** (atualização) Carolina Gaio	**Revisão Gramatical** (atualização) Thamiris Leiroza	**Diagramação** (atualização) Daniel Vargas	

Erratas e arquivos de apoio: No site da editora relatamos, com a devida correção, qualquer erro encontrado em nossos livros, bem como disponibilizamos arquivos de apoio se aplicáveis à obra em questão.

Acesse o site www.altabooks.com.br e procure pelo título do livro desejado para ter acesso às erratas, aos arquivos de apoio e/ou a outros conteúdos aplicáveis à obra.

Suporte Técnico: A obra é comercializada na forma em que está, sem direito a suporte técnico ou orientação pessoal/exclusiva ao leitor.

CIP-Brasil. Catalogação-na-fonte.
Sindicato Nacional dos Editores de Livros, RJ

T791n   Trump, Donald, 1946-
Nós queremos que você fique rico/Donald J. Trump, Robert T. Kiyosaki; tradução Alessandra Mussi Araujo. – Rio de Janeiro: Alta Books, 2017.

Tradução de: Why we want you to be rich
ISBN: 978-85-508-0126-1

1. Trump, Donald, 1946-. 2. Kiyosaki, Robert T., 1947-.
3. Finanças pessoais. 4. Investimentos. 5. Ricos. 6. Riqueza.
I. Título.

07-0385.   CDD: 332.024
                                                      CDU: 330.567.2

Rua Viúva Cláudio, 291 — Bairro Industrial do Jacaré
CEP: 20.970-031 — Rio de Janeiro (RJ)
Tels.: (21) 3278-8069 / 3278-8419
www.altabooks.com.br — altabooks@altabooks.com.br
www.facebook.com/altabooks — www.instagram.com/altabooks

Outros Best-sellers da Série *Pai Rico*

Pai Rico, Pai Pobre

Independência Financeira

O Poder da Educação Financeira

O Guia de Investimentos

Filho Rico, Filho Vencedor

Aposentado Jovem e Rico

Profecias do Pai Rico

Histórias de Sucesso

Escola de Negócios

Quem Mexeu no Meu Dinheiro?

Pai Rico, Pai Pobre para Jovens

Pai Rico em Quadrinhos

Empreendedor Rico

Desenvolva Sua Inteligência Financeira

Mulher Rica

O Segredo dos Ricos

Empreendedorismo Não Se Aprende na Escola

O Toque de Midas

O Negócio do Século XXI

Imóveis: Como Investir e Ganhar Muito Dinheiro

Irmão Rico, Irmã Rica

Como Comprar e Vender Empresas e Ganhar Muito Dinheiro

O objetivo deste livro é fornecer informações gerais sobre investimentos. Contudo, leis e práticas quase sempre variam entre países e estão sujeitas a mudanças. Visto que cada situação real é singular, orientações específicas devem ser adaptadas às circunstâncias. Por isso, aconselha-se ao leitor que procure seu próprio assessor no que diz respeito a uma situação específica.

O autor tomou precauções razoáveis na preparação desta obra e acredita que os fatos aqui apresentados são precisos na data em que foram escritos. Contudo, nem o autor, nem a editora, assumem quaisquer responsabilidades por erros ou omissões. O autor e a editora especificamente se eximem de qualquer responsabilidade decorrente do uso ou da aplicação das informações contidas neste livro. Além disso, o objetivo dessas informações não é servir como orientação legal relacionada a situações individuais.

A Editora Alta Books não se responsabiliza pela manutenção e conteúdo no ar de eventuais websites, bem como pela circulação e conteúdo de jogos indicados pelo autor deste livro.

SUMÁRIO

Nota dos Autores	ix
Introdução	1
Parte 1	**13**
Por que Donald Trump e Robert Kiyosaki Escreveram Este Livro	
Capítulo 1: O Milionário Conhece o Bilionário	15
Capítulo 2: Preocupações Divididas	31
Capítulo 3: O Encolhimento da Classe Média	41
Capítulo 4: Como Se Tornar Rico	55
Capítulo 5: Nós Queremos que Você Fique Rico	67
Parte 2	**81**
Três Tipos de Investidores	
Capítulo 6: Investir para Vencer	83
Capítulo 7: Escolha Sua Batalha — e Seu Campo de Batalha	91
Capítulo 8: A Diferença entre Poupadores e Investidores	101
Capítulo 9: As Duas Coisas que Você Investe	115
Capítulo 10: Os Vencedores Comandam	129
Capítulo 11: Criatividade dos Lados Direito e Esquerdo do Cérebro	137
Capítulo 12: Pense Grande — Abra Sua Mente	145
Capítulo 13: Ficar Muito Rico É Previsível... Não Arriscado	153
Parte 3	**161**
Momentos Decisivos: Indo Além de Ganhar ou Perder	
Capítulo 14: O que Você Aprendeu com Seu Pai?	165
Capítulo 15: O que Você Aprendeu com Sua Mãe?	173
Capítulo 16: O que Você Aprendeu na Escola?	179
Capítulo 17: Como o Ensino Militar Ajudou a Definir Sua Vida?	185
Capítulo 18: Que Lição Definitiva Você Aprendeu com os Esportes?	195
Capítulo 19: O que Você Aprendeu com os Negócios?	209
Capítulo 20: Quais São Suas Filosofias sobre Deus, Religião e Dinheiro?	215

Parte 4 — **225**
Se Estivesse no Meu Lugar, o que Você Faria?
Capítulo 21: Ainda Sou um Estudante. O que Devo Fazer? — 227
Capítulo 22: Sou um Adulto sem Muito Dinheiro. O que Devo Fazer? — 245
Capítulo 23: Estou na Meia-idade sem Muito Dinheiro. O que Devo Fazer? — 255
Capítulo 24: E Se Eu Já For Rico? Que Conselho Vocês Têm para Mim? — 267
Capítulo 25: Por que Algumas Pessoas que Desejam Ficar Ricas… Falham Nesta Tentativa? — 275

Parte 5 — **285**
Pise Fundo
Capítulo 26: Por que Você Investe em Imóveis? — 287
Capítulo 27: Por que Você Recomenda o Marketing de Rede? — 301
Capítulo 28: Por que Você Aconselha Começar o Próprio Negócio? — 311
Capítulo 29: Os Líderes São Professores — 321

Conclusão — **329**

Nota dos Autores
As Previsões Se Tornam Reais

Há três pontos que quero ressaltar. Estes pontos explicam por que este livro, *Nós Queremos que Você Fique Rico*, é mais relevante hoje do que quando foi lançado, em 2006.

Ponto #1:

Em 2004, quando Donald Trump e eu nos reunimos pela primeira vez, descobrimos que compartilhávamos as mesmas preocupações. Essas questões em comum nos levaram a escrever este livro. Algumas destas inquietações são:

1. Uma queda do dólar americano e como esta queda iria acabar com os poupadores e com a riqueza da classe média.

2. O aumento do preço do petróleo. Com o aumento do consumo mundial de petróleo, seu preço permanece subindo. O petróleo afeta tudo, o que significa que tudo se torna mais caro. Novamente, isso afeta os poupadores e a classe média.

3. Dívidas excessivas. Não só o consumidor está com dívidas, mas também o governo norte-americano. Hoje, o mundo está girando ao redor da confusão do crédito de risco.

4. Os planos de aposentadoria e as empresas de fundos mútuos estão destruindo os seus investidores. Logo depois que este livro foi publicado, o *Wall Street Journal* escreveu um artigo validando as nossas preocupações.

Ponto #2:

Quando *Nós Queremos que Você Fique Rico* foi publicado, em 2006, o livro foi severamente criticado por muitas pessoas. Esta edição do livro aponta por que esses críticos não estavam tendo uma visão completa da situação.

Ponto #3:
Donald e eu unimos forças como educadores... Nós dois tivemos pais ricos que foram nossos professores. Nós escrevemos este livro porque confiamos na educação financeira. Acreditamos que é hora de se tornar expert em relação às suas finanças e de ficar rico, em vez de contar com o governo e com os políticos para cuidar de você e do seu dinheiro.

— Robert T. Kiyosaki

O *Wall Street Journal* critica o nosso livro:
em 11 de outubro de 2006...

O colunista do *Wall Street Journal* Jonathan Clements nos criticou sobre os planos de aposentadoria e os fundos mútuos. A chamada da matéria era:

O Livro Deles É Quente, Mas Suas Dicas Financeiras Não

e desafiou a nossa postura de que as companhias de fundos mútuos levam 80% dos lucros, deixando os investidores com apenas **20%**.

Menos de um ano depois... no *Wall Street Journal*:
em 14 de março de 2007, em um artigo de primeira página de Eleanor Laise...

Quanto Seu Plano de Aposentadoria Está Lhe Custando?
Como o Congresso, os Reguladores de Encargos Ocultos e os Empregadores Começam a Abater Planos de Alto Custo e a Negociar Taxas mais Baixas

Em resumo: o pequeno investidor está sendo roubado — legalmente. Os EUA são o melhor país para você que é rico ou deseja se tornar rico, porém um país terrível para você que é pobre ou — ainda pior — que trabalha arduamente e, então, fica doente. É por isso que nós queremos que você fique rico. E, para isso, você precisa diferenciar bons e maus conselhos financeiros.

Introdução
Nós Queremos que Você Fique Rico
DOIS HOMENS • UMA MENSAGEM

Os ricos estão ficando cada vez mais ricos, e você?

"Estamos perdendo nossa classe média, e o encolhimento dessa parcela da sociedade é uma ameaça à estabilidade dos Estados Unidos e do mundo democrático propriamente dito. Queremos que você fique rico para que possa ser parte da solução... em vez de ser parte do problema."

— *Donald J. Trump e
Robert T. Kiyosaki*

Donald Trump e Robert Kiyosaki estão preocupados. Suas inquietações se resumem aos ricos estarem cada vez mais ricos, enquanto os Estados Unidos empobrecem. A exemplo das calotas polares, a classe média está desaparecendo. A América está se tornando um país de duas classes sociais. Em breve, haverá ricos ou pobres. Donald e Robert querem que você seja rico.

Este fenômeno — o encolhimento da classe média — é um problema global, mas predominante nas nações mais ricas, integrantes do G–8 (como Inglaterra, França, Alemanha, Japão etc.).

O ex-presidente do *Federal Reserve*, Alan Greenspan, falou: "Como sempre digo, esse não é o tipo de coisa que uma sociedade democrática — uma sociedade capitalista — pode aceitar passivamente." E prosseguiu explicando como a desigualdade entre os ricos e o restante da população norte-americana aumentou a tal ponto, e cresce tão rapidamente, que pode chegar a ameaçar a estabilidade do próprio capitalismo democrático.

O Problema É a Educação

O que o ex-presidente do *Federal Reserve*, o Banco Central Americano, apontou como a principal causa do problema? Com uma única palavra, sua resposta foi: *educação*. Greenspan assinala que as crianças norte-americanas do 4º ano do ensino fundamental estão acima das médias mundiais. Porém, no 3º ano do ensino médio, elas estão abaixo. Ele diz: "Temos que fazer algo para evitar que isso aconteça."

Donald Trump e Robert Kiyosaki também culpam a *educação*. Mas eles se concentram em um tipo diferente de ensino, a *educação financeira*. Ambos se preocupam muito com a falta de ensino financeiro de qualidade, em todos os níveis. Eles veem a falta de educação financeira como a culpada pelo país ter passado da nação mais rica do mundo para a maior devedora da história, tão rapidamente. Sendo o dólar americano a base monetária do mundo, o enfraquecimento da economia e da moeda americana não é nada bom para a estabilidade mundial. Como se diz constantemente em outras partes do mundo: "Quando os Estados Unidos espirram, o mundo pega um resfriado."

Ambos São Educadores

Donald Trump e Robert Kiyosaki são investidores e empreendedores de sucesso. Ambos fazem negócios e são reconhecidos internacionalmente. Ambos também são professores. São autores de best-sellers, produzem jogos educacionais, dão palestras em eventos de ensino de finanças e tiveram programas educativos na televisão. Donald Trump comandou o megassucesso *O Aprendiz*, e Robert Kiyosaki, o *Rich Dad's Guide to Wealth* ("O Guia do Pai Rico para a Riqueza", em tradução livre), na PBS, uma rede de televisão pública educativa aclamada como uma das melhores do mundo.

Ambos são professores, não porque precisem de mais dinheiro. Eles são educadores porque estão preocupados com seu destino e o de sua família, dos Estados Unidos e do mundo.

Os ricos que querem fazer a diferença, normalmente, doam dinheiro a causas em que acreditam. Mas Donald e Robert doam seu tempo, além de dinheiro. Como diz o ditado, você pode dar um peixe para um necessitado e alimentá-lo por um dia, ou ensiná-lo a pescar e alimentá-lo pelo resto da vida. Em vez de apenas preencher cheques para ajudar os pobres e a classe média, Donald e Robert ensinam as pessoas a pescar.

Aconselhamento Financeiro

Há três níveis de aconselhamento financeiro: para os pobres, para a classe média e para os ricos. Aos pobres, dizem que o governo cuidará deles. Os menos favorecidos contam com a Previdência Social. Para a classe média, o conselho é: arrume um emprego, trabalhe com afinco, viva abaixo de suas posses, guarde dinheiro, invista em longo prazo em fundos de investimento e diversifique as aplicações. As pessoas da classe média, em sua maioria, são investidores passivos — trabalhadores que investem para *não* perder. Os ricos são investidores ativos e investem para ganhar. Este livro explica como se tornar um investidor ativo — expandindo seus recursos para viver muito bem e investir para ganhar.

Donald Trump e Robert Kiyosaki são autores de best-sellers e palestrantes requisitados porque ensinam as pessoas a expandir os seus recursos e a melhorar a qualidade de vida, em vez de trabalhar pesado e viver abaixo de suas posses. Eles querem que as pessoas trabalhem e invistam para vencer.

Um Pouco de História

Durante a *Era Pré-histórica*, dos caçadores-coletores, os homens viviam em tribos e, para a maioria, todas as pessoas eram iguais. Mesmo se fosse chefe da tribo, você viveria de modo bem semelhante aos demais. Os líderes não tinham jatinhos executivos, imóveis multibilionários nem paraquedas dourados.

Na *Era Agrícola*, a sociedade passou a ter dois níveis. O rei e seus amigos ricos em um, e todo o restante (os camponeses) trabalhando para o rei e para a outra camada da sociedade. Em geral, o rei era o dono da terra. Os camponeses trabalhavam no imóvel e pagavam ao rei uma espécie de imposto, que consistia em parte das suas colheitas. Os camponeses nada possuíam, ao passo que a realeza era dona de tudo.

Na *Era Industrial*, a classe moderna nasceu nos Estados Unidos e, com ela, a democracia.

Os antepassados da América ficaram tão impressionados com as cinco tribos iroquesas, que viviam na região atualmente conhecida como Nova Inglaterra, que usaram o modelo tribal como a base da nossa democracia. Esse modelo elegia representantes, nas esferas estadual e federal, e um supremo tribunal (composto totalmente por mulheres).

Ao mesmo tempo em que os fundadores da América copiavam o modelo iroquês, a ideia de democracia e classe média ainda estava longe da realidade na Europa — exatamente quando uma poderosa classe média e uma sociedade democrática eclodiam nos Estados Unidos.

Hoje, na *Era da Informação*, a classe média está sucumbindo lentamente e, com ela, o capitalismo democrático. Ao contrário de outros momentos na história, há uma lacuna muito grande e de crescimento constante entre os que têm e os que não têm. Estamos regredindo para a *Era Agrícola*, em que não havia democracia e existiam apenas duas classes sociais, ou estamos evoluindo para uma nova forma de capitalismo e democracia?

Problemas à Vista

Agora que estamos tomando consciência dos efeitos do aquecimento global, também estamos nos conscientizando dos efeitos da extinção da classe média. Atualmente, a maioria dos membros da classe média sentem-se salvos e seguros. Estão satisfeitos, embora quase todos saibam dos problemas no porvir.

Eles sentem-se seguros porque acreditam que o governo entrará em ação, cuidará da situação e os protegerá. O que eles não sabem é que o governo pouco pode fazer para protegê-los. Os governantes, mesmo os norte-americanos, não podem proteger o povo como antigamente, pois *os problemas passaram a ser globais*. Por exemplo, o preço do petróleo é determinado por países fora do controle dos Estados Unidos. O terrorismo não é uma guerra contra nações. É uma guerra contra ideias. Um terrorista pode atacar em qualquer lugar e desaparecer na multidão. A globalização, que provoca a perda de tantos empregos no país, é consequência do fato de as multinacionais tornarem-se mais ricas e poderosas do que muitos países. Essa globalização também possibilitou a comunicação instantânea, por meio da internet, em todo canto do mundo. A comunicação se tornou possível a qualquer hora e em qualquer lugar.

Internamente, os *ambientalistas* observam que algumas espécies de sapos estão desaparecendo; os *economistas* noticiam que os planos de aposentadoria e assistência médica estão desaparecendo para as classes média e baixa. Em poucos anos, a maior geração de *baby boomers*[1] da história se aposentará no mundo todo. Os governos de quase todos os países não têm recursos financeiros para honrar os seus compromissos.

Homens de Negócios, Não Políticos

As pessoas esperam que seus governantes cuidem dos problemas cada vez maiores que as classes média e baixa enfrentam. Donald Trump e Robert Kiyosaki não são políticos (apesar da forte mobilização para que Donald concorra à presidência[2]). Eles escreveram este livro como empreendedores, investidores e educadores.

Em vez de prometer resolver seus problemas, os autores querem que você não se torne vítima deles. Não espere que os políticos e oficiais do governo deem as soluções. Não pense que você está *destinado* a uma vida segura, próspera e saudável. É por isso que Donald e Robert querem que você fique rico e se torne parte da solução dos problemas que enfrentamos nos âmbitos nacional e mundial.

Este Não É um Livro de Autoajuda

Quando se trata de dinheiro, muitos querem ouvir exatamente o que fazer. Fazem perguntas específicas como: "Tenho $25 mil. O que devo fazer com esse dinheiro?" Quando você diz que não sabe o fazer com seu dinheiro, as pessoas

---

[1] Depois da Segunda Guerra Mundial, a Europa (especialmente a Grã-Bretanha e a França), os Estados Unidos, o Canadá e a Austrália tiveram um aumento de natalidade repentino, que ficou conhecido como *baby boom*; daí pessoas nascidas nesses países, entre 1946 e 1964, serem chamadas de *baby boomers*. (N. E.)

[2] No momento que este livro foi escrito, tudo não passava de hipótese. No entanto, como todos nós sabemos, essa mobilização acabou surtindo efeito e apesar de sua vitória ter sido considerada improvável por muitos especialistas, Trump foi eleito em 2016. (N. E.)

gostam de dizer o que você deve fazer... e a recomendação será que você deixe o dinheiro por conta delas.

Este não é um livro de autoajuda. Donald e Robert não dirão em que você deve investir. Eles vão compartilhar com você o que pensam, porque venceram do ponto de vista financeiro, e como eles veem o mundo do dinheiro, dos negócios e dos investimentos.

Uma Questão de Ponto de Vista

A maioria dos ricos não quer que você saiba o que eles sabem nem que descubra os segredos de como ficar rico. Mas Donald e Robert são diferentes. Eles querem compartilhar o que sabem com você.

Uma das definições de *liderança* é visão. Este livro é sobre visão, sobre como ver o que a maioria não consegue através dos olhos de dois homens que venceram (e vez por outra perderam) o jogo do dinheiro. *Nós Queremos que Você Fique Rico* é um livro que conta o que esses dois homens pensam e por que pensam assim. Através dos olhos deles, você obterá novas ideias sobre como melhorar seu futuro financeiro.

Uma Palavra de Alerta

No mundo do dinheiro, há uma palavra muito usada — *transparência*. Esta palavra tem muitas definições. Três delas se aplicam a este livro:

1. Livre de ostentação ou falsidade
2. Algo fino o bastante para que se possa ver através dele
3. Facilmente compreensível

As pessoas querem ter uma visão mais aguçada; assim, poderão ver com seus próprios olhos e tomar suas próprias decisões. Como nosso sistema educacional não proporciona educação financeira, os alunos não desenvolvem esse tipo de visão. Se não conseguem enxergar, não há transparência e, como consequência, quase todos acabam confiando a administração do seu dinheiro a terceiros. Seguem de olhos fechados o conselho de "trabalhar com afinco, economizar, investir em longo prazo em fundos de investimento e diversificar as aplicações". Trabalham muito e seguem esse conselho porque não têm visão.

Uma palavra de alerta: se você acredita que trabalhar com afinco, economizar e investir em longo prazo em fundos de investimento e diversificar as aplicações é um bom conselho, talvez este livro não sirva para você.

Donald e Robert não investem em fundos mútuos, porque as empresas de fundos mútuos não são obrigadas a ser transparentes e nem a divulgar suas verdadeiras despesas. Uma vez que a maioria dos investidores amadores não se atenta para isso, este fato não os incomoda. Os investidores profissionais, como Donald e Robert, exigem transparência em todos os seus investimentos.

Embora economizar e investir em fundos possa ser um bom conselho financeiro para as classes média e baixa, a recomendação não serve para aqueles que querem ficar ricos. Este livro trata de como enxergar com os olhos de dois homens ricos e entender um mundo do dinheiro que pouquíssimas pessoas chegam a vislumbrar.

Como a História Afeta o Presente

Este livro também explicará como a história nos trouxe a este estado financeiro de emergência. Algumas datas importantes são:

1971: O dinheiro deixou de ser dinheiro e tornou-se moeda quando parou de ser lastreado pelo ouro. Esse foi o ano em que a expressão "guardar dinheiro" tornou-se obsoleta e um mau conselho financeiro. Hoje, a classe média tem pouquíssimo na poupança.

Isso pode ter acontecido porque sabiam que a ideia de poupar é obsoleta?

1973: A primeira crise do petróleo já foi sentida. Isso é um problema político. Hoje, no entanto, a atual crise do petróleo consiste em um verdadeiro problema de oferta e procura que afetará a todos nós. Alguns ficarão mais ricos, mas a maioria ficará mais pobre, como resultado da atual escassez de petróleo.

Como a atual crise do petróleo afeta você?

1974: A *Employee Retirement Income Security Act* (ERISA — "Lei de Segurança da Aposentadoria dos Empregados", em tradução livre) foi aprovada. A ERISA eventualmente levou ao que hoje conhecemos como planos 401(k). Poucas mudanças de leis nos afetaram como esta. O 401(k) era originalmente um inciso do código de imposto dos EUA, inicialmente criado apenas para executivos de alta renda e CEOs procurando uma maneira de salvaguardar mais alguns dólares. Ela se tornou uma revolução nos rendimentos de aposentadoria depois que o governo determinou, em 1981, que os trabalhadores poderiam usar a mesma regra. O problema é que o 401(k) é um plano de poupança e não de aposentadoria. Muitos trabalhadores que adotaram o 401(k) não terão dinheiro suficiente para se aposentar, simplesmente porque o 401(k) foi projetado para executivos de renda muito alta, e não para os trabalhadores assalariados comuns. Em outras palavras, o plano 401(k) não será adequado para cerca de 80% dos trabalhadores, especialmente para aqueles que ganham menos de US$150 mil por ano. Milhões de trabalhadores de classe média serão rebaixados desta condição mesmo que tenham um plano 401(k) hoje.

Você tem um plano de aposentadoria?
1989: Cai o Muro de Berlim e surge a internet. Em resumo, o comunismo, sistema econômico criado para proteger os trabalhadores, fracassou. Ao mesmo tempo, no mesmo ano, entramos na Era da Informação. De repente, milhares de milionários e bilionários da internet estavam sendo criados, enquanto os *baby boomers* estavam perdendo os seus empregos.

Muitos trabalhadores mais velhos têm que trabalhar para executivos mais jovens simplesmente porque não estão atualizados com a nova tecnologia. Em vez de receber aumentos, como na Era Industrial, muitos profissionais maduros são demitidos porque seus anos de estudo e experiência tornaram-se obsoletos.

Suas habilidades estão ultrapassadas?
1996: A *Telecom Reform Act* ("Lei de Reforma das Telecomunicações", em tradução livre) foi aprovada. Essa lei permite que o mundo se conecte por fibra ótica, o que facilita a globalização. Isso significa que os cargos administrativos poderão ser exportados. Agora, faz sentido contratar um programador, um advogado e um contador em países em que os custos desses serviços são muito mais acessíveis em virtude do baixo custo de vida local.

Você vive em uma área que poderá ser alterada pelo advento da fibra ótica?
2001: A China foi admitida na *World Trade Organization* (WTO — "Organização Mundial do Comércio"). Hoje, os Estados Unidos e muitas nações do Ocidente, como os países do G–8, tornaram-se consumidores em vez de produtores. Pequenas empresas não conseguem competir com gigantes como o Walmart, que conta com linhas diretas com as fábricas da China.

Atualmente, a classe média encolhe em muitos países do Ocidente, em contraste com o crescimento da classe média na China e na Índia.

Você consome produtos fabricados no exterior?
2004: Durante os debates de Kerry–Bush, houve uma conversa sobre a terceirização dos empregos norte-americanos. Mas há um problema maior que ambas as partes evitaram. Pouco foi dito sobre a terceirização da dívida americana nas mãos dos estrangeiros. Embora haja muita discussão sobre imigrantes ilegais em nossa força de trabalho, há um problema de imigração mais sério que não está sendo discutido: a quantidade de capital estrangeiro que mantém os Estados Unidos a todo vapor. Em 2004, 44% da nossa dívida do Tesouro era detida por estrangeiros. Nenhum país líder na história jamais atingiu esse nível de dívida externa. Como uma nação, nós não podemos arcar com os pagamentos desta dívida, e há um limite para o montante da nossa dívida que o mundo vai tolerar.

Você é capaz de arcar com as próprias dívidas?
Este não é um livro político, nem acusará republicanos ou democratas, liberais ou conservadores. Este livro trata de dinheiro, educação financeira e os efeitos da falta dela e de controle financeiro. Nosso objetivo é ensinar como você pode se proteger da má administração monetária nacional. Os problemas atuais são maiores do que os governos podem sanar. Talvez seja por isso que os políticos evitam discutir os verdadeiros problemas.

Os Estados Unidos têm o padrão de vida mais alto do mundo. Nós chegamos a esse patamar nos tornando os maiores devedores mundiais. O dólar americano é a base monetária e, até o momento, o mundo tem permitido que os americanos imprimam tantos dólares quanto quiserem. Isso é um sonho ou um pesadelo? Donald e Robert não acreditam que essa fantasia possa durar por muito mais tempo. Eles esperam uma correção global em grande escala. Infelizmente, os pobres e a classe média serão os mais prejudicados. E é por isso que nós queremos que você fique rico.

Este Não É um Livro sobre Como Mudar o Mundo

Este não é um livro sobre como mudar o mundo. *Este é um livro sobre como mudar sua vida para que você não se torne vítima de um mundo em rápida transformação.* O mundo está em constante mudança. Os políticos e burocratas do governo não podem transformar as coisas com a rapidez necessária ou proteger todo mundo dessas mudanças.

Bill Gates e Warren Buffett uniram esforços para resolver alguns dos problemas mais prementes do mundo. Essa atitude é louvável, pois o dinheiro tem mesmo o poder de resolver muitos dos problemas mundiais, como fome, moradia e a cura de várias doenças (como o câncer e a AIDS).

O Dinheiro Não Pode Reverter a Pobreza

O único problema que o dinheiro não pode resolver é a *pobreza*. Embora existam várias razões fundamentais para a pobreza, uma de suas causas é a falta de educação financeira. O problema de injetar dinheiro na tentativa de sanar a pobreza é que ele apenas cria mais pobres e os mantém pobres por mais tempo. É por isso que Donald e Robert são professores. Eles sabem que uma das verdadeiras soluções para a pobreza mundial é a educação financeira, não o dinheiro. Se o dinheiro em si pudesse eliminar a pobreza, os autores doariam o que têm. Mas como isso de nada adiantaria, eles dedicam seu tempo.

À medida que entender mais de finanças, você reconhecerá oportunidades financeiras em todos os lugares. Quando ficar rico, poderá optar por ajudar o mundo também. Foi isso o que Donald Trump e Robert Kiyosaki fizeram. Foi por isso que eles juntaram forças como educadores.

Ao longo da leitura deste livro, você ouvirá a voz desses dois homens, com duas formações, duas perspectivas e duas abordagens diferentes. Robert é um contador de histórias e costuma usar o diálogo quando escreve. Donald é um escritor objetivo, que usa o mínimo de palavras possível. Usamos fontes diferentes para diferenciar as vozes dos dois (Adobe Garamond para Robert e Trebuchet para Donald).

Você é capaz de ler este livro com a mente aberta? Se sim, você verá o mundo através dos olhos desses dois homens de sucesso e expandirá sua própria mentalidade sobre dinheiro e o que é possível fazer para seu futuro financeiro.

"Sim, nós recriamos uma República quase perfeita.
Mas eles serão capazes de mantê-la?
Ou será que eles, no auge da abundância,
se esquecerão da promessa da liberdade?
Fartura material sem caráter é
o caminho mais certo para a destruição.
Na verdade, temo pelo meu país quando
penso que Deus é justo."
— *Thomas Jefferson*

PARTE 1

POR QUE DONALD TRUMP E ROBERT KIYOSAKI ESCREVERAM ESTE LIVRO

Por várias razões, Donald Trump e Robert Kiyosaki talvez nunca tivessem se conhecido, muito menos escrito um livro juntos. Donald Trump vive em Nova York (a capital financeira do mundo), é de família rica e um bilionário que começou a ganhar dinheiro muito cedo. Robert Kiyosaki foi criado no Havaí (a capital de férias do mundo), é de família de classe média e ficou milionário bem mais tarde.

Ambos são independentes financeiramente e não precisam mais trabalhar. Contudo, optaram por continuar trabalhando com mais afinco do que nunca. Embora não participem dos mesmos círculos, eles têm algo em comum: as mesmas preocupações.

Donald e Robert estão entre os autores mais vendidos no mundo todo e cada qual poderia escrever outro best-seller sem a ajuda do outro.

Por que eles decidiriam escrever um livro juntos? Você deve ter visto seus livros várias vezes nas livrarias. Talvez tenha comprado, talvez não. Mas não é curioso que essas duas superestrelas tenham decidido se unir para escrever um livro? Talvez tenham feito isso para chamar sua atenção! É isso o que importa.

A Parte 1 deste livro contém a visão pessoal de Donald e Robert sobre como se conheceram e por que decidiram escrevê-lo.

Capítulo 1

O Milionário Conhece o Bilionário

A Visão de Robert

Chicago, 6 de novembro de 2005

Primeiras horas de uma tarde de domingo. Dezenas de milhares de pessoas estão assistindo a uma grande exposição de imóveis, em Chicago. O hall de convenções está repleto de maquetes de imóveis de alto custo e oportunidades de investimento. Nas salas menores, instrutores compartilham seu conhecimento e sensatez sobre como os participantes podem construir sua própria fortuna pessoal. No espaçoso salão reina um burburinho contagiante. As pessoas estão empolgadas com o que estão aprendendo e como isso poderá modificar sua vida financeira.

Nos bastidores, na grande sala em que as equipes de produção estão trabalhando, a empolgação é diferente. O ambiente é tranquilo e, ao mesmo tempo, eletrizante. Uma longa limusine preta se aproxima, e as pessoas começam a murmurar: "Ele chegou! Donald Trump chegou!"

Estou parado no salão verde, local em que os principais palestrantes esperam antes de se apresentar; por isso, não vejo a chegada da limusine. Mas, ao ver dois policiais atravessarem a porta do salão verde, fico sabendo que Donald Trump está chegando.

Parado na entrada do salão verde, vejo uma figura alta e imponente descendo da limusine. Só poderia ser Donald Trump, aquela silhueta conhecida pelos milhões de telespectadores no mundo todo que assistem *O Aprendiz*. Aqueles que, como eu, têm a sorte de portar as devidas credenciais espontaneamente formam duas fileiras. Quase em fila, Donald Trump e sua comitiva caminham entre as duas fileiras de admiradores, sorrindo e saudando-os. É uma forma de cumprimento reservada à realeza ou a chefes de Estado. Se estivéssemos em Hollywood, ele estaria pisando em um tapete vermelho.

"Oh, meu Deus!", exclama uma jovem. "Ele é ainda mais carismático pessoalmente!", "É incrível como é alto!", observa outra jovem. "Você viu o cabelo?", comenta outra. A maioria dos homens do grupo permanece em silêncio.

De repente, a porta do salão verde se abre. Os mais altos podem ver que Donald está conversando com os repórteres. O produtor do evento sai e caminha em minha direção. "Você está pronto para apresentar Donald?", pergunta Bill. "Robert Kiyosaki, da *Rich Dad*, apresentando Donald Trump. A multidão adora isso!"

Donald Trump deixa o salão verde e caminha em nossa direção. Após trocar algumas palavras em particular com o produtor, Donald vira-se para mim e diz: "Olá, de novo. É você quem vai me apresentar?" Balanço a cabeça concordando, em resposta.

"Ótimo, vejo que você ainda permanece na lista dos best-sellers do *New York Times*", diz Donald. "Isso é excelente." A seguir, abaixa um pouco o tom de voz. "Quero conversar com você. Pode ser agora?"

"É claro", respondo.

"Você é o autor número um de livros sobre finanças pessoais, e eu sou o autor número um de livros sobre negócios. Deveríamos escrever um livro juntos. Que tal?"

Surpreso pela sugestão, fiquei sem fala.

Me recuperei, e disse: "É uma grande ideia. Vamos fazer acontecer."

Estendo a mão para ver se ele está falando sério sobre essa ideia do livro. Ele está, e apertamos as mãos. Donald então se volta para Keith, seu imponente guarda-costas, e diz: "Dê a Robert o meu cartão."

Keith, o segurança de quase dois metros de altura, de repente deixa de ser uma figura intimidadora; ele sorri, abre um estojo dourado e me dá um dos cartões pessoais de Donald Trump.

"Ligue para mim da próxima vez que estiver em Nova York, e começaremos a conversar sobre o livro", diz Donald. "Vou apresentá-lo a Meredith. Ela nos ajudará no projeto."

É a hora do show, portanto caminho em direção ao palco do anfiteatro, em que mais de 24 mil fãs que ocupam o salão principal e as salas adjacentes estão à espera de Donald Trump. Assim que termino a minha breve apresentação, a canção-tema de *O Aprendiz* começa a ser ouvida, milhares de balões dourados desprendem-se do teto e calorosos aplausos irrompem entre a multidão quando Donald Trump surge no palco.

A Longa Jornada de Volta para Casa

No voo de volta para casa, de Chicago a Phoenix, caiu a ficha sobre a realidade daquele aperto de mãos. "Quem sou eu para escrever um livro com Donald Trump?", fiquei me perguntando. "E sobre o que escreveremos?"

"O senhor quer um cobertor?", perguntou a comissária de bordo, despertando-me do meu inquieto devaneio.

"Não, obrigado", respondi, com um sorriso.

Assim que a comissária se retirou, uma ideia pipocou em minha mente: poderíamos escrever sobre imóveis.

Com esse pensamento, minha consciência interveio, como um crítico pessoal me torturando desde que a ideia do livro tinha sido proposta. Essa voz me perguntava cinicamente: "Você e Donald Trump escreverem um livro sobre imóveis? Quando se trata de imóveis, Donald Trump está na liga profissional, e você, na juvenil. Ele constrói arranha-céus em Nova York. E o que você possui? Alguns apartamentos, alguns prédios comerciais de baixo valor e alguns terrenos. Além disso, ele é um bilionário, e você, apenas um milionário."

Até aquele momento, eu me sentia bastante satisfeito com as minhas realizações na vida. Mas, ao considerar uma parceria com Donald Trump para escrever um livro, meus êxitos e conquistas pareciam ínfimos e insignificantes. Em vez de me sentir honrado pelo convite, eu me sentia péssimo. "Sobre o que seria possível escrevermos?", perguntava-me a todo momento durante o voo de Chicago a Phoenix.

A Sala da Diretoria
12 de dezembro de 2005

Eu estava em Nova York para gravar um programa de televisão e para me encontrar com o diretor financeiro do *Yahoo!*. Como eu já estava em Nova York, Meredith e eu concordamos em nos encontrar para discutir o conceito do livro. No dia 12 de dezembro, minha esposa, Kim, e eu pegamos um táxi e nos dirigimos ao escritório de Donald Trump... não exatamente a seu escritório, a seu edifício comercial.

Aqueles que já assistiram à série *O Aprendiz* provavelmente estão familiarizados com a entrada dourada da Trump Tower na famosa Quinta Avenida, em Nova York. Parado na calçada, curvei-me para trás e deixei os meus olhos passearem pelas alturas, andar após andar, até o ponto em que prédio e céu se encontravam. A Trump Tower é, sem dúvida, muito maior do que qualquer prédio do qual Kim e eu somos donos. Embora eu já tivesse entrado naquele edifício em outras ocasiões, ele me pareceu muito mais alto agora que eu sabia que entraria ali para me encontrar com Donald.

Estar na Quinta Avenida trouxe-me de volta muitas memórias. Lembro-me de olhar para arranha-céus como esse ao visitar Nova York pela primeira vez, quando comecei a frequentar a academia norte-americana de marinha mercante, em 1965. Eu era um pobre garoto havaiano visitando a cidade grande pela primeira vez.

E ali estava eu, quarenta anos mais tarde, convidado a visitar os escritórios e o prédio de Donald Trump. Naquele momento, passei por um importante choque de realidade.

A maioria das pessoas me considera muito bem-sucedido. Ganhei e perdi milhões de dólares seguindo os princípios que compartilho nos livros da série *Pai Rico*. Mas, naquele momento, parado em frente à Trump Tower, subitamente me dei contei de como eu havia chegado longe. Era uma sensação indescritível.

Lembrei-me de uma das frases prediletas de Donald: "Pense grande!" O simples fato de estar em frente a seu prédio me fez perceber como minha visão atual era muito mais ampla do que no dia em que conheci Nova York, em 1965. "Nossa!", exclamei. Kim apenas apertou a minha mão.

Respirei fundo, entrei no prédio com Kim e nos dirigimos aos elevadores em que os seguranças nos receberam. Depois de liberados, pegamos o elevador e fomos até um dos andares mais altos, de onde Donald dirige seu império.

Se você já assistiu ao programa *O Aprendiz*, deve estar familiarizado com a antessala do escritório de Trump, em que uma atraente recepcionista vigia a porta. (Para os curiosos, informamos que Donald mandou construir uma réplica do seu escritório alguns andares abaixo para o programa. Em vez de entrar em seu verdadeiro escritório, ele pega o elevador e entra nessa réplica.) Embora eu tivesse assistido aos programas muitas vezes, jamais, jamais mesmo, pensei que um dia entraria no mundo de Donald Trump.

Era uma experiência estranha sentir como se eu estivesse no set de filmagem do show. Meus pensamentos se alternavam continuamente entre o programa e a vida real.

A primeira pessoa a nos cumprimentar, depois que a recepcionista sugeriu que sentássemos, foi Keith, o enorme segurança de Donald Trump. Ao nos ver, ele nos cumprimentou calorosamente, como se fôssemos velhos amigos. Sentou-se junto a nós e nos deixou à vontade. Mal acreditei quando ele, com afabilidade, começou a falar sobre sua carreira anterior como detetive em Nova York e sua atual carreira como segurança pessoal de Donald. Ficou conosco, ofereceu-nos água e permaneceu ali até que a porta do escritório principal se abriu e Meredith veio caminhando em nossa direção.

Meredith é a clássica jovem executiva de Nova York, uma mulher charmosa que se sentiria perfeitamente à vontade em Londres, Paris, Sydney, Tóquio ou Pequim. Estendeu a mão e sorriu com simpatia, dizendo: "É um grande prazer finalmente conhecê-los."

Após agradecer a Keith pela gentileza, Kim e eu acompanhamos Meredith, passamos pelas portas de vidro e entramos na sala da diretoria, a verdadeira sala da diretoria. Enquanto nos sentávamos, passaram por minha mente cenas do programa, candidatos e candidatas a aprendizes sentados ao redor da mesa com Donald e seus conselheiros. E perguntei a mim mesmo: "O que você está fazendo aqui? Como chegou aqui?" (Na verdade, as palavras foram: "Que 'diabos' estou fazendo aqui?" e "Como 'diabos' cheguei aqui?".)

Após alguns minutos de conversa, Meredith perguntou: "Sobre o que você gostaria de escrever?"

"Bem, eu me preocupo muito com a pobreza", respondi. "Acredito que poderíamos escrever sobre o que seria possível fazer para acabar com ela. O título poderia ser *Ending Poverty* ('Um Fim à Pobreza', em tradução livre)."

Meredith assentiu, balançando a cabeça. "Esse seria um assunto possível."

"Ou, estou preocupado com o fato de os ricos se tornarem cada vez mais ricos, mas a América, como nação, ficar mais pobre. Poderíamos escrever sobre a extinção das classes média e baixa, como os empregos bem pagos estão sendo exportados para a China e a Índia. Há muito estou preocupado também com o desaparecimento dos planos de pensão e com a falência da Previdência Social."

"O sr. Trump também está muito preocupado com essas questões", afirmou Meredith. "Ele escreveu um excelente livro sobre esse assunto."

"*The America We Deserve* ('A América que Merecemos', em tradução livre)", disse Kim.

"Sim", respondeu Meredith. "Ele escreveu sobre sua preocupação com essas questões, bem como sobre a ameaça de ataques terroristas, mesmo antes do 11 de Setembro."

"Antes do 11 de Setembro?", perguntou Kim.

Meredith assentiu: "Ele escreveu toda uma série não só sobre terrorismo, mas também sobre a dívida nacional, que está fora de controle. Mas ele não só identifica os problemas, como também sugere soluções inusitadas."

Kim fez um gesto com a cabeça, concordando. Ela amou o livro.

Meredith continuou: "Há muito mais sobre o sr. Trump do que simplesmente shows na televisão, ostentação, cassinos e propriedades. Qualquer pessoa preocupada com nossos atuais problemas globais e com a forma de solucioná-los deveria ler esse livro."

"Então, com certeza, temos alguns pontos em comum. Ambos somos oradores e professores. Acho interessante que uma celebridade rica e famosa como o sr. Trump fale para o público. Na verdade, sinto curiosidade em saber por que ele dá aulas. Mas ambos estamos sempre tão ocupados que nunca tive oportunidade de lhe fazer essa pergunta."

"Ele é um professor nato", disse Meredith. "Tive oportunidade de observar isso ao longo dos anos que trabalho para ele. Veja o caso do programa *O Aprendiz*. Quando Mark Burnett propôs ao sr. Trump a ideia do show, ele insistiu em que o programa tivesse valor educacional, do contrário não o faria."

"Exatamente", comentou Kim. "Presto atenção às lições sobre negócios. E gosto de ver como o sr. Trump lida com as diferentes situações. Mas a melhor parte é a forma como ele compartilha o processo de análise por trás de suas ações. Gosto de saber por que ele despede alguém."

Eu disse: "*O Aprendiz* é um programa de entretenimento, e, ao mesmo tempo, educativo. Não sinto que estou perdendo tempo. Sempre acho que aprendi alguma coisa, algo que posso usar na prática."

"Talvez a tônica do livro deva ser o fato de que ambos são professores", comentou Kim, ecoando minhas palavras. "Afinal, ambos são empresários e investidores imobiliários. Você montou uma empresa de mineração de ouro na China e a transformou em uma empresa de capital aberto, uma companhia de investimento em propriedades imobiliárias, uma empresa de mineração de prata na América do Sul e uma empresa de exploração de petróleo. Muitas pessoas sabem disso, assim como sabem sobre a Trump Tower e o Trump Place. Mas não sabem que ambos são professores."

"Não consegui encontrar petróleo", comentei, com sarcasmo.

Kim riu e comentou: "Nem todos os negócios são bem-sucedidos."

"E nem sempre o sr. Trump foi bem-sucedido", acrescentou Meredith. "Ele também enfrentou dificuldades."

"Ele revela muitos dos seus desafios financeiros no livro *The Art of the Comeback* ('A arte do Retorno', em tradução livre)", disse Kim. "Outro excelente livro."

Meredith sorriu, concordando. "A despeito de seus desafios financeiros, ambos tornaram públicos seus êxitos e fracassos. Me diz, por que vocês foram tão sinceros em relação a seus problemas financeiros?"

"Porque queremos que as pessoas saibam que foi assim que aprendi tanto. Quero que as pessoas saibam que, ricos ou pobres, todos temos problemas financeiros", respondi.

"Exatamente! O mesmo ocorre com o sr. Trump. Ele realmente quer que as pessoas aprendam. Essa é a razão pela qual ele compartilha suas conquistas, bem como os seus fracassos. Quantas pessoas ricas fariam o mesmo?"

"Não muitas", concordei. "A maioria dos ricos não quer que os outros saibam como eles ficaram ricos... e muito menos querem comentar seus fracassos... e isso inclui a família do meu pai rico."

"Por quê?"

Troquei um olhar com Kim; ela sorriu, me incentivando. "Depois que escrevi *Pai Rico, Pai Pobre*", falei, "mostrei o livro para algumas pessoas da família, e elas pediram que seu sobrenome não fosse revelado no livro... embora nele eu não revelasse nada sobre meu pai rico. Eles simplesmente não queriam que ninguém soubesse como ficaram ricos. Assim, em respeito a esse desejo, não revelei o nome do meu pai rico."

"E isso lhe causou problemas?", perguntou Meredith.

"Sim", respondi. "Algumas pessoas inclusive me taxaram de mentiroso, diziam que o pai rico nunca existiu."

"Isso é ridículo", disse Kim. "Tudo o que Robert fez foi respeitar o desejo da família." Nós respeitamos sua privacidade. Esse é um assunto penoso para nós dois. "A maioria das pessoas ricas quer manter os seus êxitos em segredo até para si mesmas."

"É nesse ponto que você e o sr. Trump são diferentes de outros ricos", disse Meredith, sorrindo. "Ambos são professores e desejam compartilhar o que sabem, a despeito das críticas."

"O sr. Trump também é criticado por ensinar e compartilhar seu conhecimento?", perguntou Kim.

"Com certeza. Mais do que vocês possam imaginar", disse Meredith. "Muitos pensam que ele fala, escreve e cria produtos educacionais, como seu show na televisão e seus jogos de tabuleiro, porque quer mais publicidade ou ganhar mais dinheiro. Embora ele ganhe mais dinheiro e a publicidade seja uma coisa positiva, sua motivação básica é ensinar e instruir as pessoas. Ele realmente quer que os outros fiquem ricos. Está muito preocupado com a situação financeira das pessoas. Está preocupado com a forma como a economia está sendo mal gerida e como isso afetará o mundo. Ele se pergunta por que as escolas não ensinam educação financeira. É por esse motivo que ele quer compartilhar seu conhecimento."

De repente, ouvimos alguém bater à porta. Era Rhona, assistente pessoal de Donald. Ela disse: "O sr. Trump os receberá em cinco minutos, e pede desculpas pela demora. Ele detesta fazer as pessoas esperarem, mas estava atendendo a um telefonema."

"Sem problema", falei. "A conversa com Meredith está muito produtiva."

Depois que Rhona saiu, Meredith levantou-se para nos acompanhar até a sala da diretoria. Olhei ao redor do luxuoso ambiente e me lembrei dos lugares em que havia trabalhado. E comentei: "Como você sabe", falei, "Donald e eu tivemos pais ricos com quem aprendemos e muitas vezes trabalhamos. Portanto, em vários aspectos, ambos fomos aprendizes quando jovens."

"Então, talvez o que vocês tenham em comum seja o fato de que ambos são realmente professores, e podem se tornar mentores para o mundo", disse Meredith enquanto atravessávamos o corredor em direção ao escritório de Donald Trump.

Uma Sinergia Mental

"Bem-vindos", saudou-nos Donald Trump, de pé, atrás da sua mesa. "Peço desculpas por fazê-los esperar."

"Sem problema", respondi enquanto corria o olhar pelo escritório, observando os inúmeros prêmios, placas e presentes de pessoas do mundo todo. Ao lado de sua mesa havia um equipamento de rádio que ele usava para transmitir seu show semanal. Tudo era impressionante.

Depois dos cumprimentos de praxe, abordamos o assunto que havia nos levado até ali. "E então, sobre o que o nosso livro poderia tratar?", perguntou Donald.

"Acredito que todos nos fizemos a mesma pergunta", respondi. "Como existe grande distância entre nossas respectivas transações imobiliárias, bem como entre o tamanho das nossas respectivas contas bancárias, não creio que combinemos no que diz respeito a dinheiro. Afinal, você é um bilionário, e eu, um simples milionário."

Donald deu uma risadinha. "Não subestime o fato de ser milionário. Em termos financeiros, bilhões de pessoas gostariam de trocar de lugar com você."

"Sei disso, mas existe uma diferença bem definida entre milhões e bilhões. Afinal, hoje existem muitos milionários que, na verdade, estão falidos."

"O que você quer dizer exatamente?", perguntou Donald.

"Bem, todos conhecemos pessoas cujas casas foram valorizadas, mas cuja renda não aumentou. Por exemplo, tenho um colega no Havaí que herdou a casa dos seus pais. Como os preços dos imóveis tiveram um aumento astronômico e a propriedade estava livre de ônus, tecnicamente ele é milionário, mas sua esposa ainda faz malabarismos com a renda deles, porque eles ganham menos de US$90 mil por ano. Eles têm três filhos na escola e estão quebrando a cabeça para descobrir como conseguirão custear a universidade deles."

"Em resumo, eles são ricos em bens e pobres em dinheiro vivo", comentou Donald.

"Sim. Eles são milionários no papel, mas, na realidade, pertencem à classe média. Se um deles ou um dos filhos ficar doente, poderão facilmente cair na pobreza."

"Isso de fato acontece com muitas pessoas, principalmente quando se aposentam e param de trabalhar. Se ficam doentes, têm que vender tudo o que possuem, apenas para sobreviver", acrescentou Donald, em tom sombrio.

"E esse problema ficará mais sério dentro de poucos anos, quando a geração do *baby boom* se aposentar."

"Sim, eu sei disso", confirmou Donald. "A Previdência Social é um problema. Não sei como conseguiremos pagar os benefícios aos tantos milhões de novos aposentados, que incluem assistência médica em longo prazo, quando ficarem realmente velhos. Eu me preocupo com a geração dos meus filhos e como conseguirão arcar com a dependência financeira da nossa geração, com o governo que temos hoje."

"Talvez deva ser esse o tema do livro que pretendemos escrever", falei.

"Bem, na verdade, já abordei esse assunto no meu livro *The America We Deserve*. Ele não atingiu o público que eu gostaria. Creio que esse é o meu melhor livro, pois trata de problemas que enfrentamos, não apenas de como ficar rico. Mas esse livro não vendeu nem de longe o mesmo número de exemplares que os outros."

"Também escrevi um livro sobre isso", comentei. "Foi *Profecias do Pai Rico*, publicado em 2002. É sobre o fim do mercado de ações, quando os *baby boomers* se aposentarem, e as insuficiências dos nossos planos de aposentadoria. O livro fala também sobre a maneira como muitos trabalhadores perderão seus benefícios em um futuro próximo."

"E não vendeu bem?", perguntou Donald.

"Não. Como no seu caso, muitas pessoas disseram que era o meu melhor livro, mas ele não vendeu bem. Pior ainda foram as publicações da *Wall Street*, que não deram crédito às minhas previsões."

"O que aconteceu?", perguntou Donald.

"Eu fiquei aborrecido por um tempo. E frustrado, Então, há poucos meses, as revistas *New York Times* e *Time* publicaram histórias de capa dizendo praticamente as mesmas coisas que eu disse em 2002."

"E o que elas disseram?" perguntou Donald.

Como eu tinha ambas as publicações comigo para o meu programa na PBS, tirei-as da minha pasta. "Esta é a edição de 31 de outubro de 2005 da revista *Time*. O título da capa é: 'O grande roubo da aposentadoria.' O subtítulo diz: 'Milhões de americanos que acreditam que irão se aposentar cheios de benefícios terão uma desagradável surpresa. Como as corporações estão assaltando os bolsos das pessoas — com a ajuda do Congresso.'"

"Sim, eu li esse artigo", disse Donald. "Lembro-me dessa parte sobre as corporações estarem batendo carteiras com o auxílio do Congresso. O texto dizia que os ricos estão roubando os trabalhadores legalmente, com a ajuda do governo."

"Isso não é perturbador?", perguntei.

"E o que dizia a revista *New York Times*?", perguntou Donald.

Pegando a segunda publicação, eu disse: "A capa da edição de 30 de outubro de 2005 diz: 'Lamentamos informá-lo de que você não receberá sua aposentadoria.' O subtítulo diz: 'O próximo fiasco financeiro da América.'"

Donald balançou a cabeça. "Você e eu estamos preocupados com muitas coisas semelhantes."

"É, assim parece. É por isso que leciono, escrevo e crio jogos de tabuleiro. Não é pelo dinheiro, embora seja bom ganhá-lo. Mas existem outras formas muito mais fáceis de ganhar dinheiro. Desenvolvo produtos educacionais e dou aulas sobre finanças motivado por uma profunda preocupação. Acredito que muitos países estejam em dificuldades, da mesma forma que milhões de pessoas."

"Eu também", confirmou Donald. "Quando você e eu damos palestras, frequentemente viajamos por dois dias para fazer uma única palestra. É muito tempo e energia para um compromisso de duas horas. Como você diz, há formas muito mais fáceis de ganhar dinheiro."

Kim e eu concordamos em uníssono. Kim, que também leciona, acrescentou: "Todos nós ganhamos dinheiro muito mais facilmente com investimentos financeiros. Contudo, ensinar é nossa paixão. É a paixão que nos leva a voar o dia todo, passar a noite fora de casa, dar uma curta palestra e voar de volta para casa. Com certeza, não é o dinheiro."

Donald concordou. "Quando falamos para milhares de pessoas nos eventos, você não se sente sensibilizado? Ali estão elas, despendendo tempo e dinheiro para nos ouvir. Embora algumas já sejam ricas e outras provavelmente fiquem, muitas enfrentarão constantes problemas financeiros ao longo da vida. Isso me corta o coração."

"Talvez vocês devam escrever sobre esse tema", sugeriu Meredith. "Às vezes, as pessoas precisam saber por que vocês querem que elas fiquem ricas. Quais são suas preocupações."

"Concordo", intercedeu Kim, "porque vocês dois continuam trabalhando, embora não precisem. Ambos têm dinheiro suficiente, mas não pretendem se aposentar. Que tal escrever sobre o que os mantém na ativa... o que realmente os motiva. A motivação não é mais importante do que o dinheiro?"

"Bem, eu leciono porque gosto", afirmou Donald. "Mas estou realmente preocupado. Espero estar enganado, mas eu acho que os EUA estão enfrentando dificuldades financeiras. Acredito que o nosso governo tem sido grosseiramente mal administrado. Agora, eu não estou dizendo que é por causa dos democratas ou dos republicanos. É inútil apontar o dedo e culpar um ou outro grupo. Receio que a classe média esteja em apuros e encolhendo, não importa qual partido esteja no comando. Como digo com frequência, grande parte da classe média de hoje se transformará em uma nova classe pobre ou, pior ainda, mergulhará na pobreza, mesmo depois de muitos anos de trabalho árduo."

"Talvez devamos escrever um livro sobre a eliminação da pobreza por meio da educação financeira", sugeri. "Afinal, foi a falta de educação financeira que nos colocou nessa confusão. Por que não lançar mão da educação financeira para nos tirar dela?"

"Excelente ideia, mas precisamos fazer com que as pessoas saibam como salvar *a si mesmas* antes de tentarmos eliminar a pobreza em escala global... o que pode levar gerações. Precisamos fazer isso primeiro — antes de pretendermos mudar o sistema educacional."

E Donald prosseguiu: "Em poucos anos, milhões de *baby boomers* estarão se aposentando, e os governos terão que admitir que não têm dinheiro; o preço do petróleo está atingindo níveis estratosféricos, o dólar está sendo desvalorizado, e a guerra no Oriente Médio continua. Precisamos ter algumas respostas para aqueles que as estão procurando agora. Precisamos ensinar as pessoas a ficarem ricas, ou, no mínimo, a sobreviverem nos próximos anos *hoje*... não amanhã."

Naquele momento, tive a certeza de que faríamos uma parceria para escrever um livro.

A Visão de Donald

O Começo

Quando conheci Robert Kiyosaki, tive uma das grandes surpresas que, de vez em quando, a vida nos reserva. Tinha conhecimento das credenciais de Robert, ou seja, que vendera milhões de livros e que permanecera na lista de best-sellers do *New York Times* durante cinco anos. Não existem conquistas simples. Eu esperava que ele fosse uma máquina e, por isso, uma pessoa intimidante.

E estava certo quanto à minha previsão — Robert emanava uma energia positiva que contagiava todos à sua volta. E não parecia que ele fazia esforço algum para conseguir isso. Era uma característica inata. Fiquei impressionado. O que me surpreendeu em Robert foi sua humildade, modéstia, até mesmo certa timidez. Era esse o homem que vendera mais de 26 milhões de livros? Inacreditável! Eu me perguntava se aquilo seria artificial, uma fachada, um papel que ele representava, por alguma razão. Posso ser meio cético, às vezes.

Não levei muito tempo para descobrir que Robert era autêntico. Depois de conversarmos algumas vezes, percebi que ele era sincero e que gostava de lecionar — provavelmente tanto quanto eu. Quando soube que a única razão pela qual eu concordara em fazer *O Aprendiz* era porque o programa tinha cunho educativo, Robert disse: "Donald, antes de tudo, você é um professor!" Um professor reconhece o outro.

Começamos a conversar sobre a importância da educação e ele mencionou o aspecto didático do programa *O Aprendiz*, e que toda semana ele e Kim aprendiam alguma coisa.

Perguntei a ele o que faria se soubesse que não poderia falhar, e ele prontamente respondeu: "Encontraria formas de atingir e de ensinar a um número maior de pessoas."

Foi como eu havia comentado com ele em Chicago: eu era o autor número um de livros sobre negócios e ele era o autor número um de livros sobre finanças pessoais. Juntos, teríamos uma grande oportunidade de atingir milhões de pessoas. Mais que isso, seria divertido.

Robert entendeu imediatamente o que eu quis dizer, e achei bom que ele quisesse refletir um pouco mais sobre o livro antes de assumir um compromisso comigo. Eu sabia que ele era uma pessoa sensata, que pensaria muito antes de tomar a decisão correta. Quando nos encontramos em meu escritório em Nova York, algumas semanas mais tarde, ele disse, sem hesitar: "Devo admitir que, no começo, me senti um pouco intimidado. Foi como uma batalha interior acontecendo. Eu não sabia se tínhamos o suficiente em comum. Mas a melhor pessoa venceu — aquela que recusa a complacência!" Robert foi honesto consigo mesmo e comigo, e isso confirmou por que seus livros eram estrondosos sucessos.

Escrever livros é uma tarefa prazerosa, mas que exige muito trabalho, e meus compromissos não me permitem o exercício de outras atividades fora do meu planejamento, o que escrever um livro é para mim. Porém me descobri ansioso por trabalhar com afinco em algo novo — especialmente com alguém que partilhava minhas preocupações e esperanças.

Emerson disse: "O educador é um indivíduo que pode tornar fáceis coisas difíceis." E complementou: "O conhecimento existe para ser compartilhado."

Quando li *Pai Rico, Pai Pobre* há alguns anos, ainda não conhecia Robert, e lembro-me de ter pensado que ele tinha o dom de tornar as coisas mais compreensíveis. Ele tem um pouco do contador de histórias, e esse é um dos segredos de tornar as coisas acessíveis às pessoas. Essa é outra razão pela qual ele é um grande palestrante, e as pessoas sempre disseram a mesma coisa a meu respeito. Não sei se temos essa capacidade nata do *raconteur* ("trovador", em tradução livre), mas ela nos tem auxiliado a ajudar os outros — e a fazer com que histórias aparentemente complexas se tornem um pouco mais simples.

Sei que muitas pessoas, quando pensam em mim, imaginam: "Ah, o bilionário..." e isso é quase como ter a porta fechada na minha cara. Meu filho, Don Jr., diz que sou como um operário com uma grande conta bancária, se é que essa é uma forma de entender minha personalidade. Passamos bastante tempo juntos, e ele sabe que, no íntimo, sou muito simples. Isso não significa que eu seja uma pessoa fácil, mas costumo adotar uma abordagem simples para lidar com as coisas. E, embora as coisas que faço, às vezes, sejam muito complexas, sei também como classificá-las. Você não começa com um arranha-céu terminado — começa com uma planta e com um alicerce. Sei que as coisas exigem tempo e paciência, e isso é válido também para a educação.

Se você costuma assistir ao programa *O Aprendiz*, sabe que somos duros com os aprendizes porque a vida não dá muito espaço para desculpas, tampouco demonstra compreensão. Conforme diz o velho ditado: "A vida não é um ensaio." É um espetáculo ao vivo. Não dá para repetir a cena, portanto, é preciso saber andar na corda bamba para conseguir se superar. Robert e eu esperamos tornar essa corda bamba um pouco menos assustadora e, ao mesmo tempo, um pouco mais transitável.

Devo admitir que muitos conhecidos ficaram surpresos ao saber que eu pretendia formar uma parceria com outro empreendedor para escrever um livro. Os empresários gostam muito de estar no controle e, para nós, compartilhar o controle não é a situação ideal. Mas quando você encontra alguém que está na mesma sintonia em tantos aspectos, isso se torna um prazer. A união só nos torna mais fortes, e não fracos.

Na verdade, um dos pontos fracos de muitos visionários e empresários é a incapacidade de compartilhar seus pontos de vista objetivos. Essa pode ser uma jornada solitária. O velho ditado: "O topo do sucesso é um local solitário — não há multidão", às vezes se torna verdadeiro.

Empreendedores são pessoas que gostam de experimentar coisas novas. Uma colaboração desse tipo é algo novo tanto para Robert quanto para mim, e penso que contribuímos mutuamente para nosso aperfeiçoamento como educadores, palestrantes e indivíduos, unindo nossas diferentes personalidades para desempenhar uma tarefa que é, ao mesmo tempo, abrangente e acessível. Qual é o sentido de ser dono de um grande conhecimento e guardá-lo para si?

Eis outro ponto engraçado: frequentemente os empresários caracterizam-se por evitar esforços em grupo. Querem estar no comando. Querem fazer as coisas do seu jeito, ser donos delas. Pelo menos é isso que os especialistas têm dito ao analisar os tipos de personalidade adequados a um indivíduo empreendedor. Imagino que Robert e eu não nos enquadremos no molde. Mas acho que isso não incomoda a nenhum dos dois.

O que evoluiu nesse processo adquiriu vida própria, tornando-se mais do que simplesmente outro livro com um esboço apropriado. Tornou-se um exemplo vivo daquilo em que trabalhamos e vivenciamos juntos desde o nosso primeiro encontro até o dia em que terminamos o primeiro rascunho. Logo se tornou um esforço conjunto para fornecer educação financeira a qualquer um que esteja em busca de uma vida melhor em uma época em que todos nós precisamos estar financeiramente preparados para o futuro que vamos encarar.

Este livro é dirigido a todos que querem vencer e sair da zona de conforto. Você talvez já seja milionário, talvez não, mas as lições contidas neste livro aplicam-se a todos, não importam suas atuais condições financeiras.

Espero que o processo lhe ensine alguma coisa e que, ao mesmo tempo, proporcione

> Qual é o sentido de ser dono de um grande conhecimento e guardá-lo para si?
>
> — Donald J. Trump

entretenimento. Não existe nada cansativo sobre negócios, e isso você logo descobrirá. Robert e eu temos outra coisa em comum — nenhum dos dois gosta de ficar entediado. Gostamos de ver as coisas feitas. Portanto, preste atenção, mantenha o foco, e divirta-se. *Nós Queremos que Você Fique Rico — Dois Homens • Uma Mensagem* tem muito a oferecer. Entre nesta sintonia, e fique ligado!

Capítulo 2

Preocupações Divididas

A Visão de Robert

Dallas, Texas, 19 de fevereiro de 2006

Uma vez mais, em uma tarde de domingo, a limusine preta estaciona perto da entrada da exposição imobiliária. Uma vez mais, a empolgação cresce, à medida que corre a informação: "Donald Trump chegou!" E, uma vez mais, os seguranças vêm na frente, abrindo caminho, e duas fileiras de admiradores se formam para saudar o adorado Donald Trump.

Após cerca de uma hora, depois que a imprensa havia se retirado, Donald me pergunta: "O quão grande é a plateia, e de que tipo?"

"Dezenas de milhares, e constituem um grupo excelente. Pessoas de todas as partes do mundo chegaram à cidade neste fim de semana. Estão muito empolgadas com a possibilidade de aprender e sedentas de conhecimento."

Eu também estava empolgado — mas por razões diferentes.

Depois de nosso último encontro, li o livro de Donald, *The America We Deserve*. O livro aborda muitos dos problemas que enfrentamos no âmbito nacional e no mundial, por exemplo: terrorismo, dívida nacional e assistência médica. A seguir, estão alguns trechos do seu capítulo sobre a questão da saúde. "O GAO[1], um braço investigativo do Congresso, mostra uma imagem feia:

> *"Ao contrário da Previdência Social, o Medicare[2] tem experimentado um déficit de caixa desde 1992 — os impostos sobre as folhas de pagamento e outras receitas foram insuficientes para cobrir os pagamentos de benefícios e despesas do programa... Essencialmente, o Medicare já cruzou o ponto de ser reclamante sobre a dívida líquida — um limiar que a Previdência Social não deverá atingir até 2013..."*

---

[1] Government Accountability Office (GAO) é a auditoria-geral dos Estados Unidos. (N. E.)
[2] O Medicare, bem como o Medicaid, é um programa norte-americano de assistência aos idosos. (N. E.)

> *"O Medicare, em sua forma atual, é econômica e fiscalmente insustentável. Esta não é uma notícia nova — os seus curadores observaram no início dos anos 1990 que o programa não pode se manter da maneira que está."*

Quanto ao que os políticos estão fazendo sobre este gigante dos cuidados da saúde, ele escreve:

> *"Clinton olhou para a besta — e vacilou. Ele escolheu evitar as decisões difíceis que terão que ser tomadas nesse caminho em que, como o GAO aponta, elas se tornarão muito mais dolorosas."*

> *"Mas vamos encarar os fatos, Clinton provavelmente não foi o único político a protelar uma questão complexa. É preciso uma nova leva de políticos para impulsionar uma reforma significativa. Isso requer um líder visionário e com nervos de titânio para assumir riscos."*

Sobre os cuidados com a saúde de longo prazo, ele diz:

> *"Há mais um aspecto histórico dos planos de saúde, que nem sempre vem à tona. Ele envolve os cuidados de longo prazo. Este é um grande problema considerando a geração do* baby boom *em direção à aposentadoria e seus pais já aposentados."*

> *"Algumas estatísticas contam a história: o número de idosos dobrará para 75 milhões em 2030, e o número de anciãos que vivem em casas de repouso aumentará cinco vezes."*

> *"Eu sei a resposta: o Medicaid não cobre casas de repouso? Esta pergunta é muitas vezes feita por* boomers *cujos pais precisarão do benefício, bem como de cuja assistência precisarão em longo prazo, quando sua hora chegar."*

> *"Aqui está a resposta: o Medicaid nunca foi concebido para ser um provedor de cuidados de longo prazo. E como o senador John Breaux e o governante William Thomas apontaram: 'A crescente demanda por cuidados de longo prazo está levando o Medicaid à falência.'"*

> *"Praticamente um a cada dois americanos necessitará de algum tipo de cuidado em longo prazo, mas somente um a cada quatro terá os recursos para esse cuidado em uma casa de repouso, o que gira em torno de US$41 mil (em dólares de 1999) ao ano. Apenas 1% dos norte-americanos tem adquirido seguros de saúde de longo prazo. Então, a maioria está confiando no Medicaid. Se as coisas permanecerem como estão agora, eles terão uma grande decepção."*

"Após uma pequena contribuição inicial, o Medicaid deixará de ser utilizado, após os recursos dos pacientes serem explorados até sua extinção. Se os pacientes são seus pais, isso significa que tudo pelo que trabalharam em suas vidas terá sido em vão. E isso muitas vezes significa que um dos pais fica desamparado. O que também pode criar um enorme encargo financeiro para as famílias. O boomer que planejou velejar ao redor do mundo em seu próprio barco pode encontrar-se vendendo seu carro para conseguir dar à sua mãe ou a seu pai uma vida decente."

Como eu disse, depois do meu primeiro encontro com Donald, sabia por que tínhamos nos reunido para escrever este livro. Mas, uma vez que li *The America We Deserve*, eu sabia — sem dúvida — quais eram as nossas preocupações em comum, por que éramos professores e por que queríamos que as pessoas ficassem ricas.

Naquela sala verde, aquele dia em Dallas, desenhei o seguinte diagrama:

DEMONSTRAÇÃO FINANCEIRA

Renda
Despesas

BALANÇO PATRIMONIAL

Ativos	Passivos
	Previdência Social US$10 trilhões
	Medicare US$62 trilhões

"Você está dizendo que existem US$72 trilhões em obrigações fora da declaração de renda?", perguntou Donald. "Quem disse isso?"

"Dois economistas", respondi. "Em 2004, Kent Smetters e Jagadeesh Gokhale gastaram muito tempo para calcular, a partir de 2004, o quanto valiam as obrigações do nosso governo em relação à população norte-americana."

"Isso é muito dinheiro", disse Donald.

"Isso é mais dinheiro do que todo o dinheiro em todos os mercados de títulos e ações do mundo", falei. "Acredito que o valor de todas as ações nos mercados de ações mundiais em 2000 girava em torno de US$36 trilhões, e o valor de todos os títulos nos mercados de títulos mundiais equivalia a apenas US$31 trilhões. Devemos ao nosso povo mais do que todo o dinheiro nos mercados de ações e títulos combinados."

"Eu sabia que isso era péssimo", disse Donald, "mas não tão terrível. Nós podemos pagar."

"Só se imprimirmos mais dinheiro, o que acabaria com as economias de todos. Uma possibilidade é a hiperinflação, mas isso não resolveria o problema. Não só a poupança seria eliminada, as pessoas com rendimentos fixos também os perderiam."

"E isso não é apenas uma dificuldade dos EUA", disse Donald. "Enquanto estamos discutindo sobre as finanças dos norte-americanos, esse problema está sendo sentido em todo o mundo. As pessoas estão vivendo por mais tempo, e os países da Europa até a Ásia estão preocupados se serão capazes de arcar com a saúde e o bem-estar do seu povo."

Recapitulando a História

Na década de 1930, o governo alemão emitiu tanto dinheiro que a moeda praticamente perdeu seu valor. Existe uma história de uma mulher que levara um carrinho cheio de dinheiro para comprar pão. Quando ela saiu da padaria para pegar o dinheiro do pão, haviam roubado o carrinho e deixado o dinheiro.

A hiperinflação desvaloriza a moeda. E, embora tenha sido a complexa conjuntura social, política e financeira que permitiu a Adolf Hitler ser eleito chanceler da Alemanha em 1933, ele foi alçado ao poder também pelo fato de a classe média ter visto suas economias desaparecerem.

Recapitulando a história, os anos 1930 trouxeram a Grande Depressão, o que levou à eleição de Franklin Delano Roosevelt a presidente dos Estados Unidos.

Roosevelt instituiu a Previdência Social em 1935, a solução para um problema que ainda hoje se faz presente. Em outras palavras, a solução de um problema ocorrido mais de 75 anos atrás passou a constituir novamente um problema hoje — na verdade, um problema ainda maior. Estamos tentando resolver um problema com dinheiro do governo, em vez de resolvermos o problema real. Outros programas governamentais que deveriam ser soluções foram o Medicare (1955) e o Medicaid (1966). Hoje, essas supostas soluções são problemas ainda maiores, mais uma vez, porque não conseguimos resolver a questão real em tempo hábil.

> Queremos que as pessoas deixem de lado a ideia de que têm direitos, e fiquem ricas, para que possam resolver o problema... seus próprios problemas.
>
> — *Robert T. Kiyosaki*

Em 1971, o presidente Nixon desvinculou o padrão-ouro, exatamente o que o governo alemão fez, e hoje o dólar americano está caindo e os que pouparam para a aposentadoria estão vendo suas economias desaparecerem... exceto pela Previdência Social e pelo Medicare, que também estão em apuros. A história se repete; só que, desta vez, o problema é maior.

Com o que Estamos Preocupados

Donald foi o primeiro a dizer estas palavras: "Receio que tenhamos desenvolvido a mentalidade de que temos certos direitos como nação. E não estou me referindo apenas aos pobres. Muitas pessoas, desde o presidente e os senadores aos funcionários de escalões mais baixos, acham que têm direito a uma pensão do governo. Eu gostaria realmente que tivéssemos condições de resolver esse problema, mas, para tanto, levaríamos a nação à falência. Poderíamos pedir aos ricos que pagassem por todos, mas será que isso resolveria o problema? E por quanto tempo ficaria resolvido?"

Concordei. Donald e eu queremos que as pessoas deixem de lado a ideia de que têm direitos, e fiquem ricas, para que possam resolver o problema... seus próprios problemas.

Considere o diagrama a seguir:

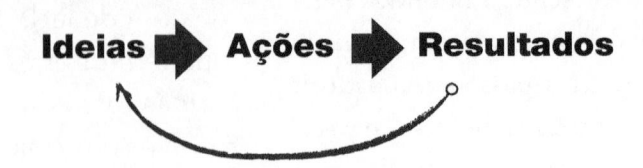

Ideias ➡ Ações ➡ Resultados

A melhor forma de resolver o problema de maus resultados financeiros é mudar a nossa maneira de pensar — começar a pensar como os ricos, não como os pobres ou como a classe média. Isso significa deixar de pensar que temos direitos — seja você um oficial militar, funcionário público, professor, empregado ou, simplesmente, pobre. Se não deixarmos de esperar que o governo tome conta de nós, continuaremos a obter os mesmos resultados — uma nação falida, repleta de indivíduos instruídos, porém financeiramente desvalidos.

Albert Einstein definiu a insanidade como "fazer a mesma coisa inúmeras vezes e esperar resultados diferentes". Em minha opinião, nesta questão específica, é insanidade continuar a mandar as crianças para a escola e não lhes ensinar a lidar com o dinheiro.

No quadrante CASHFLOW, na imagem abaixo,

E *significa empregado*

A *representa autônomo, um pequeno empresário ou um especialista*

D *indica dono de grandes negócios, como Donald Trump*

I *simboliza o investidor*

Acredito que precisamos treinar um número maior de crianças para serem Ds, empresários que criam empregos, e todas as crianças para serem investidores, como na letra I do quadrante. Hoje, nossas escolas fazem um bom trabalho ensinando os jovens a serem Es ou As, mas dificilmente a educação é dirigida a Ds ou Is.

Em vez de sair da escola com uma sólida educação financeira, a maioria dos alunos deixa a escola — alguns deles já endividados — preparada apenas para trabalhar com afinco, economizar dinheiro, livrar-se das dívidas, investir em longo prazo e diversificar.

O bilionário Warren Buffett diz o seguinte sobre a diversificação:

"A diversificação significa proteção contra a ignorância. Não faz muita diferença se você sabe ou não o que está fazendo."

Um dos segredos de ficar rico é saber o que você está fazendo.

De Volta ao Palco

"Quinze minutos", disse o organizador do evento para Donald.

"Ok", respondeu ele. "Estou pronto."

Enquanto caminhávamos em direção ao palco, Donald disse: "Portanto, queremos que eles fiquem ricos para que possam resolver seus próprios problemas financeiros. Um número excessivo de pessoas acredita que a solução esteja no mercado de ações, no governo ou em uma pensão."

"Esse seria um bom ponto de partida", comentei.

"Vamos contar às pessoas *por que* ficamos ricos, e não *como*... e por que continuamos a trabalhar, embora tenhamos dinheiro suficiente."

"Queremos que elas identifiquem seus próprios *porquês*, em vez de esperarem ajuda do governo. Essa é a maneira como podemos ajudá-las a resolver o problema. É óbvio que não podemos ajudar todos, pois nem todos têm talento para enriquecer, mas podemos ajudar os que se esforçam e desejam ficar ricos."

"A mentalidade de 'ter direitos' é um problema monstruoso", disse Donald.

"Monstruoso mesmo", concordei.

"Maior até do que a dívida nacional, a queda do dólar, a crise do petróleo e os programas de aposentadoria. E esses são problemas também muito grandes e muito reais", acrescentou Donald.

"A questão não reside nos problemas", observei. "Todos têm problemas financeiros... até mesmo você e eu. A questão é como *resolvemos* os problemas."

"Exatamente", assentiu Donald. "Não podemos resolver nossos problemas financeiros se continuarmos a pensar que temos direitos. É nessa mentalidade que reside o cerne do problema. É por isso que queremos que as pessoas fiquem ricas."

Enquanto eu subia as escadas que levavam ao palco e me preparava para apresentar Donald, comentei: "Nossos problemas financeiros são consequência de nosso modo de pensar. Precisamos mudar nossa maneira de pensar sobre dinheiro."

Dizendo isso, entrei no palco para apresentar Donald Trump aos milhares de admiradores e alunos.

A Visão de Donald

Pensamento de Equipe

Como Robert diz: "Nós como uma nação não podemos resolver uma grande crise financeira com o mesmo velho pensamento." Eu não poderia concordar mais. Esta mentalidade de que temos direitos está em toda parte. Na verdade, ela tornou-se uma epidemia em nossa economia.

Creio que todos conhecem a expressão "pensamento de equipe". É essa velha mentalidade de rebanho que parece despertar o melhor e o pior nas pessoas. Quando digo o melhor, quero dizer que às vezes surge um pastor. Mas esse é um cenário improvável. Em geral, são os lobos que surgem primeiro, e o rebanho estará inclinado e pronto a segui-los. O que estamos tentando fazer aqui é dispersar o rebanho antes que nos tornemos incapazes de enxergar, ouvir, pensar e agir em nosso próprio benefício. Os indivíduos que são capazes de pensar por conta própria dificilmente farão parte de um rebanho.

Embora estejamos concentrados no conceito de pensamento de equipe, que não permite que as pessoas tenham seu modo próprio de pensar em termos financeiros e cegamente entreguem seu dinheiro a consultores financeiros, estou me lembrando de outra história.

Em meu programa de rádio no *Clear Channel*, decidi falar sobre o "Object Orange" ("Objeto Laranja", em tradução livre). Isto não se refere ao projeto "Gates" ("Portão", em tradução livre), de Jeanne-Claude e Christo no ano passado, no Central Park, mas a algo acontecendo em Detroit, Michigan.

> Os indivíduos que são capazes de pensar por conta própria dificilmente farão parte de um rebanho.
>
> — *Donald J. Trump*

Detroit enfrenta um problema com casas desocupadas em ruínas, porque a cidade perdeu quase um milhão de pessoas nos últimos cinquenta anos. Um grupo de artistas na cidade estava cansado de olhar para aqueles prédios vagos e degradados espalhados pela cidade. Então eles decidiram fazer algo a respeito disso.

Para chamar a atenção para os prédios abandonados, da noite para o dia os artistas secretamente pintaram de cor de laranja os horríveis prédios decadentes. Como é difícil não notar um prédio em ruínas pintado em forte tom laranja, depois disso várias casas foram derrubadas — o que era o objetivo primordial da ação.

Os artistas permanecem anônimos, pois obviamente poderiam se ver em dificuldades por transgredirem a lei. Eles esperam que outros inconformados se juntem a eles com seus pincéis.

Esse é um ótimo exemplo de pessoas que decidem agir e realizaram alguma coisa. Agiram por conta própria, em vez de esperar que outros tomassem alguma providência. É uma atitude não convencional, mas parece estar dando resultado.

A expressão "pensar fora da caixa" já está muito batida, mas continua válida e atual, e cabe perfeitamente no caso de Detroit. Os artistas não são as únicas pessoas que têm o direito de exercitar essa parte do cérebro — todos nós temos. Vamos tentar começar a pensar dessa forma, independentemente do lugar em que vivemos ou do que fazemos. A pior coisa que pode nos acontecer, seja como indivíduos ou como nação, é nos transformarmos em observadores passivos — ou lentamente mergulhar em nossa zona de conforto.

Conforme já observei, para se ter um diferencial é preciso inovar. Nós não estamos em uma posição — mesmo se formos supostamente superdotados — de nos deitar e esperar. Essa é a primeira indicação de um declínio iminente. Temos alguns desafios pela frente, e é bom nos conscientizarmos disso. Não vamos sucumbir ao grande pensamento de equipe, que é, sem dúvida, uma boa forma de exaltar as nossas próprias glórias.

Hoje, mais do que nunca, as pessoas precisam mudar seu modo de pensar sobre finanças e sobre seu futuro financeiro.

Robert e eu queremos que sua maneira de pensar seja mais abrangente. Todos podemos tirar proveito da sabedoria de Descartes: "Penso, logo existo."

Pense grande!

Capítulo 3

O Encolhimento da Classe Média

A Visão de Robert
Aumente Seu QI Financeiro

Existem muitas definições para inteligência. Aprendi uma das mais práticas com o meu pai rico: "Inteligência é a capacidade de solucionar problemas." Por exemplo, na escola, se você é capaz de resolver problemas matemáticos, é considerado inteligente. Fora da escola, se você é capaz de consertar um carro, as pessoas consideram que você tem inteligência automotiva. Quando se trata de dinheiro, quanto maiores forem os problemas financeiros que você é capaz de resolver, maior será sua inteligência financeira.

Hoje, o nosso mundo enfrenta alguns problemas financeiros graves. Muitos estão inter-relacionados, e um gera o outro. Alguns dos mais urgentes são:

1. Desvalorização do dólar
2. Aumento da dívida nacional
3. Começo da aposentadoria dos *baby boomers*
4. Subida do preço do petróleo
5. Ampliação da distância entre os ricos e todos os outros
6. Redução dos salários
7. Exportação dos empregos
8. Falência dos programas sociais assistenciais
9. Eliminação das poupanças individuais
10. Falta de ensino voltado para a educação financeira

As perguntas urgentes são:

1. O que nós podemos fazer?
2. Quais são as soluções para esses problemas?
3. O nosso QI financeiro é suficientemente alto para resolvê-los?
4. Como evitar nos tornarmos vítimas dessas dificuldades?
5. Como podemos impedir que nossas famílias sejam vítimas desses problemas?

Muitos dos atuais problemas financeiros existem porque não os resolvemos assim que surgiram. Em vez de tornar mais alto o QI financeiro da população, nós a ensinamos a esperar que o governo resolva os seus problemas financeiros pessoais. Essa é a razão pela qual nenhum político se atreve a mexer com a Previdência Social e com a saúde pública... embora muitos saibam que esses programas estão fadados ao fracasso.

Agora posso ouvir alguns de vocês, leitores, dizendo: "Precisamos cuidar daqueles que não têm condições de se cuidar." E concordo com isso. Nós, como sociedade civilizada, deveríamos cuidar daqueles que não podem cuidar de si mesmos. Contudo, a maioria de nós *pode* se cuidar, se isso *for* necessário e se tivermos sido treinados para tal.

É hora de aumentar o nosso QI financeiro.

A Mudança Demográfica

Devido às ineficazes soluções adotadas no passado para aumentar o QI financeiro, hoje a população está sofrendo uma transformação.

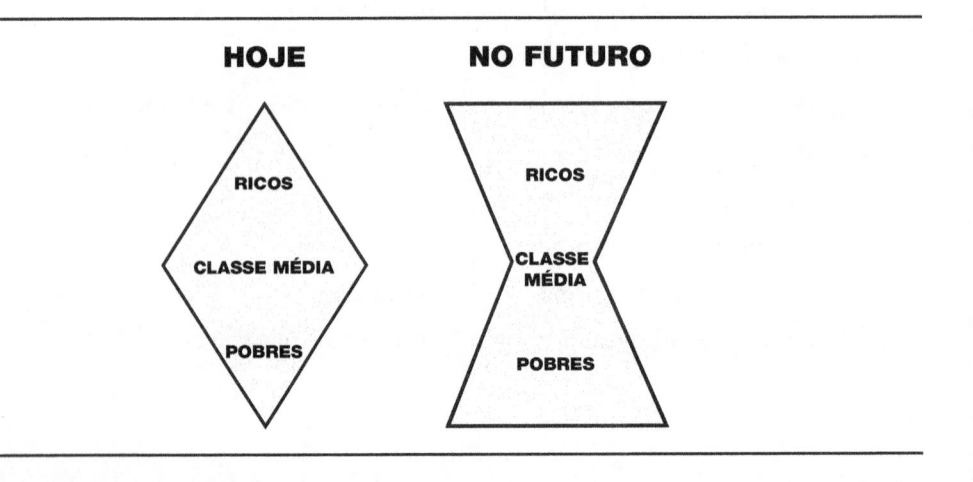

HOJE	NO FUTURO
RICOS / CLASSE MÉDIA / POBRES (losango)	RICOS / CLASSE MÉDIA / POBRES (ampulheta)

O que o diagrama mostra é que os ricos estão ficando cada vez mais ricos, e os demais estão ficando cada vez mais pobres, embora muitos indivíduos estejam ganhando mais dinheiro. Infelizmente, os EUA não são o único país indo nessa direção. Muitas economias mundiais estão se tornando sociedades compostas de duas classes: os ricos e os pobres... classes ou massas.

A edição de domingo do *New York Times*, do dia 16 de abril de 2006, publicou na primeira página um artigo com a seguinte chamada:

"*O Renascimento do Japão Amplia a Lacuna Econômica.*"

O segundo parágrafo do artigo afirmava:

"*Um país cuja autoimagem já foi sintetizada no slogan: 'Cem milhões, todos pertencentes a uma sociedade de classe média', hoje capciosa e impiedosamente classifica os indivíduos como 'vencedores' e 'perdedores', e descreve o Japão como uma 'sociedade com crescentes disparidades'.*"

Em outras palavras, a classe média está desaparecendo. Hoje, no Japão, ou você é rico ou é pobre, um vencedor ou um perdedor em termos financeiros. O mesmo está ocorrendo na América, na Europa e em muitos outros lugares do mundo.

O Preço de um QI Financeiro Baixo

Em minhas conversas com Donald Trump, concordamos que não podemos resolver os complexos desafios financeiros de hoje com a inteligência financeira de ontem. Se tentarmos resolver as dificuldades da Previdência Social e dos programas de assistência à saúde concedendo às pessoas mais direitos a pagamentos e benefícios, estaremos matando a galinha dos ovos de ouro.

A razão pela qual falamos, escrevemos e criamos jogos e outros produtos educativos sobre finanças é porque queremos que as pessoas enriqueçam e resolvam seus próprios problemas financeiros, em vez de esperar que outros os resolvam. Ambos pensamos que, se dermos dinheiro às pessoas, apenas tornaremos o problema maior, mais difícil de resolver e mais perigoso.

Em termos simples, a América está a caminho de se tornar uma nação culta, composta por pessoas ricas e pobres. A classe média está se extinguindo. O problema é que ainda há muitas pessoas como meu pai pobre — um homem bom, culto e trabalhador, que, no entanto, esperava que o governo tomasse conta dele depois da aposentadoria.

Dissemos que, em poucos anos, os primeiros de aproximadamente 75 milhões de *baby boomers* começarão a se aposentar. Esta é a primeira geração que contribuiu plenamente para a Previdência Social. O problema é que o dinheiro que eles investiram desapareceu, sucumbiu em um esquema Ponzi.

Há mais dois problemas: o primeiro, uma vez que não ensinamos muito sobre dinheiro nas escolas, muitos desses 75 milhões não sabem o que é um esquema Ponzi; o segundo, uma vez que a maioria contribuiu plenamente, ela merece ser paga. Mas se cada um (dos 75 milhões de *baby boomers*) começa a recolher apenas US$1 mil por mês em benefícios da Previdência Social e dos programas de assistência à saúde, o total adicionado ao governo dos EUA na folha de pagamento é de US$75 bilhões por mês. Isso é semelhante ao custo de um furacão Katrina ou de uma guerra no Iraque — a cada mês. A boa notícia é que você ainda tem tempo para se preparar e evitar ser vítima dos próximos furacões financeiros... mas não muito.

Na escola dominical, aprendi o seguinte:

Dê um peixe a alguém e ele terá alimento por um dia. E é isso que todos nós, como nação, temos feito. Essa é a mentalidade cultivada pela Previdência Social.

Ensine alguém a pescar e ele terá alimento para a vida toda. É isso o que Donald e eu temos feito. Queremos que os indivíduos aprendam a enriquecer e ensinem os outros a fazer o mesmo.

Em *Teach To Be Rich* ("Ensine a Ser Rico", em tradução livre), um produto que criei para ajudar os nossos clubes CASHFLOW a ensinar os outros a serem ricos, falo sobre como algumas pessoas não querem dar às outras o peixe nem ensiná-las a pescar... em vez disso, elas querem vender. Muitos desses vendedores de peixe são corretores de bolsas de valores, corretores de imóveis, planejadores financeiros, bancos e agentes de seguros. Estão no negócio de vender... não necessariamente no de ensinar ou oferecer algo. Quando você junta as duas palavras, *vender* e *peixe*, cria uma expressão corriqueira, *vender o peixe*, que se relaciona à autopromoção. Embora a maioria das pessoas no ramo de negócios não seja egoísta e pense somente em se autopromover, um número

> Existem muitas definições para inteligência. Aprendi uma das mais práticas com o meu pai rico: "Inteligência é a capacidade de solucionar problemas."
>
> — Robert T. Kiyosaki

suficiente o faz, e isso dá força à expressão. Eu a uso aqui para enfatizar a importância de estar prevenido, de estar consciente da diferença entre aqueles que dão — os professores — e aqueles que vendem.

Donald e eu estamos preocupados com o fato de que a maioria das pessoas prefere não aprender a administrar ou a investir seu próprio dinheiro. Em vez de *aprender*, elas simplesmente *entregam* seu dinheiro a especialistas, e esperam e rezam para que eles sejam, de fato, especialistas.

Em *Como Ficar Rico*, Donald Trump diz que os consultores financeiros são ótimos… em vender o peixe. O título do capítulo diz tudo:

Seja Seu Próprio Consultor Financeiro

O capítulo começa assim:

"Muitas pessoas contratam consultores financeiros, mas já vi inúmeros consultores levarem os seus clientes à falência."

"Os atletas, particularmente, ganham muito dinheiro na juventude. Com bastante frequência, um gerente dilapida a fortuna do atleta e, quando ele chega aos trinta anos, tudo que lhe resta são as glórias do passado — e ele é obrigado a trabalhar para sobreviver."

Nós Queremos Ensiná-lo a Pescar

Donald Trump e eu não vendemos o peixe. Não vendemos conselhos sobre investimentos nem dizemos às pessoas no que investir. Somos professores. Queremos que você aprenda a enriquecer, invista seu próprio dinheiro e se torne seu próprio consultor financeiro. Queremos ensiná-lo a pescar seu próprio peixe.

O Segredo do Pai Rico

Conforme mencionei antes, muitos ricos são reservados. Eu não tinha percebido a que ponto isso é verdade até que os parentes do meu pai rico me pediram para não mencionar o nome da família no livro *Pai Rico, Pai Pobre*. Muitos ricos preferem permanecer no anonimato. Não querem se tornar conhecidos e/ou não querem compartilhar os seus segredos financeiros. Por isso, tive uma grata surpresa ao descobrir que Donald Trump é muito sincero em relação à sua fortuna e deseja tornar público o segredo do seu êxito financeiro.

Em seu livro, *Buffettology*[1], Mary Buffett escreve:

"F. Scott Fitzgerald diz, em um de seus livros, que os milionários são diferentes de você ou de mim. E ele estava certo. Mas eles são diferentes das formas mais estranhas, como o tradicional código de silêncio que exigem da família e dos amigos. Enquanto estive casada com Peter (filho de Warren Buffett), mais de uma vez ouvi a recomendação de não comentar com ninguém que não pertencesse à família sobre Warren e seus investimentos. Escrever este livro era algo simplesmente fora de cogitação."

Depois de se divorciar de Peter, Mary Buffett rompeu o código de silêncio e decidiu explicar, em detalhes, como Warren Buffett age, revelando os segredos do ex-marido. É um excelente livro, e muito bem escrito. E, realmente, revela os segredos de Buffett. É um livro sobre *a maneira de agir* de Warren Buffett, embora ele não o tenha autorizado. Assim, explica como ele conduz seus negócios. Isso não significa que você ou eu, ou mesmo Donald Trump, usemos a mesma fórmula. Tampouco que necessariamente queremos fazê-lo.

Você precisa descobrir o estilo e o método que lhe sejam mais adequados. Embora seja importante aprender com pessoas como Warren e Donald, também é fundamental encontrar sua própria fórmula.

Sonhos versus Objetivos

Muitas pessoas têm sonhos. Os ricos têm objetivos. Então, a questão é: "Qual é a diferença entre sonhos e objetivos?"

Anos atrás, eu assisti a um culto na Igreja do Novo Nascimento, em Atlanta, na Geórgia. Não foi o bispo Eddie Long que deu o sermão aquele dia. Em vez disso, foi o arcebispo Vernon Ashe. A pregação dava uma poderosa lição sobre a força dos processos e das metas.

O arcebispo Ashe disse: "Cada meta tem seu processo." Quando ele falou, eu comecei a perceber por que tantas pessoas que têm sonhos não conseguem realizá-los. A razão é que a maioria das pessoas tem sonhos, mas não se concentra no processo necessário para alcançá-los. Por exemplo, muitas pessoas querem perder peso. Mas o que fica no seu caminho de alcançar o objetivo é o processo de mudança na dieta e a realização de exercícios. Então, em vez de alcançar seu objetivo, o sonho de um corpo mais saudável e atraente continua sendo apenas um sonho.

---

[1] Buffettology seria algo como "o método Buffett". (N. E.)

Outro dia, eu dirigi até o meu ginásio no meu conversível Bentley. Uma jovem saiu e disse: "Esse é o carro dos meus sonhos."

Agradecendo a ela pelo elogio, perguntei: "Como você planeja fazer seu sonho se tornar realidade?"

Sua resposta foi: "Eu não sei. Acho que continuarei apenas sonhando."

E é disso que o arcebispo Ashe estava falando. O ponto do seu sermão era que o processo é tão importante quanto a meta... então, qualquer objetivo sem um processo é apenas um sonho.

Muitas pessoas, especialmente as que têm dificuldades financeiras, pensam que mais dinheiro vai resolver seus problemas financeiros. Em vez de estabelecer um objetivo, encontrar seu próprio processo — sua própria fórmula secreta — e tornar-se uma pessoa rica... elas compram bilhetes de loteria, mantêm a esperança de um aumento, contraem dívidas para manter um padrão que faça com que elas aparentem ser ricas, todo o tempo sonhando em algum dia se tornar uma pessoa rica. A lição do arcebispo foi que a diferença entre os sonhos e as metas era o *processo*... e, em muitos aspectos, o processo é mais importante do que ambos.

E Se Você Perder Tudo?

Anos atrás, quando um repórter perguntou a Henry Ford o que faria se perdesse sua fortuna de bilhões de dólares, ele respondeu: "Eu a teria de volta em menos de cinco anos." Um dos aspectos importantes de se encontrar sua própria fórmula, seu próprio processo, é que quando você atingir seu objetivo será o momento de ganhar o conhecimento que o tornará rico. Como meu pai rico frequentemente dizia: "O dinheiro não o torna rico. O conhecimento o faz." E o conhecimento é um derivado do processo.

Como você sabe, Donald e eu tivemos nossos próprios desafios financeiros. Sabemos que esses desafios nos tornaram mais inteligentes e ricos. Os obstáculos financeiros, as vitórias e as perdas são todos parte do processo de se tornar rico. Para Donald e para mim, nosso processo e aprendizado aconteceram via empreendedorismo e pelo mercado imobiliário. O processo de Warren Buffett foi através da compra de empresas. Muhammad Ali aprendeu por meio do boxe. Então, este livro não é sobre como você pode enriquecer rapidamente, mas sobre como você pode encontrar o próprio processo para se tornar rico. É sobre o processo que torna os seus sonhos reais.

A Visão de Donald

O Encolhimento da Classe Média

Certa vez, quando Robert e eu conversávamos sobre o encolhimento da classe média, dei-me conta de que algumas coisas *podem* ser explicadas. É como uma ampulheta, na qual a classe média representa a parte apertada, ou como alguém com uma cintura muito fina.

NO FUTURO

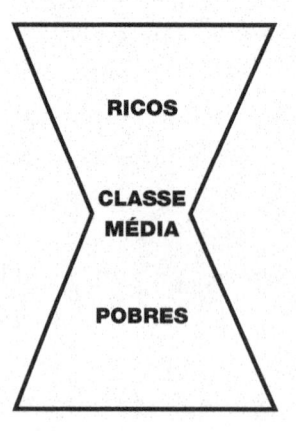

(diagrama em forma de ampulheta: RICOS / CLASSE MÉDIA / POBRES)

O que acontece quando você vira a ampulheta? Independentemente do movimento que faça, terá apenas os pobres alimentando os ricos ou vice-versa. Não existe outra escolha. Não gosto dessa visão porque me lembra o Velho Mundo e seus costumes aristocráticos contra os quais a América se revoltou. Estaremos retrocedendo a esse ponto? Para começar, os colonizadores eram um bando de idealistas equivocados?

Tenho lido alguns jornais durante minhas viagens, e algumas histórias publicadas no jornal *Wall Street* me fizeram pensar sobre riscos. Ontem, ouvimos a história de três alpinistas que morreram durante a descida do Monte Everest, obviamente vitimados pela exaustão, após terem atingido o objetivo. Hoje, temos um artigo sobre o grande cavalo Barbaro e seu grave acidente; temos também a tragédia da *Volvo Ocean Race*, na qual um jovem holandês foi varrido do iate por uma grande onda. A seguir, a tripulação de outro iate precisou abandonar a embarcação durante uma violenta tempestade, e foi resgatada pela embarcação que havia perdido um de seus tripulantes. Todos eram exímios navegadores, e suas habilidades náuticas eram incontestáveis. E, com Barbaro, dezenas de milhares de pessoas foram ver a história das corridas de cavalos e viram o cavalo se acidentar durante a corrida, uma tragédia inacreditável que ninguém, provavelmente, esquecerá. Os fãs tinham razão para acreditar que iriam ver um vencedor da *Triple Crown* — um cavalo vencedor do Derby de Kentucky, um do Preakness e um do Belmont Stakes — pela primeira vez desde 1978. O escritor do *Wall Street Journal* disse que o sofrimento da multidão era proporcional às suas esperanças e expectativas iniciais.

As expectativas levam a resultados surpreendentes. Frequentemente existe uma tênue linha entre a vitória e a derrota, e eu me sinto um pouco filosófico ao refletir sobre isso. Às vezes, os planos mais bem elaborados falham devido a eventos incontroláveis, como condições climáticas, incidentes inesperados ou, talvez, excesso de confiança (se é que isso existe). A filosofia é uma forma de tentar entender coisas e eventos inexplicáveis com os quais nos deparamos no decorrer da vida.

Como disse antes, é importante que permaneçamos ilesos; do contrário, nos tornaremos um alvo. Um pequeno vazamento pode provocar o naufrágio de uma embarcação, ou uma grande onda pode destruí-la, conforme comprovado pelos velejadores da *Volvo Race*. De uma forma ou de outra, a instabilidade pode criar situações que nos fazem balançar e colocam nosso equilíbrio fora de controle.

Se analisarmos a história do mundo, não faz muito tempo, os Estados Unidos conquistaram a posição de superpotência. O maior risco que o país corre agora é não estar preparado para o futuro. Conforme constatamos, não existem garantias, mas, com certeza, estar preparado é melhor do que ser pego de surpresa. Na batalha de Gallipoli, na Primeira Guerra Mundial, ninguém esperava que 250 mil soldados fossem mortos, ou que as forças aliadas da Inglaterra, Austrália, Nova Zelândia e França fossem rechaçadas e derrotadas pelos turcos. Elas foram pegas de surpresa, pois não sabiam no que estavam se metendo.

> Não existem garantias, mas, com certeza, estar preparado é melhor do que ser pego de surpresa.
>
> — *Donald J. Trump*

A China Hoje

Hoje, a globalização é um fato real. Quando Robert descreveu a China e a Índia como economias em desenvolvimento às quais precisamos prestar atenção, eu simplesmente sorri — uma vez mais nosso modo de pensar coincidia. Muitos acham que serão necessários anos para que a China e/ou a Índia cheguem perto da posição da América como a maior economia mundial. Mas isso pode ser outro exemplo do pensamento grupal que hoje reina. Tanto Robert quanto eu já presenciamos o impacto global.

Recentemente, eu estava conversando com um amigo que mora na Europa e ele mencionou a grande cobertura da imprensa à China naquele continente, comparada à vigente nos Estados Unidos. É um tópico muito discutido na Europa. Existem dois fatos isolados sobre a China que indicam como esse país está agindo e em que direção está caminhando:

1. *A primeira filial da Starbucks foi inaugurada na China dois anos atrás. Hoje existe um número maior de Starbucks na China do que nos Estados Unidos.*
2. *Na década de 1970, Shanghai tinha apenas um arranha-céu. Hoje tem cerca de oitocentos.*

Como construtor de arranha-céus e sabendo que existe uma filial da Starbucks na Trump Tower, fico pasmo com essas duas constatações. Esses são apenas dois exemplos, mas que mostram claramente a lição: a China é uma grande força. Sua população é tão grande que um em cada cinco habitantes do nosso planeta é chinês. O país tem uma economia e uma força de trabalho vibrantes, e já se adaptou muito bem às novas tecnologias. Os chineses são trabalhadores e disciplinados. O que isso quer dizer? Podemos fechar os olhos e ser definitivamente derrotados ou podemos analisar a China e tomar um posicionamento para que possamos nos beneficiar das mudanças.

A Índia Hoje

Já que os meus dois filhos mais velhos, Don Jr. e Ivanka, que trabalham na Trump Organization, recentemente visitaram a Índia, decidi fazer algumas pesquisas por conta própria. Mas primeiro quero contar uma história recente que ocorreu na Trump Tower.

No ano passado, um dos meus funcionários estava indo para o aeroporto e pegou um táxi perto da Trump Tower. O motorista era um jovem indiano, e aquela era a sua primeira viagem para o aeroporto, mas ele estava mais interessado em saber se o seu passageiro já vira o sr. Donald Trump. Meu funcionário respondeu: "Sim, há cinco minutos."

O motorista ficou muito impressionado e perguntou: "O senhor viu Donald Trump há cinco minutos? Na Trump Tower?"

"Sim, seu escritório fica no prédio e eu trabalho lá."

O jovem ficou ainda mais impressionado, e perguntou: "O senhor quer dizer que Donald Trump *trabalha*?!" Ele não podia acreditar no que acabara de ouvir. E meu funcionário continuou a explicar a realidade da minha vida, o que significa passar longas horas no escritório, e que usamos post-its, lápis, copiadoras e tudo mais que você encontra em um local de trabalho.

O motorista continuava impressionado, e decidiu contar certos fatos sobre seu país durante o trajeto para o aeroporto. Ele resumiu a história da Índia em alguns minutos. Explicou também que em seu país eram faladas centenas de idiomas e dialetos, e que o sotaque se modificava a cada 70km, mas, independentemente de você estar em alguma província ou em Punjab, havia três palavras que todos conheciam.

Foi a vez do meu funcionário ficar curioso, e perguntar: "Quais?"

O motorista tirou as mãos do volante para ilustrar o que ia dizer, e, com grande exultação, disse: "Você está demitido!"

Meu funcionário deu uma boa risada e a seguir perguntou gentilmente se ele sabia o caminho para o aeroporto; o motorista respondeu que ele não devia se preocupar, que ele tentaria descobrir. E descobriu, sem nenhum problema. Sem dúvida, ele tinha um ótimo senso de direção, e também uma grande vontade de falar sobre seu país.

Temos alguma ideia sobre a direção em que a Índia está caminhando? Sabemos *alguma* coisa sobre a Índia?

Para começar, eis alguns fatos:

- A Índia é a maior e mais antiga civilização existente no mundo.
- Nos últimos 10 mil anos, a Índia nunca invadiu outro país.
- A Índia é a maior democracia do mundo.
- A Índia é um dos poucos países do mundo que conquistou a independência sem violência.

- A arte da navegação nasceu no rio Sindh, há 6 mil anos. (Talvez essa fosse a terra natal daquele jovem motorista.)
- A maior parte das línguas europeias deriva do sânscrito.
- A Índia era o país mais rico do mundo até o século XVII, quando foi invadida pelos britânicos.
- O xadrez foi inventado na Índia.
- A Índia inventou o sistema numérico. Albert Einstein declarou: "Devemos muito aos indianos que nos ensinaram a contar; sem isso, nenhuma descoberta científica teria sido feita."
- A álgebra, a trigonometria e o sistema de cálculos originaram-se na Índia.
- O valor de "pi" foi calculado pela primeira vez pelo matemático Baudhayana, e foi ele também quem explicou o conceito do que hoje é conhecido como Teorema de Pitágoras. Baudhayana o descobriu no século VI, muito antes dos matemáticos europeus.
- A Índia é a maior nação de língua inglesa do mundo.

Meu ponto é que a Índia é definitivamente um lugar em que vale a pena prestar atenção e conhecer. Além do mais, 38% dos médicos nos Estados Unidos são de ascendência indiana, e 12% dos cientistas, também. Os indianos representam o mais rico de todos os grupos étnicos dos Estados Unidos e do mundo. Os indianos dão muito valor à educação, e muitos dirigem grandes corporações norte-americanas e mundiais.

A Índia tornou-se uma grande potência econômica por conta própria e, mais uma vez repito, que merece nossa atenção, não apenas como alvo turístico ou como parte da história. A Índia é importante para o nosso futuro e, como cidadãos cônscios do mundo como um todo, precisamos despender um pouco de tempo aprendendo sobre esse fascinante e dinâmico país.

Decididamente, o mundo enfrenta uma concorrência bastante viável, em particular por parte da China e da Índia. E isso é bom — sempre acreditei que a concorrência pode se livrar do conformismo, e muito rapidamente. Mark Twain disse: "Não fique repetindo que o mundo lhe deve uma vida decente. O mundo não lhe deve nada. Ele chegou primeiro."

Isso se aplica a uma série de coisas. Façamos uma análise. Como você pode tirar vantagem dessas informações? Os ricos identificam as oportunidades, enquanto os pobres não querem vê-las e fingem que nada está acontecendo.

Você consegue identificar as oportunidades que poderão surgir dessas mudanças econômicas?

Capítulo 4

Como Se Tornar Rico

A Visão de Robert

Resolva os Problemas

Todos têm problemas financeiros. Se quiser ficar rico, aprenda a resolver problemas. A identificação de um problema cria a *oportunidade* de criar uma solução.

Cada geração tem seu conjunto característico de problemas financeiros. Na geração dos meus pais, os desafios incluíam a Grande Depressão e a Guerra Mundial. A solução para esses problemas era estudar, conseguir um emprego estável e seguro com os respectivos benefícios, aposentar-se aos 65 anos e jogar golfe pelo resto da vida. Muitos da geração nascida após a Segunda Guerra Mundial tinham um plano de pensão com benefícios definidos, poupança, previdência social e saúde pública. Para muitos da geração dos meus pais, uma boa educação e um bom trabalho eram garantias de sobrevivência econômica.

Minha geração, a geração *baby boom*, enfrenta um conjunto de problemas financeiros diferentes. Hoje, uma boa educação universitária e um bom trabalho não são suficientes. Para piorar as coisas, os empregos estão sendo exportados para o exterior. Atualmente, com essa condição dos empregos, os salários dos funcionários das nações mais ricas se tornam muito altos. Uma despesa muito cara é o plano de benefícios definidos (BD) da geração dos meus pais. As empresas não estão mais dispostas a pagar por empregados vitalícios, então esses planos de BD estão sendo cortados e substituídos por planos de contribuição definida (CD).

Em 1974, devido à mudança nos mercados globais, muitas empresas pararam de oferecer planos de benefício definido (BD) e começaram a oferecer planos de contribuição definida (CD), que mais tarde se tornaram conhecidos nos Estados Unidos como planos 401(k), IRA e Keogh. O problema da minha geração é que um plano de BD é um verdadeiro plano de pensão, e um plano de CD é um plano de poupança. Na verdade, o 401(k) nunca foi concebido para ser um plano de pensão. Em outros países, o problema é o mesmo; eles apenas usam nomes diferentes para os seus planos de benefício definido e de contribuição definida.

> Todos têm problemas financeiros. Se quiser ficar rico, aprenda a resolver problemas. A identificação de um problema cria a *oportunidade* de criar uma solução.
>
> — Robert T. Kiyosaki

Em termos muito simples, um plano de benefício definido irá cobri-lo enquanto você vive. Um plano de contribuição definida cobrirá você somente se houver dinheiro em sua conta. Em outras palavras, com um plano de BD, em teoria, você não ficará sem dinheiro, enquanto que com um plano de DC isso pode acontecer. Pode ser, por isso, que o *USA Today* descobriu que o maior medo da América hoje é ficar sem dinheiro durante a aposentadoria. A maioria de nós já sabe que até 80% da geração *baby boom* não tem riqueza suficiente para suportar uma crise financeira.

As gerações que se seguem à do *baby boom*, muitas vezes chamada geração X ou geração Y, terão um conjunto diferente de problemas financeiros para lidar. Se a geração *baby boom* não fizer um bom trabalho limpando a bagunça deixada por seus pais, haverá uma confusão ainda maior para as gerações X e Y. Essas gerações não só terão que dar conta dos seus próprios problemas financeiros como das dívidas do nosso país (a maior dívida da história do mundo), e elas também herdarão os problemas financeiros dos seus pais e talvez até mesmo dos seus avós, já que todos nós temos uma expectativa de vida maior. Se vivermos mais, é provável que nosso período de vida produtiva seja mais longo e que nos aposentemos mais tarde, mas o que acontecerá se vivermos mais, porém sem condições de continuar a trabalhar?

O tamanho cada vez maior desse problema é assustador. Empurrá-lo com a barriga, deixando-o para a próxima geração, fará apenas com que ele se agrave e se torne mais complexo.

Quanto maiores e mais complexos forem os problemas financeiros, maior será o QI financeiro necessário para resolvê-los. Vamos precisar de todo o poder de nossa mente para conseguir sair dessa.

Pior de tudo, repetindo a manchete da revista *Time*, de 31 de outubro de 2005:

O Grande Roubo da Aposentadoria

"Milhões de americanos que acreditam que irão se aposentar cheios de benefícios terão uma DESAGRADÁVEL SURPRESA.

Como as corporações estão assaltando os bolsos das pessoas — com a ajuda do Congresso."

A ausência de educação financeira em nossas escolas torna possível que pessoas inescrupulosas, inclusive representantes eleitos de qualquer partido político, roubem legalmente aqueles que neles confiam. Assim, o problema vira uma bola de neve.

Conte-me Tudo

Espero que Donald e eu estejamos enganados, mas acredito, sinceramente, que os EUA estão em dificuldades... e se os EUA estão com problemas, o mundo também está.

Hoje, um dos maiores problemas mundiais é o aumento dos preços do petróleo. O petróleo é o sangue da economia global. Se o preço do petróleo subir demais e não encontrarmos logo uma alternativa melhor para ele, a economia mundial entrará em colapso. Como Donald me disse certa vez: "Se a gasolina custa US$5 o galão, isso não nos afeta muito. Mas se você está ganhando US$10 por hora, então um galão de US$5 tira comida da sua família." Ele continuou: "O petróleo afeta *tudo* em nossa economia, e o problema é que suas reservas estão se esgotando. Os preços só vão subir. Você e eu ficaremos bem, mas milhões de pessoas serão prejudicadas por isso."

Se o preço do petróleo ultrapassar US$100 o barril, e acredito que isso acontecerá em um futuro próximo, a economia será afetada — mas não necessariamente *você* o será. Você pode enfrentar o problema *agora* e fazer parte da solução.

Quando converso com as pessoas sobre alguns desafios que nos esperam, ouço os mais variados comentários. Um dos mais comuns é: "Nem me fale disso." Outro comentário: "Precisamos pensar positivamente. Essa negatividade é prejudicial." Ou ainda: "Deus resolverá o problema."

Esses comentários partem de indivíduos com baixo QI financeiro. Em vez de enfrentar os problemas e perguntar: "Como posso me beneficiar desses problemas?", eles disfarçam. E é por essa razão que milhões, possivelmente bilhões, de pessoas sofrerão as consequências nos anos que estão por vir. Em vez de encararem o problema como uma oportunidade, tapam o sol com a peneira.

RIQUEZA = ENERGIA

Meu pai rico me ensinou, logo depois da primeira crise do petróleo, em 1973–1974, que petróleo e riqueza estavam diretamente relacionados. Ele sempre dizia: "Riqueza = Energia." Desde que era aprendiz na *Standard Oil*, trabalhando em navios petroleiros, atividade que comecei a desenvolver em 1966, eu me interessava por petróleo. A explicação de meu pai rico era simples. Ele dizia: "Quando o preço da energia cai, nossa riqueza aumenta." A equação é mais ou menos assim:

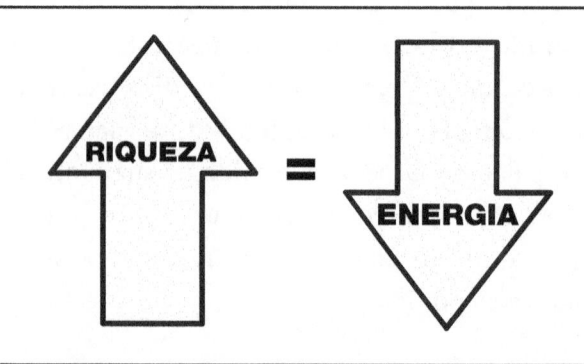

RIQUEZA ↑ = ENERGIA ↓

E, para a maioria das pessoas, quando o preço da energia sobe, sua riqueza diminui.

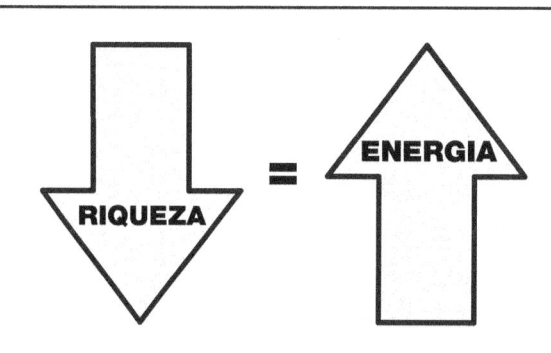

$$\downarrow \text{RIQUEZA} = \uparrow \text{ENERGIA}$$

Em 1974, ano em que iniciei minha carreira profissional como representante de vendas da Xerox Corporation, pude comprovar que a teoria do meu pai rico estava correta. Naquele ano, os altos preços do petróleo provocaram a retração da economia. As empresas não mais alugavam copiadoras Xerox. Ao contrário, estavam cancelando seus contratos de locação. Em minha primeira venda, tive que me ajoelhar na frente do cliente — estava implorando, não vendendo. Implorei ao cliente para que não cancelasse seu contrato. Lembro-me de ter ouvido um cliente perguntar: "Por que devo manter a copiadora? Não tenho mais negócios." Esse é apenas um pequeno exemplo do que acontece quando o preço da energia sobe.

Em vez de ganhar dinheiro nos dois primeiros anos, fiquei devendo à Xerox. Isso se deu porque toda vez que um cliente cancelava o contrato de aluguel de uma máquina, a comissão paga ao representante de vendas que vendera o equipamento tinha que ser devolvida à empresa. Eu não estava vendendo, estava passando fome, e, durante aqueles dois anos, várias vezes estive prestes a ser despedido.

Fases Difíceis Podem Ajudá-lo a Enriquecer

A boa notícia foi que o desafio de uma economia em retração fez com que eu me tornasse um vendedor melhor. Embora naquela época eu não ganhasse muito dinheiro, meu treinamento como representante de vendas é útil até hoje. Meus negócios são bem-sucedidos porque sei vender — e porque compreendo a importância de vendas e marketing. Em tempos de crise econômica, isso pode representar um diferencial. Conforme Donald e eu costumamos dizer: "Se você está no comércio, precisa aprender a vender."

Como Aumentei o Meu QI Financeiro

Como a oferta de petróleo havia diminuído, meu pai rico sugeriu que eu aprendesse mais sobre o setor petrolífero. Trabalhei na *Standard Oil* de 1966 a 1969, como aprendiz e oficial de navio, um terceiro imediato nos navios petroleiros da empresa. Como eu estava interessado em petróleo, tive facilidade em aprender um pouco mais sobre o assunto.

Quando comecei a ganhar mais como representante de vendas da Xerox, decidi aprender mais sobre petróleo e arrumei um emprego de meio período em uma empresa petrolífera de Oklahoma que negociava incentivos fiscais para petróleo e gás. Naquela época, um investidor podia investir US$100 mil e receber um incentivo fiscal equivalente a quatro vezes seu investimento. Nesse exemplo, um investimento de US$100 mil equivalia a US$400 mil, que podiam ser compensados com os impostos devidos. Assim, o investidor ganhava mais dinheiro com a produção do petróleo e ainda pagava muito menos impostos — uma das razões pelas quais os ricos ficavam mais ricos.

Negociar esses incentivos fiscais alavancados de petróleo e gás ensinou-me algumas lições importantes. A primeira foi que nem todos os negócios estavam sofrendo devido à crise do petróleo. Meus olhos estavam atentos ao fato de que muitos indivíduos ficavam cada vez mais ricos, enquanto outros, cada vez mais pobres. Mediante essa constatação, meu QI financeiro aumentou — pude enxergar um outro mundo. Após minha experiência vendendo copiadoras Xerox a empresas e, mais tarde, em minhas horas de folga, vendendo incentivos fiscais aos ricos, decidi que queria enriquecer.

A Lição

Observe a equação...

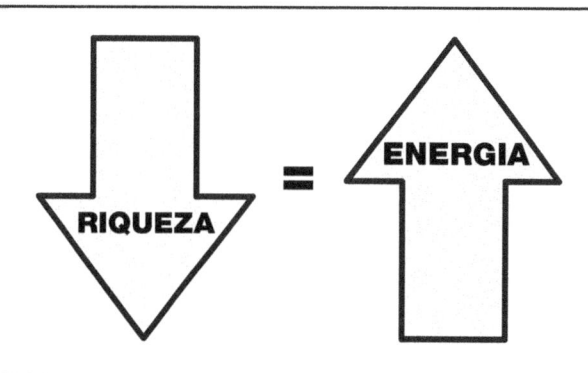

⬇ RIQUEZA = ⬆ ENERGIA

A dura realidade é que, à medida que os preços da energia sobem, a riqueza nacional diminui, exceto no caso de indivíduos donos de um QI financeiro que lhes permita investir com bom senso. Contudo, se você for rico, sua equação pode se parecer com a seguinte:

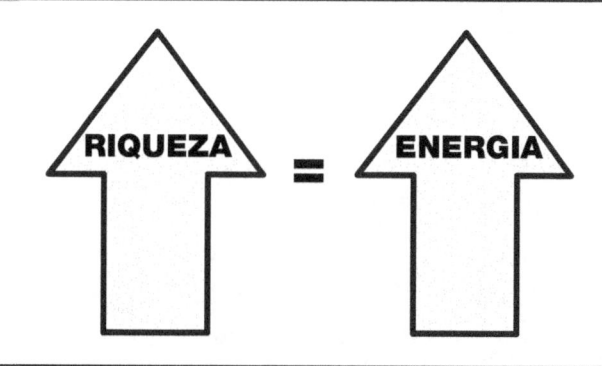

⬆ RIQUEZA = ⬆ ENERGIA

A escolha é sua. Você pode escolher a equação "Riqueza = Energia" que desejar.

Tornei-me sócio de empreendimentos no ramo petrolífero porque queria pertencer ao lado dos ricos. Hoje, continuo a investir em parcerias de petróleo e gás exatamente como fazia nas décadas de 1970 e 1980.

Atualmente, nos Estados Unidos, o desconto nos impostos (embora não tão favorável como no passado) continua atraente. Para os US$100 mil investidos hoje, embora eu não tenha mais direito à compensação igual a quatro vezes o valor investido que tinha no passado, ainda tenho direito a uma compensação de 70% mais 15% a título de exaustão. Isso significa que tenho direito a um desconto de US$70 mil dos impostos quando faço um investimento, e, para cada dólar de receita, tenho direito também a desconto de 15% nos impostos, o que significa que ganho mais e pago menos impostos. Tente ganhar isso investindo em poupança, ações, títulos ou fundos. Saber como ganhar dinheiro e pagar menos impostos significa inteligência financeira.

No meu caso, o segredo foi ter encontrado uma empresa petrolífera honesta. Como dizia meu pai rico: "A definição de um homem do petróleo é: 'Um mentiroso parado perto de um buraco no chão.'" Você pode também substituir uma *mina de ouro* por um *homem do petróleo*.

Hoje, embora eu ganhe muito dinheiro com meus livros e jogos, grande parte da minha fortuna provém da minha mina de ouro na China, minha mina de prata na América do Sul, minhas empresas de imóveis e das minhas parcerias com empresas petrolíferas nos Estados Unidos.

Toda vez que um repórter me pergunta: "A melhor forma de enriquecer não é escrever livros sobre como enriquecer?", eu seguro o riso. Em resposta, eu simplesmente falo: "Se você pensa que escrever um livro de sucesso internacional e criar programas educacionais é fácil, por que não tenta?" Na minha opinião, é muito mais fácil encontrar petróleo ou ouro do que escrever um best-seller.

Donald Trump e eu escrevemos livros porque estamos muito preocupados. A nossa mensagem é que com uma educação financeira e uma preparação adequadas, você pode aumentar seu QI financeiro, navegar em águas turbulentas e se tornar mais rico, não mais pobre.

A Visão de Donald

A Educação Substitui o Medo

A mensagem de Robert, e minha também, é que, com a educação financeira apropriada e com planejamento, você poderá escapar da turbulência que hoje está presente no mundo financeiro e, por meio da educação, ficar mais rico, encontrando meios de resolver problemas.

Lembro-me de um exemplo simples de resolução de problemas. Quando, recentemente, Robert veio ao meu escritório para conversar sobre o livro, eu tinha uma cadeira vermelha em meu escritório. Perguntei-lhe se havia gostado dela e se seria capaz de dizer quanto custou.

Lá estava ele, de pé, olhando para aquela elegante cadeira forrada de tecido, e, finalmente, disse: "Não tenho a menor ideia." Adorei aquilo.

"Mike, o gerente do meu campo de golfe na Califórnia, me telefonou dizendo que precisava de 150 cadeiras para o restaurante, e que haviam pedido US$1.500 por uma unidade. Aquele preço me pareceu muito alto; assim, em vez de, simplesmente, concordar, dei alguns telefonemas."

"Custou US$90", falei, todo orgulhoso. "É uma ótima cadeira. A melhor. Venha cá, sente-se nela. E é melhor que a de US$1.500. Você sabe quanto economizei simplesmente dando alguns telefonemas?"

É uma questão de liderança e de capacidade de resolver problemas. Se meus funcionários acharem que sou descuidado com o dinheiro, eles também o serão. Portanto, faço essas coisas não só para poupar meu capital, mas também para dar o exemplo à minha equipe. Você sabe, não tenho medo de gastar dinheiro. Gosto de comprar o melhor, mas não gosto de desperdiçar. Algumas pessoas lutam com problemas financeiros porque têm uma mente estreita e compram mal. Você pode ficar rico sendo econômico, mas será que alguém quer ser um rico avarento?

> Aprendi que, às vezes, o essencial pode estar invisível a nossos olhos. É nesse ponto que entra o discernimento.
>
> — *Donald J. Trump*

Mesmo quando eu estava com dificuldades financeiras, nunca fui mesquinho. Houve uma época em que minha empresa lutava para sobreviver e, mesmo assim, eu pagava bons salários para os meus colaboradores. É por essa razão que comprei a melhor cadeira pelo melhor preço. Não gosto de ser explorado, principalmente quando posso conseguir o melhor pelo menor preço. Espero que os meus funcionários façam o mesmo.

Uma coisa da qual não podemos nos esquecer é que um pequeno esforço é o melhor substituto para as desculpas. Se todos estivéssemos a fim de fazer um esforço para compreender o que está acontecendo e contribuir com nosso quinhão usando nossa inteligência, não a complacência, alguma ideia lúcida poderia resultar. Resolução de problemas significa instrução em sua melhor forma. Assim como a compreensão pode substituir o ódio, a instrução pode substituir o medo.

Talvez seja mais fácil ser ignorante, mas muitas vezes a ignorância é resultado do medo. Como disse Robert Frost: "Não há nada de que eu tenha mais medo do que de pessoas medrosas." Reduza seu medo e alimente sua coragem.

Gosto dos diagramas elaborados por Robert, e, quando olho para as setas que ele desenha indicando riqueza e energia, penso como nossa energia individual pode criar riquezas. Se você tiver a perseverança de caminhar para a frente com ímpeto, só isso já representa uma grande energia. E, com o foco correto, é provável que seja bem-sucedido. Sempre gostei da declaração de Alexander Graham Bell: "Concentre todos os seus pensamentos no trabalho que irá desempenhar. Os raios de sol não queimam enquanto não se concentram sobre um foco." Se você conseguir controlar sua energia, terá uma boa chance de criar e controlar sua própria riqueza. Ambas as setas apontam para a direção correta.

Aprendi que, às vezes, o essencial pode estar invisível a nossos olhos. É nesse ponto que entra o discernimento. Os líderes são indivíduos que substituíram o medo pelo discernimento, o que significa que podem prever o inevitável. A educação que receberam resultou em uma percepção que pode, efetivamente, substituir o medo, o que aumenta, de modo significativo, suas chances de êxito.

A resolução de problemas torna-se muito mais fácil se você pensar nos problemas como desafios. E eles poderiam perfeitamente ser considerados dessa forma, pois os problemas fazem parte da vida. Encarar os problemas de forma positiva, inevitavelmente, lhe trará mais energia. Digo "inevitavelmente" com segurança porque sei que isso é um fato, e sei disso por experiência própria. A segurança é um grande passo em direção à coragem, e o medo se evapora quando confrontado com a audácia.

Robert sempre diz que um problema pode criar uma oportunidade. Muito bem-dito, e eu concordo. Se você começar a analisar seus problemas sob essa luz, garanto que estará no caminho certo para resolvê-los. Já tive alguns problemas sérios, que envolviam bilhões de dólares em dívidas, mas nunca fui à falência e hoje sou mais bem-sucedido do que jamais fui, portanto, falo por experiência própria.

A Trump Tower está no mapa há tanto tempo que as pessoas se esquecem de que ela não surgiu da noite para o dia nos céus de Manhattan. Enfrentei uma série de obstáculos que tive que analisar e superar quando decidi que queria "o local da Tiffany" para meu novo prédio. Precisei resolver inúmeros problemas. Primeiro, eu queria comprar a loja Bonwit Teller e também o prédio, mas as pessoas disseram que eu estava louco. Não desisti, mas passaram-se três anos antes que eu conseguisse negociar com eles. A seguir, eu queria adquirir os direitos sobre o espaço aéreo acima da Tiffany. A aquisição desses direitos me permitiria construir um prédio muito mais alto. Depois de adquirir esses direitos, ainda foi preciso comprar um pequeno lote que era estratégico porque as leis de zoneamento urbano exigiam um espaço vago de, no mínimo, 10m na parte de trás de qualquer construção. Isso demandou mais investigações e negociações. Além disso, analisei, junto com meu arquiteto, Der Scutt, cerca de cinquenta projetos, tentando encontrar os melhores elementos e incorporando-os ao projeto final. A seguir, foi preciso obter aprovação dos órgãos competentes para o projeto final e obter variações de zonas.

Isso é apenas parte da história da Trump Tower. Nenhuma dessas etapas foi fácil, mas eu encarava cada uma como um desafio, e gostei de encontrar soluções para os detalhes. Se eu não tivesse encarado as coisas dessa forma, teria desanimado. Hoje, tenho um belo edifício, que se tornou famoso no mundo inteiro. Valeu a pena? Com certeza! Além disso, é um grande exemplo de como resolver problemas.

Outra história interessante sobre a Trump Tower é o próprio nome. No início, eu pretendia chamá-la de Tiffany Tower, em virtude da sua localização. Um dos meus amigos perguntou por que eu usaria outro nome famoso para descrever um prédio que eu havia idealizado e construído, e sua pergunta ficou na minha cabeça. Resolvi então batizá-la de Trump Tower.

Robert e eu sabemos que os problemas podem ser complexos, e, às vezes, parecer intermináveis, mas queremos estimulá-lo a encarar as dificuldades como *desafios* que lhe proporcionarão a oportunidade de alcançar grandes conquistas. Não se esqueça, nada na vida é fácil. Mas quem quer ficar com nada? Sua inteligência financeira é maior do que isso!

Robert e Donald conferindo o curso no Trump National Golf Club, em Los Angeles.

Capítulo 5

Nós Queremos que Você Fique Rico

A Visão de Robert

Quando Charles Wilson, na época presidente da General Motors, foi indicado para o cargo de secretário da defesa, em 1953, perguntaram-lhe se ele poderia tomar decisões que causariam impactos adversos sobre a GM. Ele disse que sim, mas que não conseguia imaginar uma situação desse tipo, "pois eu sempre pensei que o que era bom para o país era bom para a General Motors, e vice-versa". Desde então, às vezes o décimo presidente da GM é lembrado por ter dito essa frase: "O que é bom para a General Motors é bom para a América", embora sua mensagem seja, sem dúvida, muito mais complexa. O que ele quis dizer é que dois gigantes — a GM e os Estados Unidos — estavam entrelaçados. Isso ainda continua valendo, embora não da mesma maneira que naquela época.

A General Motors está em dificuldades, da mesma forma que os Estados Unidos. Os problemas da GM advêm do fato de os carros não serem tão bons quanto deveriam ser; há anos a empresa tem problemas de gestão e, como os Estados Unidos, vive de seus êxitos do passado, o que torna os problemas ainda mais sérios, em vez de resolvê-los.

Um exemplo da má gestão da GM no passado pode ser encontrado no livro *Buffettology*. Segundo Mary Buffett:

"O mesmo fenômeno pode ser visto nos registros financeiros da General Motors, que indicam que entre o início de 1985 e o final de 1994 a empresa ganhava cerca de US$17,92 por ação e pagava dividendos de aproximadamente US$20,62 por ação. Durante esse mesmo período, a empresa despendeu cerca de US$102,34 em melhoria na estrutura de capitais. Você deve estar se perguntando: se os ganhos da General Motors durante esse

período eram de US$17,92 por ação e ela pagava dividendos de US$20,62 por ação, de onde vinham os US$2,68 pagos em dividendos e os US$102,34 gastos em melhorias na estrutura de capitais?"

Esse pequeno exemplo não leva em consideração a perda da fatia de mercado pela GM, o número de empregados que não estão trabalhando (mas recebem salário), os planos de previdência descapitalizados e o passivo em assistência médica. Em outras palavras, exatamente como os Estados Unidos, o maior fabricante de veículos do mundo está à beira da falência. O que é bom para a GM, obviamente, também é bom para a América, mas estamos em condições de pagar o preço?

O indivíduo que analisa os números da GM não precisa ter MBA em matemática para entendê-los... os conceitos aprendidos até o sexto ano são suficientes. Faça a si mesmo a seguinte pergunta: "Como uma empresa que ganha US$17,92 por ação pode pagar dividendos de US$20,62 por ação e continuar operando?" Qualquer criança sabe que se você tiver US$17,92 nas mãos não conseguirá extrair US$20,62 dessa quantia. A pergunta seguinte é: "Como uma empresa pode gastar US$102,34 por ação se ela ganha apenas US$17,92 por ação?" Uma vez mais, um garoto de doze anos pode dizer que, se você está gastando US$102,34 quando ganha apenas US$17,92, não está administrando bem seu dinheiro. Isso simplesmente não faz sentido.

Porém, embora não faça sentido, milhões de pessoas estão investindo na GM, apostando sua aposentadoria no futuro dela e dando ouvidos a corretores e planejadores financeiros que as aconselham a investir em empresas que negociam ações de primeira linha como a GM. Como é possível ser tão ingênuo? E eu respondo: "Falta de educação financeira."

Talvez Warren Buffett tenha outra resposta para essa pergunta. Uma citação dele:

"Para mim tem sido muito útil que dezenas de milhares (de alunos) recém-saídos de escolas de administração tenham aprendido que não adianta nada pensar."

Essa citação talvez explique por que uma empresa como a GM, que conta com milhares de funcionários inteligentes, pode tomar decisões financeiras tão equivocadas.

Buffett disse também:

"Se matemática complexa fosse necessária, eu teria que voltar a entregar jornal. Nunca senti necessidade da álgebra."

Creio que o que ele quer dizer, em outras palavras, é que enriquecer é uma questão de bom senso, que exige apenas matemática simples.

E isso levanta outra questão óbvia: "Como é possível que tantas pessoas instruídas sejam persuadidas a investir em uma empresa que usa uma matemática confusa em vez de uma matemática lógica?" Eis uma citação de Buffett que parece apropriada:

"Wall Street é o único lugar do mundo em que as pessoas vão de Rolls-Royce à procura de orientação de pessoas que andam de metrô."

Os Ricos Estão Ficando Mais Ricos

Donald Trump e eu estamos muito preocupados. Sabemos que algo está errado, assim como todos nós sabemos que há algo mais errado com a GM do que os carros. Temos medo de que este país e sua riqueza tenham sido grosseiramente mal administrados, assim como a GM é mal gerida. Enquanto jogar com os números realmente beneficia os ricos, tornando-os mais ricos, o preço é pago pelos pobres e pela classe média.

Se você esteve em Detroit recentemente, sabe o quanto aquele lugar parece um cemitério. Cidades e empresas estão morrendo. Como as empresas morrem, os preços dos imóveis caem e as famílias são prejudicadas de muitas maneiras, além da financeira. Então, o que é bom para a GM também é bom para a América? Detroit é um exemplo da América futura?

A Tempestade Perfeita

Os problemas financeiros que enfrentamos hoje estão acima da capacidade do governo norte-americano de resolvê-los. Por exemplo, os seus desafios financeiros não podem ser resolvidos se o Federal Reserve simplesmente aumentar ou reduzir as taxas de juros. Contudo, milhões de pessoas nos Estados Unidos e no mundo todo reverenciam a sabedoria demonstrada pelo Federal Reserve. Assim, os problemas do país não foram resolvidos e agora estão se transformando em problemas mundiais, fugindo do controle dos nossos líderes políticos.

Analisemos alguns desses problemas e de que forma estão relacionados:

1. **O crescente deficit da balança comercial:** o deficit da balança comercial norte-americana em 2006 era previsto para US$423 bilhões. Isso significa que nós, como nação, teríamos que gastar US$423 bilhões além do que produzíamos. Em menor escala, isso poderia ser comparado a uma família que ganha US$5 mil/mês e gasta US$6 mil/mês. Você e eu sabemos que a situação dessa família está se tornando cada vez mais séria. Isso nos leva ao próximo problema.

2. **A dívida nacional em ascensão:** segundo o Departamento do Tesouro, 42 presidentes, de George Washington (1789) a Bill Clinton (2000), tomaram emprestado um total combinado de US$1,01 trilhão de governos estrangeiros e de instituições financeiras. Entre 2000 e 2005, a Casa Branca de George Bush tomou emprestado US$1,05 trilhão — mais do que todas as administrações anteriores juntas.

   Muitas dessas famílias que vivem com US$5 mil por mês tentaram resolver seus problemas tirando os empréstimos de capital próprio. Você viu os anúncios na televisão dizendo como é inteligente pagar todas suas contas de cartão de crédito com um empréstimo desse tipo. Este é um exemplo menor de empurrar o problema para a frente. Hoje, o presidente e o governo estão resolvendo o problema da mesma forma, tirando um empréstimo de capital próprio do nosso futuro. Esse problema nos leva ao próximo.

3. **A desvalorização do dólar:** em 1971, o dólar foi convertido em *moeda corrente* com a queda do padrão-ouro. Nessa época, o presidente Nixon estava tentando resolver o problema — uma grande quantidade de ouro estava saindo do país. Por quê? A resposta poderá ser encontrada voltando ao problema número um — o crescente deficit da balança comercial. Como os Estados Unidos compravam muitos produtos japoneses e europeus, a diferença entre o que era vendido para esses países e o que era comprado deles era paga em ouro, pois naquele tempo o dólar tinha lastro em ouro. Para resolver o problema, o presidente Nixon simplesmente transformou o dólar de ativo em um passivo. Hoje, o deficit da balança comercial norte-americana é o maior de todos os tempos.

   Em vez de lastrear o dólar com ouro, os Estados Unidos podem simplesmente emitir mais dinheiro (exatamente da mesma maneira que nós, como pessoas físicas, usamos cartões de crédito ou cheques sem termos dinheiro algum no banco — a diferença é que você ou eu podemos ser presos por emissão de cheques sem fundos).

Embora em 1971 a emissão de dinheiro sem lastro pretendesse resolver temporariamente o problema, não resolveu o problema do excesso de consumo. Um problema pelo qual nós estamos pagando atualmente.

Entre 1996 e 2006, um período de apenas dez anos, o dólar norte-americano perdeu metade do seu valor comparado ao ouro. Em 1996, o ouro era vendido a cerca de US$250 a onça (cerca de US$8,8 o grama). Em 2006, apenas dez anos mais tarde, o ouro era vendido a US$600 a onça (ou US$21,16 o grama).

> Os problemas financeiros que enfrentamos hoje estão acima da capacidade do governo norte-americano de resolvê-los... Assim, os problemas do país não foram resolvidos e agora estão se transformando em problemas mundiais, fugindo do controle dos nossos líderes políticos.
>
> — *Robert T. Kiyosaki*

Apenas a título de exemplo, se em 1996 você tivesse colocado US$1 mil no banco, em 2006 valeria menos de US$500 em ouro. Em vez disso, se você tivesse comprado 4 onças (cerca de 113,5 gramas) de ouro por US$1 mil, hoje esse ouro valeria US$2.400.

Em 1971, essa mudança nas regras significou que os poupadores se tornaram perdedores. As pessoas que acreditavam que seu dinheiro estava seguro no banco perderam, simplesmente porque não tinham dinheiro no banco — tinham uma moeda, um passivo do nosso governo. As pessoas que vivem com renda fixa acharão a vida mais cara — seu dólar não vai tão longe. O que o governo está dizendo a essas pessoas é que o problema é a *inflação*. O que o governo não lhes diz é que o problema real é uma *desvalorização*. Nosso dólar está perdendo valor simplesmente porque nosso governo está imprimindo mais dinheiro para resolver os seus problemas. Até o ano de 2020, uma fatia de pão pode custar US$12, mas cheques de pensão, para aqueles que recebê-los, não se alterarão. Esse problema nos leva ao próximo.

4. **Baby boomers sem dinheiro:** temos enfatizado que nos próximos anos os primeiros 75 milhões de baby boomers começarão a se aposentar. Muitos não têm reservas adequadas com as quais contar após a aposentadoria. Essa falta de reservas é causada em parte por uma lei conhecida como Lei de Gresham. Essa lei afirma que, quando a moeda ruim entra no sistema, o dinheiro bom se esconde. Isso tem acontecido ao longo da história e remonta aos tempos do Império Romano. Em 1964, o governo dos

Estados Unidos recolheu as moedas de prata verdadeira que estavam em circulação, substituindo-as por falsas moedas de prata. Imediatamente, as moedas de prata verdadeiras começaram a se esconder.

Acredito que as pessoas não estejam poupando porque, conscientemente ou não, sabem que o dinheiro que recebem não é dinheiro de verdade e, por isso, o gastam o mais rapidamente possível. Hoje, somos uma nação de devedores simplesmente porque muitos indivíduos sabem que seu dinheiro vale cada vez menos — e não veem sentido em economizá-lo, pois poupadores são perdedores. A maioria dos americanos de classe média tem mais dinheiro investido em seu patrimônio e em contas de aposentadoria do que em dólares depositados no banco. Os índices de poupança nos Estados Unidos são os mais baixos do mundo. Os americanos estão vivendo mais com menos dinheiro e menos oportunidades. Esse problema nos leva ao próximo.

5. **A mentalidade de ter direitos adquiridos:** como milhões de pessoas não têm recursos financeiros, esperam que o governo resolva os seus problemas financeiros ou cuide delas. Se o governo não fizer isso, quem o fará? Com os preços subindo cada vez mais, quem terá condições de cuidar delas?

O problema não pode mais ser adiado. Com a dívida da Previdência Social atingindo US$10 trilhões e a do Medicare, US$62 trilhões, até parece que a única forma de resolver o problema é continuar a fazer o que sempre fizemos — gastar mais do que ganhamos, tomar emprestado mais do que temos condições de pagar e emitir mais dinheiro. É um círculo vicioso causado pela incapacidade de resolver o problema — causado pela falta de educação financeira. Esse problema nos leva ao próximo.

6. **Preços do petróleo mais altos:** os altos preços do petróleo não são causados pela falta de educação financeira, mas pela desmedida ganância e pela falta de visão financeira das pessoas. Embora tenhamos tecnologia e recursos energéticos alternativos para substituir o petróleo, até agora nada foi feito. Continuamos a sofrer financeiramente devido a essa desmedida ganância e falta de visão.

Os altos preços do petróleo causam efeito dominó sobre os problemas anteriores. Os Estados Unidos podiam tomar emprestado o volume de dinheiro que quisessem para resolver seus problemas financeiros porque a economia do país estava crescendo. Desde que o país continuasse a crescer, outros países e instituições financeiras estavam dispostos a lhes emprestar dinheiro... tanto quanto quisessem. O problema é que os preços mais altos da energia fazem com que a economia se retraia, em vez de se expandir. Se, e quando, a economia começar a se contrair, aqueles que estavam contratando empréstimos talvez hesitem em aceitar uma parcela maior da dívida dos Estados Unidos. Se isso acontecer, os problemas econômicos não poderão ser resolvidos com grandes promessas e o aumento da dívida. O castelo de cartas ruirá.

7. **Isenção de impostos para os ricos:** a maioria de nós conhece a regra de ouro que nos lembra de não fazer com os outros o que não queremos que façam conosco. Porém a regra de ouro a que me refiro é a que diz: "Quem tem o ouro dita as regras." O triste é que nos Estados Unidos os pobres e a classe média perderam sua representação no governo. Hoje, os ricos ditam as regras, e é por essa razão que estão se tornando cada vez mais ricos.

Em 11 de maio de 2006, a *ABC News* publicou uma notícia sobre os últimos cortes de impostos. Citando o relato:

"O centro de política tributária uma think tank[1], *de Washington, descobriu que no máximo 0,1% dos contribuintes — as pessoas que ganham mais de 1,8 milhão — receberia US$82 mil de volta. Os norte-americanos de renda média que fazem entre US$27 mil e US$47 mil receberiam US$20."*

A Economia Vudu ou o Efeito da Distribuição Capilar

Existe uma teoria monetária que incentiva as leis tributárias e favorece os ricos — é a ideia de que, se os ricos tivessem mais dinheiro, eles o investiriam, criando mais empregos. O dinheiro seria direcionado aos pobres e à classe média. Às vezes, essa teoria é denominada "economia vudu" ou "efeito da distribuição capilar". Embora pareça uma boa teoria e certa parcela do dinheiro acabe nas mãos das classes mais baixas, o resultado final é que quase todo o dinheiro permanece nas mãos dos ricos.

Em muitos casos, o preço dos bens aumenta porque os ricos têm mais dinheiro. Por que os preços dos bens aumentam? Porque é isso o que os ricos compram com seu dinheiro — ativos —, e essa é uma das razões pelas quais eles são ricos. Quando o preço dos bens aumenta, esses bens (itens de valor real e duradouro) ficam mais caros, ou fora do alcance dos pobres e da classe média. Veja o preço

---

[1] Instituição formada por especialistas de áreas diversas que promove análises e estudos políticos, econômicos ou militares, em geral por encomenda. (N. E.)

dos imóveis e pergunte a alguém que ainda não comprou sua casa se acha fácil adquirir a casa de seus sonhos hoje. É difícil comprar uma casa com as migalhas que sobram dos ricos.

Resumo

No livro *The America We Deserve*, Donald Trump fala sobre o que ele faria se fosse presidente dos Estados Unidos. Após ler esse livro, cheguei à conclusão de que suas ideias são ousadas e criativas. Acho que ele daria um excelente presidente e eu me engajaria de corpo e alma em sua campanha caso um dia ele decidisse concorrer[2].

Pessoalmente, sou menos otimista. Meu pai se candidatou a um cargo político pelo estado do Havaí e foi derrotado. Essa experiência me fez ficar descrente do processo político. Meu plano é simplesmente ser financeiramente experto, pessoalmente responsável pela minha vida e tomar cuidado para não me tornar vítima dos desmandos do governo.

Meu pai acreditava que seria capaz de mudar o governo. Após sua amarga derrota, decidi que, em vez de tentar mudar o governo, seria melhor que eu mudasse. Em vez de tentar mudar as leis, como, por exemplo, tornar as leis tributárias mais justas, eu simplesmente decidi enriquecer e usar as leis tributárias a meu favor. Se você prefere se juntar aos ricos em vez de lutar contra eles, então vá em frente. Este livro foi escrito para você. Se, ao contrário, prefere mudar o governo, então talvez esta não seja a leitura recomendada.

Donald e eu acreditamos que a melhor maneira de mudar as regras é, primeiramente, sendo dono do ouro. Se você tem o ouro, terá mais poder. Se tiver mais poder, terá mais condições de reforçar a regra de ouro, que afirma: "Faça aos outros o que gostaria que eles fizessem a você."

---

[2] Mais uma vez, "As Previsões Se Tornam Reais". (N. E.)

A Visão de Donald

Antes de qualquer coisa, você precisa saber o que está acontecendo. E deve partir desse ponto. Deve primeiro aprender para depois fazer. A pior coisa é aprender a duras penas, fazendo antes de aprender. O aprendizado, por si só, é um investimento. Robert e eu estamos tentando fazer com que você compreenda isso, colocando tudo de uma forma acessível.

Nem sempre as regras são agradáveis, mas, a menos que você esteja em posição de mudá-las, leis e limitações, seria conveniente familiarizar-se com elas. Por exemplo, pessoas já me procuraram com o que, no entender delas, era um excelente empreendimento, a construção de um prédio maravilhoso, e eu descobri que não entendiam nada — literalmente nada — sobre as regras de zoneamento urbano de Nova York. É o mesmo que tentar construir o melhor navio do mundo sem entender nada de estaleiros. Como você zarpa de um porto se não sabe como construir um navio? Episódios desse tipo, e, acredite, são mais comuns do que você possa imaginar, deixam-me pasmo em relação à maneira como as pessoas pensam. Supõe-se que a educação nos ajude a pensar. Parece que muitas pessoas, inclusive as que são instruídas, não raciocinam.

Existe a mentalidade de que as pessoas são como ilhas, e Robert e eu partilhamos dessa mentalidade: tome conta de sua ilha. Após o 11 de Setembro, os nova-iorquinos passaram a compartilhar um laço comum do qual poucos dos que vivenciaram a situação irão se esquecer. De uma hora para outra, Manhattan se tornou "nossa" ilha, não apenas a grande e famosa cidade na qual por acaso morávamos. Tornou-se também a ilha adotada por muitos que nunca haviam estado ali antes. O ataque de 11 de Setembro não destruiu a ilha; ao contrário, tornou-a melhor e mais forte. Nesse sentido, fico feliz em dizer que o 11 de Setembro foi um fracasso para os terroristas.

Todos conhecemos o velho ditado: "Nenhum homem é uma ilha." Existem várias formas de interpretar esse ditado, mas gosto da seguinte versão: "Todos estamos no mesmo barco." Isso ficou evidente após o 11 de Setembro, e espero que tenhamos condições de preservar pelo menos parte desse espírito. Precisamos nos manter firmes para encarar as forças econômicas do momento e do futuro.

Essa questão é muito séria. Mas isso não significa que não possamos nos divertir nesse caminho. Devo confessar que Robert pensa grande. Ele pensa que *o mundo* é sua ilha! Quando se trata de vender livros, talvez ele esteja certo. Sua determinação de educar as pessoas financeiramente tomou proporções universais. Aliás, nada mais adequado, afinal, o problema é universal. Mas a solução pode começar com você e conosco.

Robert e eu formamos uma boa dupla. Finalmente encontrei alguém que, como eu, pensa grande. E não se deixe influenciar pelas palavras de Robert: "Donald Trump constrói arranha-céus, eu simplesmente sou dono de um duplex", e algumas outras coisas do tipo. Robert é um empresário muito bem-sucedido e, definitivamente, um indivíduo que raciocina globalmente.

O que O Motiva?

Vamos nos concentrar em algo mais importante — isto é, o que você considera mais importante na vida? Sua família? O bem-estar dos seus amados? O futuro deles e o seu? Então você está lendo o livro certo. Existem coisas que tanto Robert como eu consideramos importantes. Sempre estamos dispostos a nos esforçar para alcançá-las. Portanto, acreditamos que temos algo em comum com todos vocês.

Suponhamos que seu bem-estar e o de sua família estejam ameaçados. O que você faz? Você se prepara para o que der e vier.

Não quero fazer terrorismo financeiro, mas devo dizer que as coisas não vão lá muito bem. Nossa segurança financeira está abalada. O fato de você poder comprar na *Saks* hoje ou fazer compras online logo mais à noite não significa que tudo esteja bem e que não haja nada com o que se preocupar. Não se iluda pensando que tudo vai muito bem. Não tenha uma visão tão estreita.

Robert destacou alguns problemas muito reais que todos nós enfrentamos hoje:

1. Um crescente deficit comercial
2. Um débito nacional em ascensão
3. A desvalorização do dólar
4. *Baby boomers* sem dinheiro
5. A mentalidade de direito adquirido
6. O aumento dos preços do petróleo
7. Isenções fiscais para os ricos

Qualquer um desses problemas poderia significar a ruína financeira de um país. É mais importante do que nunca que você e sua família tenham uma educação financeira, para que, no futuro, possam se proteger em termos financeiros. Por meio da educação você amplia sua visão. Por meio da visão, adquire a capacidade de detectar problemas econômicos e de transformá-los em oportunidades. Entretanto, tome cuidado com o tipo de educação que recebe.

Certa vez, ouvi alguém dizer: "Antes do advento da publicidade, eu conseguia enxergar o mundo." As coisas eram mais claras para esse indivíduo antes que ele deixasse que a publicidade, a mídia e os políticos tomassem as rédeas da sua vida. Ele confessou que passou a ter uma visão menos clara depois que os especialistas surgiram para explicar o mundo. A mídia é uma ferramenta poderosa, tanto para o bem quanto para o mal. Portanto, a conclusão é que você precisa aprender a pensar por si mesmo.

Robert e eu não estamos aqui para raciocinar por você. Mas porque ambos costumamos refletir muito e temos tido êxito, acreditamos que o que temos a dizer poderá contribuir para dissipar um pouco a neblina do horizonte e talvez até mesmo diminuir as cargas de explosivos da mídia às quais todos estamos sujeitos.

Quais São os Seus Instintos Naturais?

Como foi criado no Havaí, tenho certeza de que Robert é um exímio nadador. Acredito mesmo que seja, considerando que já foi surfista. Jamais imaginei que seria coautor de um livro em parceria com um cara do tipo surfista do Havaí. Lembro-me desta passagem do seu livro *Profecias do Pai Rico*: "Você não aprende a nadar consultando um manual." E, em seguida: "Você não aprende a fazer negócios consultando um manual ou frequentando uma escola de administração." Ou seja, nada se compara à experiência adquirida na linha de frente.

O que me lembra outra coisa que tem a ver com instinto. Robert passou um ano viajando por vários países do mundo como parte de seu treinamento na Academia da Marinha Mercante dos Estados Unidos. Ele diz que isso o ensinou a estar sempre vigilante, à procura de sinais de mudanças nas condições climáticas. Depois de certo tempo, você desenvolve um sexto sentido, e percebe quando as regras podem mudar. Creio que Robert tem aplicado esse instinto às previsões econômicas. Ele descreve as condições econômicas como algo semelhante aos componentes da "tempestade perfeita" sobre a qual todos já ouvimos falar.

Essa não é exatamente uma imagem ou pensamento reconfortante. Minha experiência com o instinto veio com o beisebol. Os jogadores de beisebol precisam ter um sexto sentido, do contrário jamais serão bons ou passarão da liga juvenil. Não são muitas as pessoas que sabem disso, mas eu fui um bom jogador de beisebol, bom o suficiente para ganhar algumas bolsas de estudos. Eu sabia como o jogo funcionava e tinha as habilidades atléticas necessárias.

Eu apliquei esse mesmo conhecimento dos esportes aos negócios. Às vezes, analiso uma situação, espero que as coisas se enquadrem, e penso: "Ok, as bases estão carregadas? Ótimo." Porque isso significa uma grande jogada para mim. Uma grande jogada é um grande sentimento.

Por outro lado, Robert poderia pensar: "É a onda perfeita? Então vamos lá!" Mas quem sabe o que pensa um ex-surfista? Eu certamente não sei. Na verdade, alguém me disse que não existe isso de ex-surfista. Uma vez surfista, sempre surfista.

Se não fosse por seu treinamento militar e experiência no mar, não sei se eu estaria trabalhando com Robert. Mas o fato é que ele tem visão e tenacidade, que são duas coisas muito importantes.

O QI Financeiro

Tanto Robert como eu usamos a expressão "QI financeiro" em nossos livros e artigos. Enquanto escrevíamos este livro, Kim, esposa de Robert, terminou de escrever seu primeiro livro, *Mulher Rica*. Ela me deu um exemplar para eu ler antes do lançamento; achei-o tão bem escrito que resolvi escrever a orelha do livro. O livro é dirigido a todas as mulheres, e as aconselha a aumentarem seu QI financeiro, para que não fiquem na dependência dos homens. Recomendo esse livro tanto para mulheres como para homens.

Todos temos nossa própria definição de QI, mas ele é um termo dinâmico, está sempre em mutação. Para mim, significa ter a capacidade de mapear as águas econômicas em termos nacionais e internacionais, ser capaz de visualizar o futuro e tomar decisões com base nesse mapeamento e nessa percepção. Não é uma tarefa fácil, exige disciplina diária, mas a disciplina é necessária se você quiser ser bem-sucedido no mundo de hoje.

Talvez eu tenha uma vantagem, pois sou daquelas pessoas que não precisam de muitas horas de sono — eu me satisfaço com três ou quatro horas por noite. E o que faço com as horas que sobram? Eu leio. Tomo conhecimento das coisas que estão acontecendo no mundo e leio sobre história.

Você deve imaginar, se uma pessoa tem 28 horas adicionais por semana para ler, isso pode representar muita leitura. Vou deixar você fazer as contas. Sei que Robert gosta de fazer leitura em grupo, ou seja, as pessoas se reúnem para estudar um livro.

É uma boa ideia, mas, em geral, eu costumo ler de madrugada, não creio que seria muito bem aceito em grupos de leitura.

A Importância da História

Eu gostaria de enfatizar a importância de se estudar história. Conhecimento é poder. Podemos aprender muito com a história, com as civilizações e os impérios que construíram

> Essa questão é muito séria. Mas isso não significa que não possamos nos divertir nesse caminho.
>
> — Donald J. Trump

a história do mundo até os dias de hoje. Algumas grandes conquistas desapareceram no decorrer da história. Você se lembra do Império Otomano? Sabe por quanto tempo existiu? Sabe como e por que ele desapareceu? Talvez seja interessante se informar a respeito. Talvez você encontre alguma relação com os eventos mundiais e com sua compreensão destes. Em outras palavras, as coisas que você não sabe sobre esses eventos poderiam afetar você algum dia, de alguma forma. Se, e quando isso acontecer, a quem você culpará, se for pego de surpresa?

Robert e eu somos fanáticos por história, e uma das razões pelas quais nos entendemos é que ambos a usamos como um manual. Seria interessante aprender com ela, em vez de ficar repetindo os mesmos erros. Conforme diz o velho ditado: "Aqueles que não aprendem com a história estão fadados a repeti-la."

Se, de repente, os tempos de hoje se tornassem uma memória, do que você gostaria de se lembrar?

Duas citações me veem à mente, uma, de Ralph Waldo Emerson, e outra, de Albert Einstein:

"O que pertence ao passado e o que o futuro nos reserva têm pouca importância em comparação ao que está dentro de nós."
— Emerson

"A mente que se abre a uma nova ideia jamais volta a seu tamanho original."
— Einstein

A citação de Emerson não me deixa ficar acomodado, pois sei que ainda tenho muito a aprender e a realizar, e a citação de Einstein me faz continuar a pensar grande. Eu poderia usar de maior erudição em minhas explicações, mas esses pensamentos são tão claros que seria redundante tentar elaborá-los ainda mais. Além disso, acredito que o simples é melhor. Não que o simples seja mais fácil. Dissecar alguma coisa reduzindo-a à sua essência pode exigir tempo e muito raciocínio. Essa é uma boa razão para ler grandes escritores e pensadores — em muitos casos, eles já executaram o processo de esmiuçar para nós.

Mas eis sua primeira tarefa: reflita sobre suas raízes e pense na razão de estar fazendo hoje o que quer que seja. É uma boa maneira de começar a pensar por si próprio, e é provável que você, e ninguém mais, encontre as respostas certas.

Robert e eu já dissemos por que nós queremos que você fique rico, mas o que queremos não é importante. O importante é o que *você* quer para si próprio e para sua família. Você quer ficar rico?

Parte 2

Três Tipos de Investidores

Existem três tipos de investidor no mundo. Eles são:
1. Pessoas que nunca investem
2. Pessoas que investem para não perder
3. Pessoas que investem para ganhar

As pessoas que *nunca investem* esperam que sua família, a empresa para a qual trabalham ou o governo cuidem delas depois que se aposentarem.

As pessoas que *investem para não perder* em geral investem naquilo que consideram investimentos seguros. Essa classe engloba a maioria dos investidores. Elas têm a mentalidade do poupador quando se trata de investir.

As pessoas que *investem para ganhar* estão dispostas a estudar mais, querem deter um controle maior e investem para obter retornos mais altos.

É interessante observar que os três tipos de investidor têm potencial para se tornar muito ricos, mesmo os que esperam que alguém tome conta deles no futuro. Por exemplo, o CEO da Exxon aposentou-se recentemente e recebeu cerca de meio bilhão de dólares como gratificação pela aposentadoria.

Tanto Donald como Robert investem para ganhar. Este livro é dirigido a você, se quiser investir para vencer.

Capítulo 6

Investir para Vencer

A Visão de Robert

Donald e eu compartilhamos as mesmas preocupações, e queremos que você fique rico, portanto, quais são as soluções que apresentamos?

Certo dia, durante uma rápida reunião em seu escritório, Donald disse, simplesmente: "Eu invisto para ganhar. Você não faz o mesmo?" Com essa afirmativa, a diferença ficou definida. Ele e eu *investimos para ganhar*, enquanto outros *investem para não perder*.

Já falamos aqui sobre o seguinte conselho: "Economize, livre-se de suas dívidas, faça investimentos de longo prazo (de preferência em fundos de investimento) e diversifique." Naquela mesma tarde, Donald e eu conversamos sobre a razão de não nos concentrarmos em economizar dinheiro. Na verdade, ambos temos milhões de dólares em dívidas — mas dívidas saudáveis. Não diversificamos… pelo menos não no contexto em que a maioria das pessoas usa a palavra "diversificar". Embora, certamente, sejamos investidores de longo prazo, não investimos em fundos de investimento, pelo menos não como veículo principal de investimento. Por quê? Porque investimos para ganhar.

Donald e eu começamos a comentar como nossos livros eram diferentes e mais populares do que aqueles de outros autores de livros sobre finanças. Novamente, o óbvio tornou-se ainda mais óbvio. "A maioria dos autores de livros sobre finanças aconselha os leitores *a viver abaixo de suas posses*", comentei. "Um autor recomenda que você deixe de tomar aquele cappuccino diário e, em vez disso, aplique o dinheiro a ele correspondente em fundos de investimento — de forma que, no futuro, você fique rico. Você e eu não vivemos abaixo de nossas posses. Gostamos de ser ricos. Aumentamos as nossas posses. Quando escrevemos ou lecionamos, incentivamos as pessoas a enriquecer e a usufruir dos prazeres da vida."

Donald parou um instante, sorriu e disse: "Você sabe, você tem razão."

"Não conheço ninguém que goste de viver abaixo de suas posses, pelo menos não entre meus amigos. As pessoas que conheço gostam de aproveitar a vida, e todos nós gostamos da vida. Jogamos para ganhar e, *realmente*, ganhamos. Você ganha e aproveita a vida. É por isso que você e eu vendemos mais livros e atraímos um público maior quando damos aulas. As pessoas gostam de vencedores."

"A maioria dos outros especialistas em finanças aconselha as pessoas a fazerem investimentos seguros, e lhes sugere que vivam abaixo de suas posses. Dizem que investir é arriscado, e que elas devem economizar e procurar não perder. Esses especialistas não estão concentrados em ganhar. Estão concentrados em *não* perder", comentei.

"Existe uma grande diferença", disse Donald.

Tudo que fiz foi assentir com a cabeça. Durante anos, desde que o livro *Pai Rico, Pai Pobre* foi lançado, muitas pessoas, inclusive jornalistas, têm dito que o assunto abordado pelo livro é muito arriscado. Contudo, em minha opinião, o que a maioria das pessoas faz é muito mais arriscado. Em um mundo em que a segurança do emprego é cada vez menor, parece tolice contar com um emprego. Com suas altas e baixas repentinas, o mercado de ações acaba tirando muito dinheiro de investidores desavisados, e parece tolice contar com o mercado de ações para garantir segurança financeira. E, com nosso sistema escolar, que quase nada ensina sobre dinheiro, parece arriscado achar que apenas a boa educação é suficiente.

Isso me fez refletir sobre a minha vida, sobre os momentos de decisão, quando resolvi que entraria no jogo do dinheiro para vencer, não para perder.

"Como você sabe, nós não fazemos o mesmo tipo de investimento que a maioria das pessoas faz", disse Donald. "Não é irônico que os investimentos que a maioria das pessoas pensa que são seguros sejam, na verdade, arriscados?"

Novamente eu apenas assenti com a cabeça.

"E existe mais uma coisa", disse Donald. "Você e eu consideramos que ganhar dinheiro é um jogo. Nós nos divertimos. Gostamos do jogo. Às vezes perdemos, mas, na maioria das vezes, ganhamos. E nos divertimos."

"Isso *é* divertido", comentei. "Eu adoro esse jogo."

"Mas a maioria das pessoas não considera ganhar dinheiro um jogo", observou Donald. "Para elas, é uma questão de vida ou morte, de sair vencedor ou perdedor."

"Sobrevivência", falei. "Uma luta pela própria vida, e essa é a razão pela qual se sentem tão assustadas com a ideia de perder dinheiro. É por isso que consideram investir uma coisa arriscada."

"E acabam se envolvendo em investimentos arriscados", acrescentou Donald, dando um tapinha na mesa. "É uma tragédia financeira."

"A perda de dinheiro?", perguntei.

"Não, a diversão que perdem. Ganhar dinheiro é divertido, e a vida deve ser divertida. E milhões de pessoas estão vivendo com medo, em vez de se divertirem. Essa é a tragédia."

"É por isso que são tão cuidadosas; procuram fazer investimentos 'seguros', agarram-se à segurança do emprego e vivem abaixo de suas posses", acrescentei. "E, para completar, milhões de pessoas estão profundamente endividadas, contraíram dívidas ruins, pois querem se divertir, mas não aprenderam como investir para ganhar. Querem realmente viver uma vida boa, mas são punidas pelo excesso de dívidas ruins."

"E isso não é nem um pouco divertido", comentou Donald. "Você e eu adoramos o jogo. Criamos jogos educacionais. Jogar é divertido. Quando você se diverte, aprende mais, e quer ganhar, embora, às vezes, perca. Eu não conheço um jogo popular chamado *economize dinheiro ou viva abaixo de suas posses*. Você conhece? Talvez existam jogos desse tipo, mas não creio que sejam tão populares como nossos jogos. Nós jogamos com convicção. Jogamos para ganhar. E nos divertimos. É nisso que consiste a vida."

A reunião estava encerrada. Havia muitas coisas sobre as quais precisávamos refletir. Quando tomei o elevador e apertei o botão do térreo da Trump Tower, minha mente fervilhava. Por que a maioria dos investidores prefere investimentos seguros ou investe para não perder? E por que outros investem para ganhar? Quando a porta do elevador se abriu para o salão, uma pergunta me passou pela cabeça: "Qual é a diferença entre um indivíduo que joga para ganhar e um jogador? E o que dizer dos riscos?"

Ao pisar na calçada da Quinta Avenida e fazer sinal para um táxi, percebi que as perguntas que passavam pela minha cabeça eram algumas das perguntas que precisavam ser respondidas neste livro. Descobri que a razão pela qual a maioria das pessoas investe para não perder é porque pensam que investir é arriscado, ou que é um jogo. Muitas, inclusive, acreditam que obter retornos mais altos significa assumir riscos mais altos. Nada poderia estar mais longe da verdade.

A Regra 90/10 do Dinheiro

Acomodado no táxi, lembrei-me da regra dos 90/10 do dinheiro que meu pai rico me ensinara muitos anos atrás (e sobre a qual falei em meus outros livros). Embora muitos tenham ouvido falar da regra dos 80/20, a regra dos 90/10 aplica-se mais especificamente ao dinheiro. De forma simples, no jogo do dinheiro, 10% dos jogadores ganham 90% do dinheiro. Por exemplo, no golfe, 10% de todos os jogadores profissionais ganham 90% do dinheiro, e 90% dos jogadores profissionais dividem os 10% restantes.

A regra dos 90/10 tem servido como diretriz confiável em minha vida (embora eu não conheça nenhum estudo científico destinado a comprová-la). Todos já ouvimos falar que 10% dos americanos detêm 90% da riqueza circulante. Quando analisamos as pessoas que investem em imóveis, podemos afirmar que, novamente, 10% detêm ou controlam as riquezas, sendo que a fatia maior vai para 1% desses 10%.

Essa regra dos 90/10 tem sido útil, no meu caso, na escolha dos meus empreendimentos. Por exemplo, uma das razões pelas quais não me dediquei ao golfe como profissão é simplesmente porque não acredito que poderia estar entre os 10% melhores. Não só não tenho o talento necessário, como também não tenho vontade. Se alguma vez você já me ouviu cantar, sabe também por que não escolhi a carreira de cantor. Quando decidi escrever *Pai Rico, Pai Pobre* e criar meu jogo de tabuleiro *CASHFLOW*®, eu tinha quase certeza de que meu livro e meu jogo fariam sucesso; eu também *queria* fazer sucesso, embora nunca tivesse sido um bom escritor ou criado um jogo de tabuleiro. Eu queria ser bem-sucedido, dar aulas e vencer.

Creio que a razão pela qual Donald Trump e eu estabelecemos uma parceria é simplesmente porque meu livro *Pai Rico, Pai Pobre* e meu jogo de tabuleiro *CASHFLOW*® fazem sucesso no mundo todo. Não estamos escrevendo este livro juntos porque tenho êxito internacional no setor de imóveis da mesma forma que Donald, embora eu tenha milhões de dólares em propriedades e negócios no mundo todo. No tocante a negócios e investimentos em imóveis, sou um vencedor, um profissional, mas não estou entre os primeiros 10%, como é o caso de Donald. Como escritor, eu *estou* entre os primeiros 10%; na verdade, *Pai Rico, Pai Pobre* foi classificado como o terceiro best-seller a permanecer por mais tempo na lista do *New York Times*. Nada mau para um garoto que no colegial foi reprovado duas vezes em inglês.

Donald Trump Joga para Vencer

Certa vez, Donald visitou Phoenix, Arizona, onde moro, e provocou um tremendo alvoroço. Ele e sua equipe queriam aumentar o valor dos imóveis localizados na Camelback Road, entre a Rua 24 e a 32. É nessa região que fica localizada a nata da nata dos imóveis da cidade. Os imóveis nesta região são o equivalente às propriedades mais valiosas e estratégicas do *Banco Imobiliário*. Donald queria construir o prédio mais alto da Camelback Road, mas havia grandes restrições quanto a isso.

O debate estendeu-se durante anos. A pergunta que circulava pela cidade era: Donald Trump deveria ter permissão para construir o prédio mais alto na melhor localização da cidade? Minha esposa e eu queríamos que Donald vencesse. Por quê? Porque nós também temos propriedades residenciais e comerciais nas imediações das Ruas 24 e 32. Se Donald Trump vencesse, nós venceríamos.

No final de 2005, os moradores da área votaram contra a construção do prédio. Depois que a votação foi encerrada, eles se mostraram dispostos a permitir que Donald construísse um prédio bem alto, mas não da altura que ele desejava. Diante disso, Trump simplesmente desistiu da ideia.

Durante uma de nossas reuniões em Nova York a respeito do livro, perguntei a

> Descobri que a razão pela qual a maioria das pessoas investe para não perder é que pensam que investir é arriscado ou que é um jogo. Muitas acreditam, inclusive, que obter retornos mais altos significa assumir riscos mais altos. Nada poderia estar mais longe da verdade.
>
> — Robert T. Kiyosaki

Donald sobre a votação em Phoenix. Ele parecia desanimado. Tudo que disse foi: "Se não posso construir o prédio melhor e mais alto, não quero construir prédio algum." E ele então me mostrou a maquete de um prédio espetacular que estava construindo em Dubai. Apontando com orgulho para aquele prédio futurista, ele disse: "Por que eu deveria me aborrecer com Phoenix quando estou ocupado trabalhando neste projeto?"

Conforme o táxi descia a Quinta Avenida em direção ao meu hotel, as ideias sobre este livro foram ficando mais claras. O livro falaria sobre viver e aproveitar a vida. Falaria sobre participar do jogo da vida para vencer, não de apenas viver tentando evitar perdas. Em vez de falar sobre viver abaixo de suas posses, sem o prazer de tomar um cappuccino, este livro falaria sobre viver e realizar os sonhos mais delirantes.

À medida que o táxi se aproximava do meu hotel, lembrei-me de uma pergunta que um repórter me fizera no início do ano: "Você já estabeleceu suas metas para este ano?"

Minha resposta foi: "Não, ainda não."

"Por quê?", perguntou ele. "Em seus livros você fala sobre a importância de se estabelecer metas."

E eu respondi: "Sim, isso é importante. Meu problema é que, nesta altura da vida, não sei o que mais desejar. Tenho dinheiro suficiente. Tenho um grande casamento, adoro meu trabalho, tenho saúde e sou muito mais bem-sucedido do que jamais pensei ser. Hoje, vivo muito além dos meus sonhos mais extraordinários. Escrevo best-sellers, já estive no programa da *Oprah*, estou escrevendo um livro em parceria com Donald Trump e gosto muito das pessoas com as quais trabalho. Não sei o que mais eu poderia querer."

"Então, o que vai fazer a respeito?", perguntou o repórter.

"Creio que preciso ter sonhos ainda mais altos", respondi.

O táxi estacionou em frente ao meu hotel. Enquanto pagava a corrida, tive certeza de que este livro seria sobre viver a vida além dos sonhos mais delirantes... mas só se você tiver a coragem de viver esse tipo de vida.

A Visão de Donald

Vencedores

Estou a par dessa proporção dos 90/10 há muito tempo, mas Robert lembrou bem. Se não tomarmos cuidado, muito em breve esse número poderá alcançar a proporção dos 95/05, ou mesmo 99/01, com 1% das pessoas detendo 99% dos bens de toda a nação.

Os vencedores não deixarão que isso aconteça, e espero que você esteja incluído nesse grupo.

É importante sonhar. "Aquilo que uma pessoa sonha alcançar deve estar além daquilo que ela pode alcançar." Essas são palavras de Robert Browning. É isso que nos mantêm vivos. Gosto da seguinte reflexão: "Se sua realidade começa com seus sonhos, seus sonhos se tornarão sua realidade."

E qual é a razão disso? É porque pensar de outra forma nos reduz ao nível da mera sobrevivência, o que, acredito, não é o objetivo supremo da maioria dos seres humanos. Você já ouviu um jovem dizer que espera se tornar um vagabundo um dia? Em geral, os jovens dizem: "Quero ser presidente do meu país", "Gostaria de ser astronauta", "Gostaria de ser bombeiro", "Quero ser médico". Essas são profissões que exigem muito, às vezes até heroísmo, e os jovens têm sonhos e aspirações que se coadunam com elas.

Os vencedores permanecem com o espírito jovem — sonham alto e têm entusiasmo e planos para alcançar seus sonhos. Talvez tenham sonhos impossíveis, mas é melhor tê-los do que não ter sonho algum. Eles se concentram naquilo que devem fazer para que seus sonhos se realizem.

A teimosia faz parte do caráter de um vencedor. Alguns indivíduos fracassaram porque desistiram muito cedo. Se você estiver lendo este livro, provavelmente não faz parte desse grupo. Meu pai costumava contar uma história sobre um rapaz que adorava refrigerantes e, por isso, entrou no mercado de refrigerantes com um produto denominado 3UP. E fracassou. Fez nova tentativa com um refrigerante chamado 4UP. Fracassou novamente. Então decidiu chamar seu produto de 5UP, e se esforçou da mesma maneira, mas, como era de se esperar, mais uma vez fracassou. O rapaz chegou à conclusão de que ainda gostava muito de refrigerantes, e tentou novamente com um produto chamado 6UP. Fracassou e desistiu de vez.

Alguns anos mais tarde, alguém lançou um refrigerante denominado 7UP, que se tornou um estrondoso sucesso. Quando eu era jovem, não entendia por que meu pai continuava a nos contar essa história. Eu a ouvi inúmeras vezes. Mais tarde, compreendi que ele estava nos dizendo que nunca deveríamos desistir. Nunca me esqueci dessa história, e nunca desisti de vencer. Portanto, a história do meu pai valeu. Se for preciso, conte essa história a si mesmo, e a parte vencedora do seu eu prevalecerá.

> *A teimosia faz parte do caráter de um vencedor.*
> *— Donald J. Trump*

Outro componente da vitória é a adoção de uma atitude de vencedor. Digo às pessoas que devem se sentir vencedoras. O pensamento positivo tem grande poder, e funciona. Vencer exige esse tipo de poder, seja você uma pessoa retraída ou gregária. Poder é força, e pensar positivamente pode ajudá-lo a enfrentar situações difíceis.

Certa ocasião, quando eu estava endividado, tornei-me teimoso e me recusei a me deixar abater. Recusei-me a ser negativista. Concentrei-me na solução de meus problemas, convenci-me de que tudo daria certo e novamente obtive êxito nos negócios. Foi exatamente isso que aconteceu. Meu fracasso era comentado pelas grandes publicações e, mesmo assim, eu me recusava a me dar por vencido. Minha realidade tinha a ver com meus sonhos, não com números. E eu venci.

Você é suficientemente teimoso para se tornar um vencedor? Então é capaz de investir para ganhar! A vitória não é um território estrangeiro, e você não precisa de passaporte ou visto para fazer parte das fileiras de investidores vitoriosos. Já ouvi muitas pessoas dizerem: "Tenho um forte traço de teimosia", mas agem como se não tivessem o que é preciso para investir ou até mesmo como se não tivessem o direito de aprender a investir! Conforme observado por Robert, essas pessoas perderão muitas oportunidades de se divertir e, ao mesmo tempo, de ter um futuro financeiro melhor e, desnecessariamente, atrairão a má sorte.

A ignorância pode custar mais caro que a educação, e isso, sem dúvida, inclui a educação financeira. Não deixe que o medo do desconhecido interfira em suas aspirações e em seu bem-estar financeiro. Sempre existirão pessoas que querem que você se sinta incapaz, para que possam se aproveitar de você. Apenas a título de exemplo, já vi isso acontecer com atletas muito bem-sucedidos. Não deixe que isso aconteça com você — aprenda a lidar com o dinheiro e faça-o trabalhar a seu favor. Esse é o segredo de se dar bem investindo.

CAPÍTULO 7
Escolha Sua Batalha — e Seu Campo de Batalha

A Visão de Robert

Na escola militar, tomei conhecimento da importância de escolher sua batalha e seu campo de batalha, e isso foi reforçado na Marinha, no Corpo de Fuzileiros Navais. Por exemplo, as tropas que ocupavam a posição mais alta, como uma colina, em geral tinham uma vantagem sobre as tropas oponentes que estavam abaixo delas. As tropas que ocupavam uma posição mais baixa tinham a opção de lutar ou não. Talvez seja daí que vêm as seguintes afirmativas: "Às vezes é mais sensato bater em retirada e deixar para lutar em outra ocasião" e "Escolha suas batalhas cuidadosamente". Essas afirmativas são válidas também no mundo dos negócios.

Em *Independência Financeira*, o segundo livro da série *Pai Rico*, discuto o fato de que algumas pessoas acham mais fácil enriquecer do que outras. *Independência Financeira* é o meu livro mais importante para as pessoas que querem realizar mudanças na vida. Se você não pretende mudar nada na sua vida, então esse seria o pior livro que poderia ler. Analisemos novamente o quadrante CASHFLOW:

Como afirmado anteriormente:

E *significa empregado*

A *representa autônomo, um pequeno empresário ou um especialista*

D *indica dono de grandes negócios, como Donald Trump*

I *simboliza o investidor*

Mais do que uma simples categoria, as pessoas pertencentes ao quadrante E são muito diferentes das pessoas dos outros três quadrantes. Quando se trata de atitude, grande parte das pessoas pertencentes ao quadrante E busca segurança. Elas dizem: "Estou em busca de um emprego fixo e seguro, que me proporcione benefícios." Uma pessoa pertencente ao quadrante A poderia dizer: "Se você quer que a coisa seja feita da maneira correta, faça-a você mesmo." Um indivíduo pertencente ao quadrante D está sempre procurando um presidente, CEO ou outros talentos para dirigir suas operações. Uma das diferenças entre os proprietários de negócios do quadrante A e aqueles do quadrante D é o número de funcionários de sua empresa. Certa vez, a revista *Forbes* definiu uma "empresa de grande porte" como aquela que tem mais de quinhentos funcionários. Por fim, I significa investidor. Como você já viu na introdução da Parte 2, existem três tipos diferentes de investidor.

As leis tributárias também são diferentes para os diferentes quadrantes. O pior quadrante para fins tributários é o E, pois você pode fazer pouquíssimo para evitar o pagamento de impostos — eis por que, nesse caso, você não precisa de um contador para aconselhá-lo. Os quadrantes com as melhores isenções são o D e o I. Por quê? Muitos governos concedem isenções de impostos a empresas pertencentes ao quadrante D porque elas criam empregos. E os governos concedem isenções de impostos àquelas pertencentes ao quadrante I porque elas reinvestem seu dinheiro na economia. São concedidas isenções fiscais especiais às pessoas que investem em imóveis e petróleo, porque todo país precisa de habitação e energia.

Em que Quadrante Você Vai Vencer?

Conforme afirmado no início deste capítulo, é importante escolher cuidadosamente sua batalha e o campo onde ela será travada. Quando se trata de enriquecer, a escolha do quadrante mais adequado a você tem importância semelhante.

O quadrante CASHFLOW é importante porque pode ajudá-lo a decidir em que quadrante você tem maiores probabilidades de ganhar. Como você deve ter imaginado, tanto Donald Trump quanto eu escolhemos os quadrantes D e I para operar.

Anos atrás, quando eu estava na escola e enfrentava problemas com o inglês, foi meu pai rico quem observou que provavelmente eu não me sairia bem na escola e no mundo corporativo. Ele disse: "Você é rebelde demais para acatar ordens de pessoas a quem não respeita. Provavelmente se dará melhor como empresário e investidor."

Embora o que ele disse não tivesse me agradado, ajudou-me a descobrir onde eu não me encaixaria. E me ajudou a compreender que eu tinha de estudar várias matérias, desenvolver capacidades e vivenciar experiências das quais a maioria de meus colegas estaria livre. Para saber mais sobre minhas experiências, sugiro que você leia *O Guia de Investimentos* e *Empreendedor Rico*, também da série *Pai Rico*.

Alguns de vocês talvez estejam pensando: "Mas eu não quero me tornar um empresário." Ou talvez estejam sentindo o coração disparar com a simples ideia de correr riscos e não poder contar com um salário fixo e regular. Mas não se preocupem. Este livro trata mais de vencer do que de se tornar empresário ou investidor profissional. Embora existam três tipos diferentes de investidor, e nossa preferência seja por aquele que investe para ganhar, as pessoas podem ficar muito ricas dentro de qualquer uma das três categorias de investidores. O mesmo é válido para os outros quadrantes; as pessoas podem ficar ricas e, na verdade, muitas já ficaram, independentemente do quadrante no qual se encaixam. Por exemplo, o fundador da General

> Muitos livros sobre finanças falam sobre viver abaixo de suas posses e economizar. Quando Donald e eu escrevemos, falamos sobre aumentar o patrimônio, aproveitar a vida e investir dinheiro.
>
> — Robert T. Kiyosaki

Electric foi Thomas Edison. Ele se encaixava no quadrante D. Jack Welch, ex-CEO da General Electric, pertencia ao quadrante E. Ambos ficaram muito ricos dentro do mesmo negócio, mas em quadrantes diferentes.

Menciono o quadrante CASHFLOW para ajudar a esclarecer em que quadrante você acha que teria mais chances de ganhar. Embora os quadrantes D e I tenham vantagens tributárias, elas não são tão importantes quanto a escolha do quadrante no qual você acha que teria mais chances de ser bem-sucedido.

Nossos sistemas escolares são projetados para treinar indivíduos que se encaixam nos quadrantes E e A. É por essa razão que tantas pessoas dizem: "Estude para conseguir um emprego", o que significa preparar-se para o quadrante E. Ou: "Frequente uma escola para que você possa aprender um ofício ou uma profissão. Dessa forma, você sempre terá algo em que se apoiar." Essa maneira de pensar é perfeita para o quadrante A. (De novo, se você quiser aprender mais sobre os quadrantes D e I, existem também livros escritos por Donald Trump. Meus favoritos são: *The Art of the Deal* ("A Arte dos Negócios", em tradução livre), *The Art of the Comeback* ("A Arte do Retorno", em tradução livre) e *Trump — Como ficar rico*, que encerram o modo de pensar das pessoas pertencentes aos quadrantes D e I.)

Donald e eu ganhamos mais dinheiro do que a maioria dos professores e escritores simplesmente porque quase todos os professores vivem com base nos valores do quadrante E, e a maioria dos autores vive com base nos valores encontrados no quadrante A.

Muitos livros sobre finanças falam sobre viver abaixo de suas posses e economizar. Quando Donald e eu escrevemos, falamos sobre aumentar o patrimônio, aproveitar a vida e investir dinheiro. Novamente, a diferença entre as orientações financeiras pode ser identificada pelos diferentes quadrantes e pelos diferentes valores que cada quadrante encerra.

Pare e pergunte a si mesmo qual seria o melhor quadrante para você. Talvez você queira fechar os olhos e sentar-se tranquilamente para ouvir sua própria resposta. Esse processo é importante porque é essencial que você seja sincero consigo mesmo — e sincero também na resposta.

Donald teve sorte no sentido de que seu pai serviu de modelo para os quadrantes D e I. Meu pai pertencia ao quadrante E. O fato de eu querer ser um homem de negócios ia contra todos os princípios do meu pai pobre, um homem que acreditava na segurança de um emprego e no direito aos benefícios concedidos pelo governo. Era como se eu estivesse passando para o lado do inimigo... tornando-me um traidor. Meu pai acreditava sinceramente que os ricos eram gananciosos e exploravam os pobres... na verdade, alguns fazem isso. Contudo, eu não partilhava dos seus valores. Eu queria ser empresário e investidor. Embora eu amasse e respeitasse profundamente meu pai, não compartilhávamos os mesmos valores quando se tratava de carreira e dinheiro.

Ao voltar do Vietnã, em 1973, tive que decidir em que quadrante eu me posicionaria. Meu pai pobre queria que eu continuasse na marinha devido à segurança do emprego. Quando eu lhe disse que pretendia pedir baixa, ele me aconselhou a conseguir um emprego como piloto de uma companhia aérea, e quando expliquei que eu não queria mais voar, ele me aconselhou a voltar a estudar, obter meu diploma e meu doutorado, para que eu conseguisse um emprego junto ao governo. Como ele não entendia o quadrante CASHFLOW, não entendeu que não era o emprego que eu estava rejeitando, era o quadrante... melhor dizendo, os diferentes valores do quadrante.

Quando meu pai real, meu pai pobre, compreendeu que eu preferia os valores profissionais e financeiros de meu pai rico, aqueles dos quadrantes D e I, a distância entre nós dois aumentou, e passamos a ter um relacionamento tenso. Meu pai pobre dava valor à *segurança*, e meu pai rico, à *liberdade*. E como muitos de vocês sabem, segurança e liberdade não são sinônimos. Na verdade, são valores opostos. É por isso que as pessoas que têm mais segurança são também as que têm menos liberdade. Os indivíduos que têm maior segurança estão trancados em uma prisão de segurança máxima.

Quando me perguntam: "Por que o dinheiro é tão importante para você?", em geral, respondo: "Porque o dinheiro compra a minha liberdade. O dinheiro compra mais escolhas na vida." Por exemplo, quando estou viajando, não gosto de perder tempo enfrentando filas nos aeroportos. Como tenho mais dinheiro, posso optar por ficar na fila ou alugar um jatinho particular. Hoje em dia, viajo mais em jato particular do que pelas linhas comerciais. Naturalmente, Donald tem seu jato particular, o que corrobora o meu argumento. Certa noite, ao deixar Dallas, o pequeno jato particular que eu alugara taxiou perto do jato particular de Donald. Foi humilhante perceber que meu jato era pequeno o bastante para taxiar sob o jato de Donald.

E é por isso que insisto para que você se sente tranquilamente e decida qual quadrante é o mais adequado. Pergunte a si mesmo: "Quais são os meus valores?

Preciso de segurança no emprego? Estou satisfeito com minha segurança? Minhas habilidades estão sendo testadas nesse quadrante? Ou valorizo mais minha liberdade?" Além disso, talvez você queira perguntar a si mesmo quais são os valores de seus pais e aqueles de seus amigos. Existe certa verdade no provérbio: "Dize-me com quem andas e eu te direi quem és."

Portanto, a lição é a seguinte: se você optou por ser rico, lembre-se de escolher cuidadosamente sua batalha e seu campo de batalha — ou, melhor dizendo, seus valores e quadrantes.

A Visão de Donald
Como Escolher Sua Batalha e Seu Campo de Batalha

O quadrante CASHFLOW de Robert é uma ferramenta eficaz, e essa é uma das razões pelas quais escolhi seu livro *Independência Financeira* para fazer parte da minha lista de livros recomendados no site da Amazon. Se você parar para refletir sobre o que ele diz, economizará muito tempo mais tarde. É importante conhecer a si mesmo e suas inclinações antes de dar início a qualquer jornada, seja ela nova ou não.

Sei que os olhos de algumas pessoas ficam embaçados quando elas se deparam com um gráfico ou uma fórmula porque isso significa que terão de despender um pouco de tempo e esforço para entendê-los. Mas esse olhar pode se transformar em algo prazeroso e até mesmo estimulante quando você percebe o grau em que será capaz de melhorar seu fluxo de caixa e seu resultado final. A escolha é você quem faz.

Quando estava começando a negociar com imóveis, eu poderia ter ficado com o negócio de meu pai e ser bem-sucedido, mas eu não teria me sentido realizado. Eu tinha meus próprios planos definidos, e queria lutar por conta própria para alcançá-los. Se não tivesse feito isso, teria levado uma vida confortável, porém não estimulante. E também não teria vivido minha *própria* vida.

Assim como Robert percebeu que os objetivos de seu pai não eram os seus, temos de fazer uma reflexão para descobrir o que estamos destinados a fazer e ser. Imagine ir tocando a vida e mais tarde descobrir que, ao longo do processo, não encontrou seu próprio destino. Já presenciei alguns exemplos, e acho que essa é a melhor forma de se anular. Se você não está vivendo sua própria vida, então quem está? Se você não pretende pensar em sua vida, então quem o fará? Você está aqui agora, portanto, dê à sua vida plena atenção!

Sempre penso em batalhas e campos de batalha no sentido de que são arenas. Todos escolhemos, até certo ponto, espero, a arena em que pretendemos lutar, e em que arena *gostaríamos* de lutar. Isso se resume a ter objetivos e visões de nossas conquistas e realizações. Às vezes, é difícil mudar de círculo, mas, em geral, é para melhor.

> Dê a si mesmo a liberdade de se transformar em alguém que você realmente gostaria de ser.
>
> — Donald J. Trump

Podemos ser muito influenciados pelas pessoas com quem convivemos, e não é fácil romper com elas e fazer coisas inesperadas. Talvez se passe algum tempo antes que você sinta estímulo suficiente para expandir seu próprio círculo, mas, no final, isso poderá levá-lo a uma arena repleta de eventos e de pessoas de quem você passará a gostar. Essa situação é muito semelhante a escrever seu próprio roteiro e, no fim, acabar gostando de assistir e de fazer parte dele.

A escolha é uma liberdade que todos podemos exercitar. Quando conheço pessoas que levam determinado tipo de vida porque gostam, mas do qual sei que eu não gostaria, lembro-me do cardápio de um restaurante — existem pratos para todos os gostos. E, se esse não for o caso, existem outros restaurantes pelos quais você pode optar. Essa é também uma boa maneira de evitar ser preconceituoso — gosto não se discute.

Voltando à ideia do roteiro. Certa vez, ouvi alguém dizer que todos somos responsáveis por escrever nosso próprio filme, e esse filme é a nossa vida. Imagine-se escrevendo cenas, que tipo de cena você gostaria de escrever? Não creio que preferiríamos escrever cenas entediantes ou cenas sobre pobreza. Não só não teria nenhuma graça escrever esse tipo de cena, como também seria cansativo e deprimente assistir a elas. Dê a si mesmo a liberdade de se transformar em alguém que você realmente gostaria de ser.

Veja que no parágrafo anterior eu disse "dê a si mesmo". Com muita frequência, a única pessoa que lhe dará uma chance será você mesmo. Muitas pessoas não querem mudar o *status quo*, e esse *status quo* inclui você mesmo. Mas você tem capacidade para realizar mudanças. Antes de qualquer coisa, está se dando ao trabalho de ler este livro, portanto, já sei que é capaz de ir além da mediocridade, ou seja, de superar o obstáculo que o está impedindo. Nenhum de nós deve desejar fazer parte do denominador comum mais baixo, o que, em muitos casos, acaba sendo o caminho mais fácil. Aqueles que levam uma vida incomum ultrapassaram os limites do comum.

A vida e os negócios podem exigir espírito combativo. Podem representar uma batalha, mas certifique-se de que escolheu lutar uma boa luta — e livre-se de batalhas e de campos de batalha infrutíferos o mais rápido possível. Não viva ou use sua energia em vão.

E lembre-se: escreva seu próprio roteiro. A seguir, produza-o e descubra-se vivendo da maneira como você quer. Isso significa liberdade, poder e vencer.

Sua Visão

Analise o quadrante CASHFLOW, reflita sobre ele e como se aplica à sua própria vida.

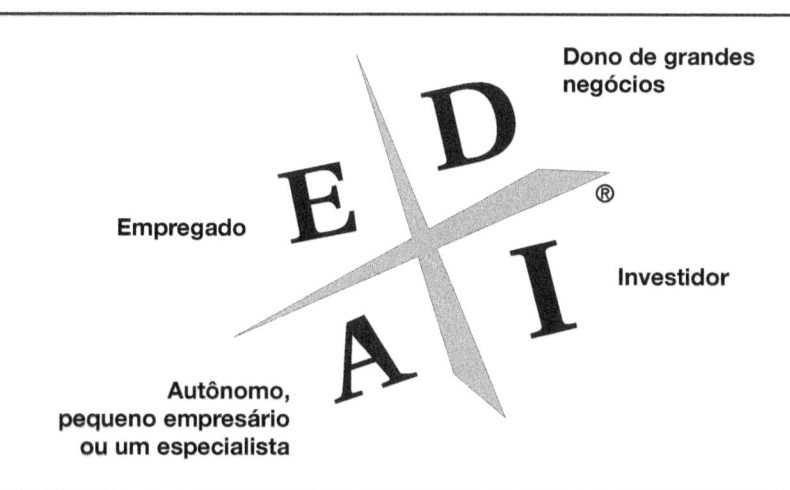

```
                          Dono de grandes
                          negócios
              E  D
Empregado                        ®
                                 Investidor
              A  I
  Autônomo,
pequeno empresário
ou um especialista
```

A partir de que quadrante você obtém a maior parcela de sua renda hoje?

_____

Agora, imagine-se como a pessoa bem-sucedida que você sempre sonhou ser. Em que quadrante você estará quando alcançar o auge do sucesso?

_____

Compare suas duas respostas. Você já está no quadrante certo?

_____

Em caso afirmativo, aperfeiçoe as habilidades que já tem, e vá em frente!

Em caso negativo, elabore um plano para que possa passar para o quadrante no qual vê a si mesmo como um grande sucesso. Só você pode fazer esse exercício por si mesmo!

Você não precisa fazer esta mudança da noite para o dia. Mas precisa dar início ao processo! Com um plano na cabeça, quais são as etapas necessárias para que você faça essa mudança?

1. _____

2. _____

3. _____

Capítulo 8
A Diferença entre Poupadores e Investidores

A Visão de Robert

Muitas pessoas investem em fundos. Quando falo sobre não ser um poupador, muitos respondem: "Mas eu *estou* investindo. Tenho uma carteira de fundos. Tenho um plano de aposentadoria. Tenho também ações e títulos de renda fixa. Isso não é investir?"

Faço uma pausa e me explico melhor: "Sim, economizar é uma forma de investir; portanto, quando você compra quotas de fundos ou ações ou títulos do Tesouro, de certa forma está investindo, porém é mais sob o ponto de vista de um poupador e do conjunto de valores de um poupador."

Analisemos a filosofia do investidor passivo. Uma vez mais, muitos planejadores financeiros o aconselharão a:

- Trabalhar arduamente
- Viver abaixo das suas posses
- Economizar dinheiro
- Livrar-se das dívidas
- Investir em longo prazo (principalmente em fundos mútuos)
- Diversificar

Colocados na linguagem dos planejadores financeiros, em resumo, os conselhos soam desta forma. "Trabalhe arduamente. Certifique-se de que a empresa para a qual você trabalha tem um plano de aposentadoria. Procure maximizar sua contribuição, afinal, é dinheiro livre de tributação. Se você tiver uma casa, liquide o financiamento assim que possível. Se tiver cartões de crédito, liquide seus débitos. Além disso, tenha uma carteira equilibrada contendo fundos de alta performance, alguns fundos de renda variável; quando ficar mais velho, opte por renda fixa, para que tenha uma receita regular. Diversifique, diversifique e diversifique sempre. Não é aconselhável colocar todos os ovos na mesma cesta."

Embora possa variar um pouco, tenho certeza de que essa ladainha de vendedor disfarçada de consultoria financeira lhe soa familiar.

Donald Trump e eu não estamos dizendo que todos devem mudar e parar de fazer esse tipo de investimento. É um bom conselho para determinado grupo de pessoas — que adotam a filosofia do poupador e são investidores passivos.

No cenário de hoje, acredito que esse seja o conselho financeiro mais arriscado. Para aqueles que não são financeiramente sofisticados, parece um conselho seguro e inteligente.

Voltando à diferença entre o poupador e o investidor, existe uma palavra que os separa, e essa palavra é *alavancagem*. Uma definição de alavancagem é *a capacidade de fazer mais com menos*.

A maioria dos poupadores não usa alavancagem financeira. E você não deve usar alavancagem a menos que tenha educação financeira ou treinamento financeiro no qual possa aplicá-la. Mas deixe-me explicar melhor. Analisemos esse conselho padrão sob o ponto de vista de um poupador e o de um investidor, ou de uma pessoa pertencente aos quadrantes E e A versus uma pessoa pertencente aos quadrantes D e I.

Trabalhar Arduamente

Vamos começar com o conselho "trabalhe arduamente".

Quando as pessoas pensam na expressão "trabalhar com afinco", pensam sobre *si mesmas* trabalhando arduamente. Existe pouca alavancagem em trabalhar arduamente. Quando Donald e eu pensamos em trabalho árduo, embora individualmente ambos trabalhemos com afinco, em geral pensamos em outras pessoas trabalhando arduamente para nós, para nos ajudar a enriquecer. Isso é alavancagem. Às vezes, a alavancagem é conhecida como o tempo de outras pessoas. Como já dissemos antes, os indivíduos que pertencem ao quadrante D têm direito a maior isenção de impostos do que aqueles dos quadrantes E e A, pois os que pertencem ao quadrante D criam empregos. Em outras palavras, o governo quer que criemos empregos... não que procuremos por um. Nossa economia entraria em colapso se todos começassem a procurar um emprego. Para que a economia cresça, é preciso que as pessoas criem empregos.

Economizar Dinheiro

Embora eu tenha abordado a questão de economizar dinheiro no capítulo anterior, existem outros pontos que valem ser mencionados.

O problema de economizar dinheiro é que, para se expandir, o atual sistema econômico precisa de *devedores*, não de *poupadores*.

Deixe-me explicar, fazendo uso do diagrama que se segue e recapitulando o que foi originalmente descrito no livro *Pai Rico, Pai Pobre*:

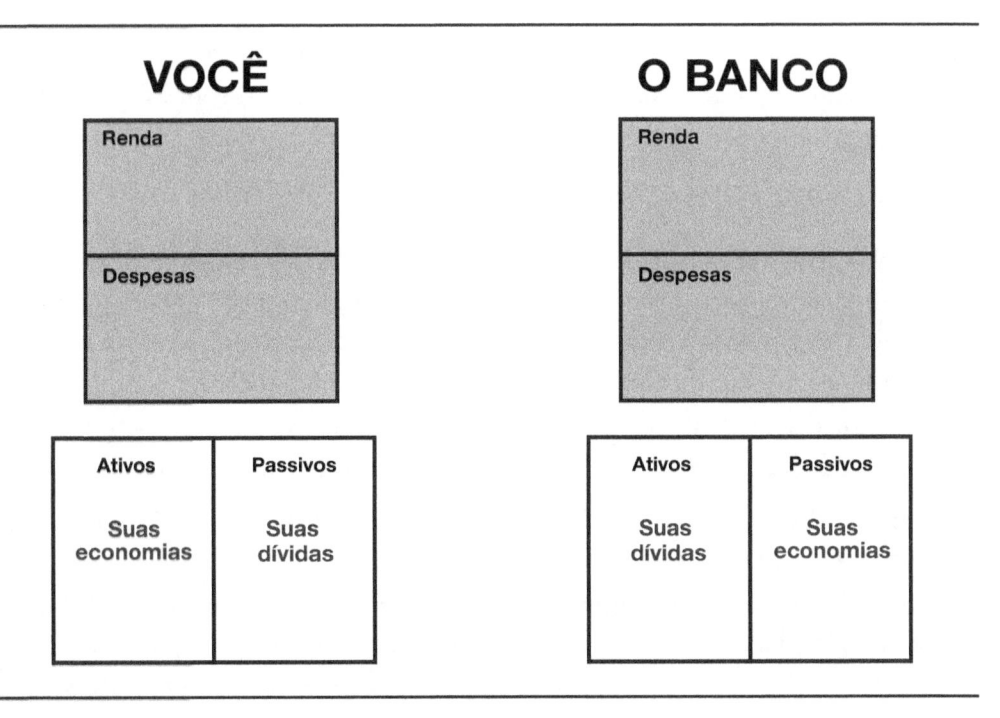

VOCÊ		O BANCO	
Renda		Renda	
Despesas		Despesas	
Ativos	Passivos	Ativos	Passivos
Suas economias	Suas dívidas	Suas dívidas	Suas economias

Pare e estude esse diagrama. Suas economias representam um passivo para o banco, embora essas mesmas economias representem um ativo para você. Por outro lado, sua dívida representa um ativo para o banco, mas para você representa um passivo.

Para que nosso atual sistema econômico continue a crescer, ele precisa de tomadores espertos, pessoas que sejam capazes de pegar dinheiro emprestado e enriquecer ainda mais, não de pessoas que tomam dinheiro emprestado e ficam mais pobres. Novamente, a regra dos 90/10 do dinheiro é válida — 10% dos tomadores de empréstimos no mundo usam dívidas para ficar mais ricos, enquanto 90% usam dívidas para ficar mais pobres.

Donald Trump e eu usamos dívidas para ficar mais ricos. Nossos banqueiros nos adoram. Querem que peguemos emprestado tanto dinheiro quanto for possível, pois os tomadores os tornam mais ricos. Isso é denominado DOP (dinheiro de outras pessoas). Donald e eu recomendamos que você procure adquirir mais conhecimento financeiro, pois queremos que você se torne mais sagaz quando se trata de usar as dívidas. Se tivermos mais devedores, a economia do país crescerá. Se tivermos mais poupadores, a economia do país se retrairá.

Se você compreender que uma dívida pode ser uma coisa boa e cuidadosamente aprender a usá-la como alavancagem, terá vantagem sobre a maioria dos poupadores.

Livrar-se das Dívidas

Muitos poupadores pensam que a dívida é uma coisa ruim, e que pagar o financiamento da sua casa é uma atitude inteligente. E, para muitos, dever *é* ruim e livrar-se das dívidas *é* inteligente. Contudo, se você pretende investir um pouco de tempo em sua educação financeira, poderá se adiantar mais rapidamente usando uma dívida como alavancagem. Mas, novamente, eu o aconselho a investir em sua educação financeira antes de investir usando uma dívida.

Existem dívidas boas e dívidas ruins. O segredo de ser financeiramente inteligente é saber quando usar uma dívida e quando não usar.

Donald e eu adoramos imóveis simplesmente porque os banqueiros com os quais trabalhamos adoram nos emprestar dinheiro para a aquisição de boas propriedades — que são bem administradas. Naturalmente, existem propriedades boas e propriedades ruins.

Os poupadores que investem em fundos enfrentam situações difíceis quando usam a alavancagem simplesmente porque a maioria dos banqueiros não concede empréstimos garantidos por fundos. Por quê? Aparentemente, os banqueiros acham que os fundos são muito arriscados, e consideram os investimentos em propriedades mais seguros.

Da mesma forma que meu pai pobre enfrentou dificuldades financeiras no início da década de 1970 porque era um poupador, milhões de pessoas hoje estão enfrentando dificuldades financeiras pela mesma razão.

No atual cenário econômico, poupadores são perdedores, enquanto devedores são vencedores. Você deve ser sempre cuidadoso ao usar uma dívida, independentemente do motivo.

Investir em Longo Prazo

A expressão "investir em longo prazo" tem muitos significados.

1. Considere este conselho como uma ladainha de vendas: "Deixe seu dinheiro comigo por vários anos, e eu lhe cobrarei uma taxa de administração de longo prazo." Eu a chamo de ladainha de vendas porque "investir em longo prazo" é o mesmo que as linhas aéreas fazem por meio dos programas de milhagem. Eles querem mantê-lo como cliente fiel e eterno pagador.
2. Significa também que podem lhe cobrar taxas de longo prazo. Isso seria o mesmo que pagar a seu corretor de imóveis uma comissão pela venda de sua casa e ainda lhe pagar uma comissão residual durante todo o tempo que você ocupar a casa.
3. Em virtude das taxas cobradas pela administração do fundo, talvez os fundos de investimento não tenham desempenho tão bom quanto o de outros investimentos. Embora não me incomode em pagar taxas de administração, não gosto de pagá-las e ter um desempenho insatisfatório.

Muitas pessoas investem em fundos de longo prazo. Contudo, a maioria dos fundos não proporciona alavancagem. Como disse antes, meu banqueiro não me emprestará milhões de dólares para serem investidos em fundos simplesmente porque o risco é grande. Existe ainda a falta de controle (assunto que será abordado mais tarde).

Uma das diferenças entre os fundos mútuos e os hegde é a alavancagem. Os fundos de cobertura costumam usar dinheiro emprestado. Por que eles usam dinheiro emprestado? Se você é um investidor inteligente, com o dinheiro emprestado, pode aumentar sua rentabilidade, seu retorno sobre o investimento (ROI). Em outras palavras, quanto maior a parcela de seu próprio dinheiro usada, menor o retorno.

Existem o lugar e a hora certos para investir em fundos. De vez em quando, faço investimentos em fundos. Mas, na minha opinião, os fundos são como fast-food; de vez em quando, tudo bem, mas não devem se tornar um hábito.

Diversificar, Diversificar, Diversificar

Warren Buffett, considerado o investidor mais rico do mundo, diz o seguinte sobre diversificação: "A diversificação representa uma proteção contra a ignorância. Não faz muita diferença se você sabe ou não o que está fazendo."

Portanto, a pergunta é: da ignorância de quem você está se protegendo? De sua ignorância ou da ignorância de seu consultor financeiro?

Novamente, existem muitos significados para a palavra "diversificar". Em geral, significa não colocar todos os ovos no mesmo cesto, que é exatamente o que Warren Buffett faz. Quanto a isso, certa vez eu o ouvi dizer: "Coloque todos os ovos no mesmo cesto, mas fique de olho no cesto."

Eu, pessoalmente, não costumo diversificar, pelo menos não da forma como os planejadores financeiros recomendam. Não adquiro bens muito diversificados. Prefiro me concentrar em algum tipo de bem. Na verdade, tenho progredido graças a essa concentração, não à diversificação.

Uma das melhores definições que já ouvi para a palavra "foco" é seu uso como um acróstico.

F = Fomentar

O = O sucesso

C = Criando

O = Oportunidades

É isso o que tenho feito. No passado, insisti em investir em imóveis, até que fui bem-sucedido. Atualmente continuo investindo em imóveis. Quando quis aprender a negociar com títulos, investi neles até ser bem-sucedido. Depois que tive êxito, decidi que não gostava de lidar com títulos, e hoje não faço mais esse tipo de investimento. Abri o capital por meio de ofertas públicas iniciais (IPO), com êxito, de duas empresas recém-fundadas. Ganhei milhões e fui bem-sucedido, mas descobri que não gostaria de atravessar esse processo novamente. Hoje ainda prefiro imóveis.

Considero a diversificação uma postura defensiva, portanto, vejo pouca alavancagem ofensiva na diversificação.

Para a maioria das pessoas, a diversificação é uma boa estratégia apenas porque protege os investidores de si mesmos e de consultores incompetentes ou inescrupulosos.

O tradicional conselho sobre planejamento financeiro que fala em trabalhar com afinco, livrar-se das dívidas, investir em longo prazo e diversificar é *bom* para o investidor mediano — o investidor passivo que simplesmente entrega uma pequena quantia de dinheiro todos os meses a outra pessoa para que a administre. É um *bom* conselho também para o indivíduo rico, mas que não está interessado em aprender como se tornar um investidor. Muitos astros do cinema, profissionais ricos, atletas profissionais e herdeiros ricos enquadram-se nesse grupo. O segredo é encontrar um *bom* consultor financeiro.

Entretanto, saiba que existe pouca alavancagem ao seguir esse caminho — e a alavancagem é o segredo das grandes fortunas.

A Alavancagem É o Segredo

Desde os tempos em que o homem vivia em cavernas, ele busca a alavancagem. Duas das primeiras formas de alavancagem foram o fogo e a lança. O fogo e a lança proporcionavam ao ser humano alavancagem sobre o ambiente hostil. Quando uma criança tinha idade suficiente, seus pais lhe ensinavam a acender seu próprio fogo e a usar a lança como proteção e para caçar, conseguindo, assim, alimento. Anos mais tarde, o tamanho da lança diminuiu e apareceram o arco e a flecha, uma forma mais avançada de alavancagem. Novamente, uma das definições de alavancagem é *a capacidade de fazer mais com menos*. O arco e a flecha constituem exemplo de fazer mais com menos... em comparação a uma lança.

No decorrer do tempo, o ser humano continuou a usar seu raciocínio para obter mais alavancagem. Os exemplos da inteligência como poderosa forma de alavancagem incluem aprender a usar o cavalo como meio de transporte, descobrir como preparar a terra para o plantio e, posteriormente, usar o cavalo também nas guerras.

Quando a pólvora foi inventada, o governante que tivesse canhões conquistava aqueles que não os tinham. Os povos nativos, como os índios americanos, os havaianos, os maoris, os neozelandeses e os aborígenes da Austrália e de muitas outras culturas, foram conquistados pela pólvora.

Somente cem anos atrás o automóvel e o avião substituíram o cavalo. Novamente, ambas as novas formas de alavancagem foram usadas para fins pacíficos ou bélicos. Hoje, os países que controlam as reservas de petróleo têm alavancagem, ou seja, vantagem sobre grande parte do mundo.

> Voltando à diferença entre um poupador e um investidor, existe uma palavra que os separa, e essa palavra é alavancagem. Uma das definições de alavancagem é a capacidade de fazer mais com menos.
>
> — *Robert T. Kiyosaki*

O rádio, a televisão, o telefone, este computador que estou usando e a internet são formas de alavancagem. Cada nova grande descoberta acrescenta riqueza e poder àqueles que têm acesso a treinamento para o uso de ferramentas de alavancagem.

Se você quiser enriquecer e não ser vítima de mudanças globais, é importante que desenvolva a maior alavanca de todas: sua mente. Se você quiser ficar rico e preservar sua riqueza, sua mente — sua educação financeira — é a maior alavanca que você tem disponível.

Donald e eu tivemos a vantagem de ter pais ricos que nos apresentaram ao mundo do dinheiro. Mas tudo que os nossos pais ricos puderam fazer foi nos apresentar a esse mundo. Tivemos que fazer a nossa parte. Tivemos que estudar, aprender, praticar, fazer correções e crescer. Exatamente da mesma forma que o pai e a mãe das cavernas ensinavam a seus filhos a acender um fogo e a usar a lança, tivemos pais ricos que nos ensinaram como usar o dinheiro e nossa inteligência para nos tornarmos ricos.

Posso ouvir alguns de vocês dizendo: "Mas eu não tenho pai rico. Não nasci em berço de ouro. Não tive uma boa educação." Esse tipo de raciocínio talvez seja a razão pela qual suas chances de sucesso e, mais importante ainda, de acumular uma grande riqueza, são poucas. Talvez elas sejam poucas porque você não está usando seu bem maior, a inteligência, a seu favor. Está usando sua inteligência para dar desculpas, não para ganhar dinheiro. Lembre-se: sua inteligência é a melhor alavanca. Mas todas as alavancas podem funcionar em duas direções — para o bem e para o mal. Assim como as dívidas podem ser usadas para torná-lo rico, também podem ser usadas para torná-lo pobre.

Não tive uma grande educação, tampouco nasci em uma família rica. A única coisa que realmente tive foi um pai rico que me ensinou a usar a minha inteligência para ganhar dinheiro, não para dar desculpas. Meu pai odiava desculpas. Ele costumava dizer: "Desculpas não valem um tostão furado. É por isso que as pessoas malsucedidas dão tantas desculpas." E dizia ainda: "Se você não consegue controlar sua mente, não conseguirá controlar sua vida." Hoje, toda vez que conheço uma pessoa infeliz, doente ou pobre, sei que isso se deve ao fato de ela ter perdido o controle sobre sua mente, a melhor ferramenta que Deus nos deu.

Hoje, embora Donald e eu tenhamos dinheiro, ambos já experimentamos perdas financeiras. Se tivéssemos usado nossa mente para culpar os outros ou para dar desculpas, hoje ambos seríamos pobres.

Todos Nós Nascemos Ricos

Portanto, nossa mensagem para você é a mesma que recebemos de nossos pais ricos: "Todos nascemos ricos. Todos fomos agraciados com a mais poderosa alavanca que existe, a nossa mente... portanto, use-a para promover a alavancagem que o tornará rico, em vez de procurar desculpas."

Resumo

A diferença entre o homem das cavernas e o macaco é a alavancagem. A diferença entre os ricos, os pobres e a classe média é a alavancagem. A diferença entre os poupadores e os investidores é a alavancagem. A diferença entre os quadrantes E e A e entre os D e I é a alavancagem. Um investidor bem treinado e disciplinado pode obter retornos muito mais altos com risco muito menor e menos dinheiro, mas é preciso alavancagem... e a alavancagem exige que você se eduque e use sua inteligência com sensatez.

A Visão de Donald

Qual é a diferença entre um poupador e um investidor? Anos atrás, um amigo meu que é judeu me deu a resposta para essa pergunta: "Moisés investe, Jesus salva." Eu não sei se isso será de alguma ajuda para nós, mas poderia ser para se pensar em muitos níveis.

Vejo os investidores como poupadores ativos. Investir é uma forma de ganhar dinheiro, e talvez isso não aconteça da noite para o dia, mas a recompensa por economizar *definitivamente* leva tempo para se concretizar. O retorno será muito mais alto se você investir seu dinheiro, em vez de economizá-lo.

Muitos têm medo do risco ou do tempo de estudo necessário para aprender sobre como investir. Robert faz um bom trabalho ao explicar as diferentes abordagens que podemos adotar ao pensar sobre como lidar com o dinheiro. O livro *Pai Rico, Pai Pobre* não é um fenômeno por acaso. Existe uma razão para seu monumental sucesso no mundo inteiro: é porque o autor se dá ao trabalho de explicar essas coisas.

Um investidor dá grandes passos dentro e fora do banco. Um poupador dá grandes e pequenos passos do lado de fora. Essa é uma metáfora que sempre me ocorreu sobre a diferença entre investir e poupança. O poder do dinheiro investido na poupança foi diminuído.

Em alguns aspectos, os investidores são visionários — enxergam além do presente. Eles olham para o futuro. Se eles tiverem uma visão clara a esse respeito, terão confiança para que transitar no mundo financeiro não seja algo assustador — eles se basearão na certeza de que o risco envolvido poderá ser benéfico para todos. Eles verão todos saindo vencedores.

Raramente sinto necessidade de convencer as pessoas de que minhas ideias são boas, pois, para início de conversa, eu não estaria conversando com elas se sentisse que é preciso convencê-las. Eu prefiro mostrar-lhes que — a convencê-las de que — minha proposta beneficiará a todos. Não entro em negociações sem antes estar assegurado dessas premissas básicas. Mesmo quando estava começando, eu podia enxergar os resultados tão claramente que uma sensação de "negócio fechado" invadia meus pensamentos e minhas ações.

O dinheiro é como o talento. Não traz grandes coisas se você o guarda para si. Precisa ser desenvolvido. Precisa ser alimentado. Precisa ser usado de forma apropriada. Exige tempo, trabalho e paciência. Existem muitas pessoas talentosas que nunca serão reconhecidas porque seu talento nunca foi revelado. É como uma ideia que poderia ser excelente, mas que nunca foi revelada porque seu dono preferiu não lhe dedicar tempo suficiente ou, pior ainda, nunca lhe dedicou tempo algum.

> Os investidores são visionários — enxergam além do presente.
>
> — *Donald J. Trump*

Investir exige responsabilidade constante, ao passo que poupar, não. Investir não é para qualquer um, mas é como qualquer outra habilidade — uma vez que você experimenta e toma ciência dos resultados, pode se tornar algo surpreendentemente empolgante. Posso ouvir alguém perguntar: "Investir é *eletrizante*?" Quando vejo essa reação, sei que aquela pessoa ainda não experimentou.

Muitos de vocês agora me conhecem suficientemente bem para saber que gosto de aventuras. Mas não sou um aventureiro quando se trata de finanças. E é melhor que você também não seja. Contudo, evitar o que poderia mudar radicalmente sua vida para melhor não é a melhor opção.

Já falei um pouco sobre medo e como reduzi-lo. Essa é uma das diferenças entre um poupador e um investidor: os poupadores ainda vivem dominados pelo medo. Os investidores dominaram o medo e estão colhendo os frutos. Concentre-se nos medos que ainda o assombram e... continue a enfrentá-los!

No início da minha carreira, quando eu acabara de mudar de Manhattan, o mercado imobiliário estava retraído a ponto de — pela primeira vez — as pessoas falarem sobre a possível falência da cidade. Esse medo acarretou mais medo ainda, e os cidadãos começaram a perder a confiança na cidade. Não era exatamente o melhor ambiente para um empreendedor imobiliário recém-chegado.

Mas eu via o problema como uma grande oportunidade; para mim, Nova York era o centro do mundo, e eu estava prestes a pertencer a esse mundo, independentemente da crise financeira vigente (na minha cabeça, essa crise era temporária). Assim, esse medo realmente serviu de combustível para minha ambição e minha coragem, em vez de miná-las. Essa foi a época em que comecei a considerar um enorme lote ao longo do Rio Hudson — cerca de 40h de frente para o rio, sem infraestrutura. A crise financeira não interferiu nos meus sonhos — eu não costumava deixar meus sonhos para uma ocasião melhor ou para um dia menos chuvoso. Eu estava determinado a ser um empreendedor imobiliário, independentemente de qual fosse o clima. O ponto é, eu investi tempo e desenvolvi minhas ideias, a despeito da situação. Não adiei meus planos... ou esperei até que as condições fossem ideais.

Os poupadores esperam um longo tempo, o que muitas vezes resulta na perda de oportunidades. Talvez você não tenha o dinheiro no momento, e talvez as condições não sejam ideais, mas isso não significa que sua mente não possa trabalhar suas ideias e preparar o caminho para um futuro melhor. Raramente as coisas são perfeitas, e ter a mente de um investidor ativo o manterá preparado e pronto para as oportunidades que surgirão. Confira ao ato de investir a forma mais abrangente que você puder: procure por oportunidades em todos os ambientes. Esse é o significado de alavancagem.

Sua Visão

Analise como você se beneficia da alavancagem em sua vida atualmente.

O tempo de outras pessoas sendo usado em seu benefício:
_____

O dinheiro de outras pessoas sendo usado a seu favor:
_____

Como você poderia maximizar a alavancagem em sua vida?
_____

Como você vê outros valendo-se da alavancagem em suas vidas?
_____

Você consegue se ver fazendo o que eles fazem?
_____

Continue lendo para encontrar outros exemplos de alavancagem — os exemplos podem ajudá-lo a responder a essa pergunta.

CAPÍTULO 9

As Duas Coisas que Você Investe

Visão de Robert

Meu pai rico costumava dizer: "Existem apenas duas coisas que você pode investir: tempo e dinheiro." E dizia também: "Como a maioria das pessoas não investe muito tempo, perde seu dinheiro."

Usando a regra dos 90/10 do dinheiro como um manual rudimentar, eu diria que 90% dos investidores investem seu dinheiro, mas não investem muito tempo. E os 10% que ganham 90% do dinheiro investem mais tempo que dinheiro. No final deste livro, você saberá a razão pela qual Donald e eu ganhamos muito dinheiro, costumamos obter retornos muito mais altos e usamos uma parcela menor do nosso próprio dinheiro. Temos condições de fazer isso porque investimos uma parcela maior do nosso tempo do que do nosso dinheiro.

Analise o diagrama que se segue sobre três investidores. Creio que você entenderá a relação entre investir tempo versus investir dinheiro.

NÃO INVESTIDOR	INVESTIDOR PASSIVO	INVESTIDOR ATIVO
Não investe tempo *Não investe dinheiro*	*Não investe tempo* *Investe dinheiro*	*Investe tempo* *Investe dinheiro*
Não tem educação financeira	Não tem educação financeira	Tem excelente educação financeira

Quando você analisa um diagrama simples, é fácil verificar por que os dois primeiros tipos de investidor — o não investidor e o investidor passivo — diriam: "É arriscado investir." Eles não têm (ou têm pouca) educação financeira e pouca experiência financeira; assim, são presas de qualquer consultor financeiro que promete garantia e segurança.

Donald Trump investiu muito tempo em sua educação financeira. Frequentou Wharton, possivelmente a melhor escola de administração da América. Em 1969, quando eu me formei na Academia da Marinha Mercante dos Estados Unidos, em Nova York, também pensei em ir para Wharton. Um de meus colegas da academia, Al Novack, foi aceito em Wharton e queria que eu fosse com ele. Não fui porque a Guerra do Vietnã estava no auge, e eu decidi entrar na aeronáutica.

Não tive a educação formal em administração que Donald teve, e eu sabia que *não* ter esse tipo de educação era uma desvantagem. Mas despendi muito tempo e dinheiro para obter minha educação financeira fora das escolas tradicionais. Participei de muitos seminários, ouvi muitas fitas e CDs, li inúmeros livros sobre negócios e adotei a prática de ensinar o que aprendi... pois ensinar é uma das melhores maneiras de aprender. Aprendi também encontrando um mentor e me tornando um aprendiz, da mesma forma que meu pai rico se tornou meu mentor, e eu, seu aprendiz.

Abri o capital de duas empresas que fundei porque encontrei dois mentores que me ensinaram o processo de abertura de capital. Costumo investir pesado em petróleo e gás porque fui treinado na *Standard Oil* da Califórnia e por um mentor que me ensinou sobre grupos empresariais na área de petróleo e gás (e como levantar dinheiro para investimentos nessa área).

Continuo minha educação financeira por meio da experiência da vida real e contando com grandes mentores, bem como com grandes consultores.

Donald Trump e eu não estaríamos escrevendo este livro juntos se eu tivesse interrompido minha educação financeira. Adoro aprender sobre dinheiro, negócios, finanças e riqueza. Provavelmente serei um aluno até meus últimos dias. Não creio que um dia eu vá achar que já sei o suficiente, ou que meu copo está cheio, ou que tenho todas as respostas. Sempre posso aprender mais, e adoro fazer isso.

Especialistas Financeiros

Muitos investidores acham que investir é arriscado porque buscam consultoria financeira junto a especialistas financeiros que têm pouco treinamento ou experiência financeira.

1. Você já se deu conta de que é preciso mais tempo para se tornar um massagista terapeuta licenciado do que para se tornar um consultor financeiro?
2. Você sabia que menos de 20% dos corretores de ações e corretores de imóveis investem no produto que recomendam a você para investir?
3. Você sabia que a maioria dos jornalistas financeiros tem pouco treinamento financeiro ou experiência prática de investimentos?
4. Você sabia que muitas pessoas investem com base em dicas quentes — dicas fornecidas por pessoas pobres, não ricas?
5. Quantos de nossos políticos e legisladores têm experiência com investimentos no mundo real?
6. Quantos professores têm treinamento ou experiência financeira na vida real?

Não Seja um Pato

Certa vez, ouvi Warren Buffett dizer: "Se você estiver em uma mesa de pôquer e depois de vinte minutos ainda não souber quem é o pato... então o pato é você."

Meu pai rico dizia: "A razão pela qual a maioria das pessoas dos quadrantes E e A sofre é porque elas procuram conselhos financeiros com outros Es e As." Ou, conforme disse Warren Buffett (já fiz esta citação antes neste livro): "*Wall Street* é o único lugar do mundo em que as pessoas vão de Rolls-Royce à procura de orientação de pessoas que andam de metrô."

Escolha os Conselhos com Cautela

Como sua mente é seu bem e sua alavanca mais valiosa, você precisa ser cuidadoso quanto ao que coloca nela. Às vezes, é até mais difícil livrar-se de pensamentos e ideias que já estão em sua mente do que aprender algo novo.

Muitos jornalistas financeiros discordam de meu processo de raciocínio — minhas ideias se chocam com as deles. E eles comentam: "Você diz que pode investir sem dinheiro. Isso não é arriscado?"

"Ora essa! Se não tenho nenhum dinheiro no projeto, como posso correr algum risco?" É dessa forma que tenho vontade de responder.

Alguns dias atrás, eu estava falando na rádio sobre investir em moedas de prata. Um ouvinte ligou e disse: "Estou tendo um retorno de 9% investindo em fundos mútuos. Por que devo investir em prata?"

Eu queria dizer: "A prata subiu quase 100% em menos de um ano." Mas eu não o fiz. Em vez disso, eu simplesmente disse: "Estou feliz que você esteja feliz com um retorno de 9%."

Muitas pessoas acham que investir é arriscado porque para aqueles que não têm educação financeira e experiência é realmente arriscado... e é ainda mais *arriscado* quando você entrega seu dinheiro a um consultor financeiro que tem apenas um pouco mais de educação financeira e experiência do que você.

Uma das coisas que mais me irritam é quando os corretores de imóveis dizem aos compradores: "Essa propriedade vai se valorizar." Em outras palavras, eles querem dizer: "Compre essa propriedade agora, embora perca dinheiro, pois no futuro ganhará. Imóveis sempre se valorizam." Eu gostaria que o comprador perguntasse: "Você me dá uma garantia em dinheiro se eu não tiver lucro?" Em geral, isso arrefece o tom do vendedor. Quando se trata de investimentos, eis as perguntas que você deve fazer:

1. Como você minimiza os impostos?
2. Como você reduz os riscos e aumenta os retornos?
3. Como você encontra grandes investimentos?
4. Como você diferencia um bom e um mau negócio?
5. Como você investe uma parcela menor do seu próprio dinheiro e uma maior de DOP?
6. Como você ganha experiência sem arriscar dinheiro?
7. Como você lida com as perdas?
8. Como você encontra bons consultores?

Gostaria que essas perguntas fossem fáceis de responder. Mas são perguntas sem respostas específicas, que me fazem estudar, aprender e pesquisar. Fazendo a mim mesmo essas perguntas continuamente, obtenho respostas melhores, mas ainda não encontrei respostas que me façam sentir confortável, seguro e confiante. Essas são perguntas para as quais os verdadeiros alunos sabem que provavelmente jamais encontrarão a resposta *correta* — pois sempre existe uma resposta melhor. Sabemos que sempre podemos melhorar.

É a busca pelas respostas — que eu talvez nunca encontre — que me faz enriquecer. É essa busca que me mantém vivo, que me faz ficar mais rico e não me aposentar, embora eu tenha condições para tal. Veja você, não é a busca por dinheiro que me torna rico. É a busca pelo conhecimento, por aprender, fazer e realizar mais e ajudar aqueles que querem aprender que me move... e o dinheiro é apenas um marcador, uma medida para me dizer como estou me saindo. O dinheiro é a celebração do êxito, assim como a falta dele nos lembra que precisamos aprender mais. Da mesma maneira que o viajante fica de olho no marcador de quilometragem, eu considero o dinheiro simplesmente um marcador — marcador que mede a jornada e a distância viajada.

> Em *A Guerra da Arte*, Pressfield diz: "Muitas pessoas pensam que os amadores não jogam pelo dinheiro, mas pelo amor ao jogo. Na verdade, a razão pela qual os amadores são amadores é que eles não amam o jogo o bastante."
>
> — *Robert T. Kiyosaki*

Pode parecer que Tiger Woods joga pelo dinheiro, pois ele é dono de uma fortuna. Contudo, se você lhe pergunta, ele diz que joga para dominar o jogo... e o dinheiro é a medida de seu domínio. Imagino que os Rolling Stones façam turnês não porque gostem de ganhar dinheiro, mas porque gostam de proporcionar entretenimento. Se eles não fizessem isso, a vida deles talvez não tivesse sentido. Muitas ex-estrelas de futebol jogariam de graça se fossem suficientemente jovens e saudáveis para voltar a jogar.

Um excelente livro que li recentemente é *A Guerra da Arte*, de Steven Pressfield. Recomendo essa leitura a todos que sabem que sua vida é uma jornada, não um destino. Em *A Guerra da Arte*, Pressfield diz: "Muitas pessoas pensam que os amadores não jogam pelo dinheiro, mas pelo amor ao jogo. Na verdade, a razão pela qual os amadores são amadores é que eles não amam o jogo o bastante." O principal argumento de Pressfield é que você precisa superar a resistência a fim de "desenvolver plenamente todo o potencial que tem para a vida". Ele discute o tipo de *resistência* que nos conforta e revela com que frequência é autoimposta. Qual é seu conselho?

Ele recomenda:

1. Amar o que você faz
2. Ter paciência
3. Enfrentar os medos

Acredito que eu seja bem-sucedido no jogo do dinheiro porque o adoro. Quando eu era mais jovem, trabalhei de graça porque queria aprender a jogar. Hoje, quando passo por campos de golfe e quadras de basquete, vejo pessoas jovens e não tão jovens jogando de graça, muitas vezes pagando para jogar porque gostam muito do jogo.

Estudo e pratico porque amo o jogo e quero vencer. Li e estudei a história dele, sabendo que jamais saberei tanto quanto preciso saber. Estudo as regras e os jogadores. Conheço meus concorrentes, e os estudo porque os respeito. Muito antes de conhecer Donald Trump, eu lia seus livros e acompanhava seus êxitos, bem como seus fracassos. Estudei também Steve Jobs, fundador da Apple, e Richard Branson, fundador da Virgin. Conforme você pode constatar, estudei os líderes rebeldes dos negócios, não os conformistas. Em minha opinião, os conformistas são cansativos.

Goste você ou não, todos participamos do jogo do dinheiro. Independentemente de você ser rico ou pobre, viver nos Estados Unidos, na Ásia, Europa, África, América do Sul, Canadá, ou seja, onde for, todos participamos do jogo do dinheiro. Os vencedores desse jogo são os que mais gostam dele. Se você não gosta, caia fora. Provavelmente existe algo mais útil que você possa fazer, algo que considere mais estimulante.

Donald Trump e eu ganhamos muito mais dinheiro do que perdemos simplesmente porque adoramos o jogo. Se você não gosta de jogá-lo e não quer estudar e aprender, Donald e eu recomendamos que você encontre alguém que seja muito dedicado a ganhar (e a estudar) e entregue seu dinheiro a essa pessoa assim que a encontrar.

Uma Última Ideia

INVESTIDORES PASSIVOS	INVESTIDORES ATIVOS
Investem dinheiro	Investem tempo
Pensam em: *Um trabalho formal* *Economias* *Livrar-se das dívidas* *Fundos mútuos* *Diversificar*	Pensam em: *Empresas* *Imóveis* *Instrumentos* *financeiros avançados*
Escassez financeira	Abundância financeira
Medo	Diversão

Essa comparação mostra que existem outras diferenças separando os investidores passivos dos ativos. Não só os últimos investem mais tempo, como também investem em diferentes instrumentos financeiros. Coloco as empresas em primeiro lugar na lista porque estabelecer uma empresa com mais de quinhentos funcionários exige grande habilidade, educação financeira e experiência.

Os imóveis viriam em segundo lugar, pois exigem mais experiência, educação e habilidades financeiras do que, digamos, ações, títulos e fundos de investimento. Lembre-se de que a diferença entre aqueles que investem em ações, títulos e fundos de investimento e os que investem em imóveis envolve alavancagem, portanto, é preciso ser mais cuidadoso. E investir em imóveis exige também habilidades de administração e proficiência. É o uso de alavancagem e a necessidade de extensa administração que fazem com que os investidores em ativos de papel fracassem quando tentam investir em imóveis.

Os instrumentos financeiros mais avançados são coisas como fundos com alavancagem, derivativos, bem como sociedades por quotas de responsabilidade limitada, participações acionárias em empresas de capital fechado e outros.

Quando você olha para a imagem do jogo de tabuleiro *CASHFLOW*®, pode ver os diferentes investimentos aplicáveis a diferentes pessoas.

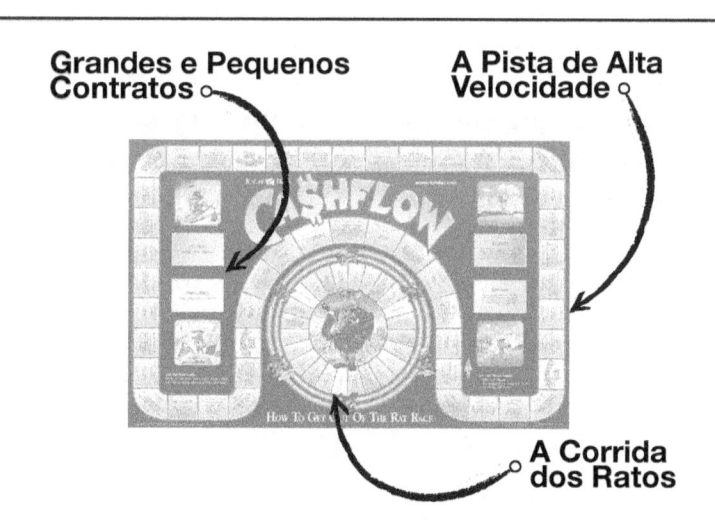

Como você pode notar, existem três tipos de investidor. O primeiro nível, a Corrida dos Ratos, é para os investidores passivos. Eles geralmente investem em ativos de papel, como ações, títulos e fundos mútuos. Por quê? Porque os ativos de papel, normalmente, exigem menos educação financeira.

O segundo nível é para os pequenos investidores ativos. Eles dedicam-se a investimentos menores, muitas vezes em pequenas empresas ou imóveis.

A Pista de Alta Velocidade foi criada para os ricos e para os investidores financeiramente educados. Em 1933, Joseph Kennedy, pai do presidente John Kennedy, criou a Pista de Alta Velocidade para proteger o investidor amador do investidor rico e sofisticado.

Donald e eu investimos na Pista de Alta Velocidade. Por quê? Porque é aí onde estão a diversão e os grandes retornos. Ela é mais arriscada? A resposta é "Não", se você tiver uma educação financeira sólida e experiência; e "Sim", se tudo o que quiser investir for dinheiro, e não tempo em sua educação.

O objetivo do jogo de tabuleiro *CASHFLOW*® é ensinar as pessoas sobre os três tipos de investidor e inspirá-las a sair da Corrida dos Ratos e a se divertir mais.

Os Jogos São Boas Ferramentas de Aprendizado?

Em 1969, o sistema educacional concluiu um estudo que demonstrava a eficácia de diferentes tipos de aprendizado. O Cone de Aprendizagem foi desenvolvido e é aqui apresentado. Revela que a maneira menos eficaz de aprender é por meio da leitura e de palestras, enquanto a maneira mais eficaz é praticar. O segundo método mais eficaz é por meio da simulação de experiências reais.

Cone de Aprendizagem

Depois de duas semanas, tendemos a nos lembrar de		Natureza do envolvimento
90% do que dizemos e fazemos	Colocando em prática	Ativa
	Simulando a experiência real	
	Fazendo uma representação dramática	
70% do que dizemos	Conversando	
	Participando de um debate	
50% do que ouvimos e vemos	Presenciando uma atividade	Passiva
	Assistindo a uma demonstração	
	Assistindo a uma apresentação	
	Assistindo a um filme	
30% do que vemos	Olhando fotos	
20% do que ouvimos	Ouvindo	
10% do que lemos	Lendo	

Fonte: Cone de Aprendizagem adaptado de Dale, (1969).

Não é curioso que o sistema educacional ainda ensine por meio da leitura e de palestras? E as escolas valem-se do Cone de Aprendizagem desde 1969!

Donald e eu acreditamos no poder dos jogos. No meu jogo *CASHFLOW*®, os jogadores começam com empregos formais, contracheques e têm famílias. Eles aprendem as habilidades de investir realmente investindo com o dinheiro do jogo, e também aprendem como cada decisão que fazem impacta em suas demonstrações financeiras individuais. É o aprendizado por meio da simulação que reduz o medo dos jogadores de investir.

Donald também tem um jogo de tabuleiro, que se chama *TRUMP: The Game* ("TRUMP: O Jogo", em tradução livre), e ensina habilidades de negociação relacionadas ao setor imobiliário. Novamente, os jogadores ganham experiência valiosa e aprendem técnicas que podem ajudá-los nos negócios e na vida real como um todo.

Ambos os jogos motivam os participantes e ajudam-nos a perceber a importância de não deixar a emoção entrar em cena. Ambos geram uma corrida de adrenalina e emoção nos jogadores.

A Visão de Donald

Li o capítulo de Robert antes de começar a escrever o meu, e isso foi bom porque minha resposta era a mesma: tempo e dinheiro. Ele usou argumentos tão bons e tão bem explicados que fiquei pensando comigo mesmo: "O que eu poderia acrescentar?"

Não sou um estudioso da etimologia, mas recentemente descobriu-se que a palavra mais usada da língua inglesa é "tempo". A palavra "dinheiro" talvez esteja entre as cem primeiras, mas está longe da classificação da palavra "tempo". E então eu me lembrei que, certa vez, alguém explicou a vida como um cartão de crédito que nos era dado quando nascíamos — sem data de validade. O tempo de validade desse cartão é o X da questão, não o dinheiro.

As propriedades do tempo sempre despertaram o interesse de físicos e cientistas. O tempo é medido por números, o que nos remonta à matemática, e, por sua vez, nos lembra o dinheiro. Mas, se você estiver sem tempo, nem todo o dinheiro do mundo poderá mudar a situação.

Quando meu filho Barron nasceu, minha esposa Melania e ele demonstraram um perfeito senso de oportunidade. Eu havia acabado de voltar a Nova York, fomos para o hospital e ele nasceu. Barron tem demonstrado um temperamento muito sereno que, acredito, herdou da família da mãe. Mas até hoje fico pasmo com o tempo perfeito do seu nascimento. Não temos nenhum controle sobre certos eventos; contudo, às vezes eles parecem estar sob perfeito controle.

Nem sempre estou absolutamente certo sobre determinadas coisas — pois não sou onisciente. Tenho instintos. E tenho crenças, mas surpresas sempre podem acontecer.

Por esse motivo, sou muito mais humilde do que as pessoas poderiam imaginar. E, por mais estranho que possa parecer, penso que fui recompensado por essa humildade. Às vezes as coisas funcionam dessa forma.

Linda Kaplan Thaler ocupa o cargo de CEO da agência de publicidade que apresenta o mais rápido crescimento nos Estados Unidos, o Grupo Kaplan Thaler; ela participou do programa *O Aprendiz* para julgar uma das tarefas designadas que envolvia o anúncio de um carro. Antes disso, Melania havia aparecido em um popular comercial da Aflac, e comentou como Linda e sua equipe haviam sido profissionais — e atenciosos — com todos no estúdio. Além disso, o comercial foi um sucesso, e fiquei suficientemente impressionado para me lembrar de Linda quando tivemos a estreia de um profissional da área de publicidade em um de nossos episódios. Seu novo livro, em parceria com Robin Koval, *The Power of Nice* ("O Poder do Bem", em tradução livre), é um pujante testemunho do poder do tempo investido com sensatez — com a adoção de uma postura cortês e atenciosa. Robert aconselha as pessoas a escolherem cuidadosamente seus conselheiros, e o livro de Linda seria uma boa escolha tanto para o investimento de tempo como de dinheiro.

Como isso se aplica ao ato de investir e às finanças? Na verdade, aplica-se a tudo. O que você faz com seu tempo é uma questão muito séria, pois o tempo perdido jamais será recuperado. Com muita frequência, dinheiro perdido pode ser recuperado. Como disse Plutarco: "O tempo é o melhor conselheiro." Em resumo, seja cuidadoso com seu tempo e aprenda a investi-lo — sensatamente.

Este exercício ajuda a ilustrar o meu argumento:

Se você enxergasse o tempo como dinheiro, seria mais cuidadoso com ele? Por exemplo, se gastar quinze minutos de seu tempo significasse que você perderia US$500, você teria maior consciência da forma como esses quinze minutos foram gastos? Creio que sim. E o que significa "gastar" quinze minutos? Se você estivesse engajado no setor de entretenimento, assistir a um filme não seria perda de tempo. Se você trabalhasse na indústria do turismo, conhecer um novo restaurante não seria perda de tempo ou dinheiro. A resposta seria diferente para cada um de nós. Creio que todos sabemos quando estamos desperdiçando tempo.

Sua tarefa é verificar onde você gasta seu tempo — e avaliar quanto dinheiro você investiu ao fazer isso. Todo o dinheiro do mundo não pode substituir o tempo perdido, portanto, aja de acordo com essa constatação.

Outro excelente argumento de Robert é que todos nós somos afetados pelo dinheiro, independentemente do lugar em que vivemos ou do que fazemos. O dinheiro, como o tempo, é um denominador comum que compartilhamos. A maioria das pessoas precisa de dinheiro para comprar alimentos, necessários à subsistência, portanto, eles estão entrelaçados, quer acreditemos nisso ou não.

O dinheiro afeta sua vida. Minha teoria é que, se alguma coisa afetará sua vida, é melhor saber o máximo possível sobre ela. Você terá condições de encontrar tempo para investir em sua educação financeira?

Sua Visão

Analise como você gasta seu tempo.
Uma Semana Tem 168 Horas (sete dias x 24 horas):

Trabalho _____

Locomoção _____

Cuidados pessoais _____

Alimentação _____

Sono _____

Família _____

Lazer _____

Exercícios _____

Estudo _____

Descanso _____

_____
Total 168 horas

Você consegue encontrar de quatro a dez horas por semana para dedicar à sua educação financeira? É provável que sim. A pergunta é: "Você fará isso?"

Assuma o compromisso de dedicar mais tempo à sua educação e, a seguir, cumpra esse compromisso! Ler este livro é um bom começo. O que mais você pode fazer?

Capítulo 10

Os Vencedores Comandam

A Visão de Robert

Uma vez que entenda o que é alavancagem, ou seja, *a capacidade de fazer mais com menos*, você provavelmente começará a enxergar alavancagem em toda parte. Por exemplo, a cadeira na qual estou sentado é uma forma de alavancagem. Seria difícil eu me sentar no chão e digitar com facilidade. Contar com parceiros é uma forma de alavancagem. Na *Rich Dad*, combino os meus talentos com os de Kim e os da nossa equipe de gestão, o que me proporciona muito mais alavancagem do que se eu trabalhasse sozinho. Valer-se de parceiros estratégicos cria alavancagem, e isso é muitas vezes chamado de recursos de outras pessoas (ROP). Usamos parceiros estratégicos para distribuir os nossos livros, de forma a não precisarmos desenvolver essa capacidade dentro da *Rich Dad*. A mensagem importante é: as pessoas ricas usam mais alavancagem do que as pessoas pobres. Se você quer ser rico, precisa de alavancagem. Se quiser ficar realmente muito rico, você precisará de muita alavancagem.

No quadrante CASHFLOW, os lados E e A, em geral, têm pouca alavancagem. Tanto o quadrante E como o A envolvem trabalho desempenhado por você mesmo. Os lados D e I nada mais são do que alavancagem — o emprego de tempo e dinheiro de outros.

A alavancagem pode surgir de várias formas. As pessoas que vencem são cuidadosas com seu modo de pensar. Não dizem a si mesmas: "Não sou capaz de fazer isso", "Isso é muito arriscado", ou "Não posso arcar com isso". Na verdade, pensam: "Como posso fazer isso?", "Como posso reduzir os riscos?", ou "Como posso arcar com isso?". Os indivíduos que investem para ganhar também são cuidadosos em relação às pessoas às quais pedem conselhos financeiros. Assim como os atletas olímpicos escolhem cuidadosamente os alimentos que ingerem, os investidores que investem para ganhar precisam escolher cuidadosamente os conselhos que seguirão. Às vezes, talvez seja necessário livrar-se de velhas ideias. Durante grande parte da minha vida, minha mente enfrentou uma guerra entre o que meu pai pobre me dizia a respeito de dinheiro e o que meu pai rico dizia a esse respeito.

O Poder do Controle

Além de quererem alavancagem, aqueles que investem para ganhar querem estar no *controle*. As pessoas acham que investir é arriscado simplesmente porque não têm controle.

Gosto de negócios e imóveis porque tenho controle. Não gosto de ativos de papel, como ações, títulos e fundos de investimento porque não tenho controle. A maioria das pessoas que pensam que investir é arriscado investe em ativos financeiros, e não tem nenhum controle. É seu caso?

Aqueles de vocês que já assistiram ao meu programa na PBS estão familiarizados com a metáfora do carro que eu uso. Na atração, eu tenho uma maquete de um carro para demonstrar a importância dos controles. No carro, eu tenho:

1. O volante
2. Os freios
3. O acelerador
4. A embreagem
5. A carteira de habilitação
6. O seguro

Usando o carro como exemplo e a metáfora para investir, pergunto ao público se eles dirigiriam um carro sem um desses seis elementos. Por exemplo, se entrasse em um carro que não tivesse um volante, você o dirigiria?

Obviamente, a resposta é: "Não." Por quê? Todos sabem: porque dirigir esse carro seria arriscado demais, sem um volante para controlá-lo.

Muitas pessoas pensam que investir é arriscado porque não têm controle. E quando você investe em fundos, ações, títulos ou poupança, seu controle é praticamente zero.

Além disso, a maioria dos investidores não tem treinamento, e para dirigir um carro é preciso no mínimo da carteira de habilitação para provar que o motorista teve treinamento e está apto a dirigir.

O que torna as coisas ainda piores é que os consultores de investimentos, planejadores financeiros e corretores também não têm nenhum controle, e essa talvez seja a razão pela qual aconselham os investidores a "diversificar, diversificar e diversificar". A diversificação é necessária quando você não está no controle. Warren Buffett não diversifica porque investe para adquiri-lo. Ele compra a empresa toda ou um número suficiente de ações que lhe permita deter o controle.

Donald e eu gostamos de negócios e de imóveis porque estamos no controle. Mas o que controlamos? Grande parte da resposta pode ser encontrada no diagrama da demonstração financeira que se segue:

DEMONSTRAÇÃO FINANCEIRA

Renda
Despesas

BALANÇO PATRIMONIAL

Ativos	Passivos

Como empresários e investidores em imóveis, os seis controles que queremos deter são:

1. Renda
2. Despesas
3. Ativos
4. Passivos

5. Gestão
6. Seguros

Quando falamos em educação financeira, estamos falando da educação que permite adquirir conhecimento sobre como controlar os seis fatores anteriores. O livro *Pai Rico, Pai Pobre* fala sobre como controlar esses seis elementos. Por exemplo, quando se trata de seguros, menciono a importância de se valer de estruturas societárias para blindar o patrimônio pessoal contra impostos e ações judiciais.

É o controle sobre esses seis elementos que realmente separa os ricos dos pobres.

Outro exemplo de controle é a capacidade de maximizar as vendas e minimizar as despesas. Muitas pessoas são hábeis em minimizar despesas, mas poucas são hábeis em maximizar vendas. Essa é a razão pela qual, depois que voltei do Vietnã, em 1974, meu pai rico sugeriu que eu arrumasse um emprego que me ensinasse a vender. Ele disse: "Se você quiser ser um empresário, precisa aprender a vender." É por isso que passei quatro anos na Xerox Corporation aprendendo a vender.

Quando alguém me pergunta qual é a primeira coisa a fazer para se tornar um empresário, recomendo que aprenda a vender. Muitos não seguem minha recomendação. Conforme diz Donald Trump, alguns indivíduos são vendedores natos, outros não. Mesmo se você não for um vendedor excepcional, pode aprender, se tiver vontade. Eu não era um vendedor nato, mas aprendi. Não sou o melhor *escritor*, sou um dos escritores que *vendem mais*. O que estudei sobre vendas me permite ter mais controle sobre a receita advinda de meus investimentos e dos livros que vendo. O mundo está repleto de escritores com mensagens excelentes; o problema é que eles não sabem vender. O preço de não ser capaz de vender é muito alto — preço mais alto que o do dinheiro.

Donald Trump e eu recomendamos e damos apoio ao setor de marketing de rede ou de vendas diretas principalmente em virtude do aspecto educacional dessas atividades. A maioria dessas empresas não só se concentra em treinar pessoas para serem donas de empresas, como também tem programas de desenvolvimento pessoal e treinamento em vendas. Escolha uma organização analisando mais o aspecto educacional do que o salarial. Esse é outro exemplo de investir mais em sua educação antes de investir seu dinheiro.

Se você não conseguir vender, terá pouco controle sobre sua receita, sobre a receita de sua empresa ou sobre a receita de suas propriedades. Ter o nome

"Trump" estampado em um prédio não só aumentam as vendas, como também o preço e o valor do imóvel. Isso significa poder de venda. Isso significa controle.

Ensine a Ser Rico

Eu criei um produto intitulado *Teach To Be Rich* ("Ensine a Ser Rico", em tradução livre) para pessoas que querem mais educação financeira nestas seis áreas de controle. É um produto direcionado a clubes CASHFLOW e ensina o conteúdo educativo e a filosofia da *Rich Dad*. O *Teach To Be Rich* é composto de dois livros e três DVDs[1]. Os DVDs estão incluídos para abarcar também as pessoas que preferem o aprendizado visual. O líder do grupo pode reproduzir os DVDs e conduzir uma discussão em grupo, apoiada pelo conteúdo dos dois livros. Além de passar pelos DVDs e pelas tarefas, também é recomendado que uma pessoa jogue os jogos *CASHFLOW® 101* e *202* para reforçar as lições. Este é o Cone de Aprendizagem em ação. Ao ter discussões em grupo e jogar o jogo, você aumenta sua retenção do material — de olho na lição. Mais importante, ele prepara você para o mundo real dos investimentos, para entrar nesse mundo com mais tempo investido em aprender... antes de investir seu dinheiro.

Você pode aprender a controlar seus investimentos por meio da educação. Se tiver controle, seus riscos serão reduzidos e o retorno sobre o investimento será mais alto.

Sem Controle

Muitos indivíduos sentem-se impotentes porque não têm controle sobre seu trabalho. Conheço muitas pessoas que perderam o emprego — não porque fossem incompetentes, mas porque a empresa foi vendida e elas foram demitidas. Hoje, com tantos profissionais indo trabalhar em outros países, um número cada vez maior de pessoas sente que está perdendo o controle. É difícil sentir-se confiante quando se tem tão pouco controle sobre o emprego e sobre o salário e, assim, as pessoas investem em ativos como poupança, ações, títulos e fundos — ativos sobre os quais elas não têm qualquer controle.

Se o sistema educacional estivesse cumprindo seu papel, ensinaria aos jovens a diferença entre aprender a assumir o controle e caminhar sem ter controle sobre a própria vida.

---

[1] A Editora Alta Books não se responsabiliza pela circulação e conteúdo de quaisquer materiais indicados pelo autor deste livro. (N. E.)

Em resumo, existem três razões pelas quais a maioria das pessoas pensa que investir é arriscado. São elas:

1. Têm um nível baixo de educação financeira.
2. Fazem investimentos sobre os quais não têm qualquer controle — como poupança, ações, títulos e fundos mútuos.
3. Ouvem conselhos sobre investimentos de vendedores que não têm controle sobre os investimentos que recomendam.

O segundo passo é o controle. Uma vez que você entenda o que irá alavancar, sua próxima tarefa é assegurar-se de que tem controle.

A Visão de Donald

Os Vencedores Comandam

Eu amo imóveis e negócios porque eu quero ter o controle. Ter o controle diz respeito à educação. Quanto mais educados financeiramente nos tornamos, mais controle temos.

Como homem de negócios, tenho inúmeros interesses, e detenho o controle interessando-me ativamente por *todos* eles. Contrato profissionais qualificados e confio que eles darão o melhor de si, mas procuro manter contato constante com eles, e minha porta está sempre aberta para recebê-los. Não exerço uma microadministração, mas sei que, em última instância, a responsabilidade é minha. Saber que a responsabilidade é minha significa que estou no controle – ponto.

A *Trump Organization* é a empresa privada número um de Nova York. Tenho orgulho desse fato e do trabalho que temos desenvolvido. Observe que eu disse "nós" — pois muitos de meus colaboradores trabalham arduamente, e eu reconheço isso. Mas asseguro que permanecemos vencedores, pois eu mesmo estabeleço o padrão.

A vida é repleta de riscos. Não temos pleno controle — embora gostemos de pensar o contrário, mas podemos reduzir os riscos e aumentar nossa alavancagem procurando adquirir maior instrução, fazendo escolhas sensatas e mantendo uma atitude positiva. Muitos indivíduos fizeram grandes conquistas quando as "circunstâncias" eram, supostamente, totalmente desfavoráveis. Venceram porque decidiram tomar as rédeas de seu destino e se recusaram a desistir.

Uma forma de conservar o controle é ter sempre em mente o grande cenário. Quando as pessoas falam em grande cenário, sempre me lembro de uma tapeçaria. Certa vez, alguém disse que, se você olhar o avesso de uma bela e inestimável tapeçaria, verá apenas um emaranhado de nós. Às vezes isso é tudo que as pessoas enxergarão, pois ainda não viram o lado certo do bordado. Às vezes o destino trabalha dessa forma, portanto, não desista do controle, deixando sua própria tapeçaria — o projeto de sua vida — inacabada.

> O poder da mente é a alavancagem por excelência.
>
> — *Donald J. Trump*

Logo depois que ouvi essa analogia, alguém disse estar em um "beco sem saída" em relação a alguma coisa e, de repente, percebi que esse indivíduo não estava visualizando sua tapeçaria. Não estava enxergando o cenário como um todo. Quando lhe contei a história, ele ficou visivelmente aliviado. Às vezes é preciso olhar o reverso da tapeçaria. Isso o ajudará a manter o controle e o fará descobrir como lidar com pessoas e problemas. Você precisa ser capaz de controlar aquilo que o rodeia, para que não se veja em um "beco sem saída".

Alguns sinônimos de controle sobre os quais devemos pensar são comando, autoridade, domínio e determinação. É possível que você não tenha controle sobre muitas coisas, mas pode começar por si mesmo. O poder da mente é a alavancagem por excelência. Você tem um cérebro, portanto, use-o. Pode me chamar de fanático por controle, mas não aceito desculpas. Os vencedores tomam o controle assumindo a responsabilidade.

Sua Visão

Faça uma análise da sua vida hoje. Você tem condições de escolher como passar o dia ou os outros lhe dizem como fazê-lo? Você decide como investir seu dinheiro, ou deixa que os outros decidam?

Sobre o que você detém o controle?

_____

_____

Quais são as coisas sobre as quais você *não* detém o controle?

_____

_____

Se você se tornar mais ativo quanto à sua educação financeira e a seus investimentos, já sentirá que tem mais controle sobre sua vida.

Se você for um empregado e sentir que não tem controle, pense em exercer uma atividade de meio período (ou seja, crie uma empresa cujo expediente seja de meio período) para mudar essa situação. Você se surpreenderá com a rapidez com que sua confiança aumentará, apenas por sentir que tem mais controle sobre sua vida.

CAPÍTULO 11

CRIATIVIDADE DOS LADOS DIREITO E ESQUERDO DO CÉREBRO

A Visão de Robert

Em termos simples, o lado esquerdo do cérebro (hemisfério esquerdo) é, em geral, associado ao pensamento linear ou lógico. Nos indivíduos que têm facilidade para leitura e para matemática, normalmente considera-se que o hemisfério esquerdo é dominante. O lado direito do cérebro (hemisfério direito) é mais orientado para o aspecto espacial. Nos indivíduos que têm facilidade para artes, música e cores, o hemisfério direito é dominante. Na verdade, é preciso que ambos os lados funcionem, mas creio que você captou a ideia.

Por muitos anos, tenho estudado o assunto educação e o mecanismo do aprendizado. Você sabia que, quando nascemos, nosso cérebro não tem essa divisão? Somente quando chegamos aos quatro ou cinco anos é que nosso cérebro se divide em dois hemisférios — o direito e o esquerdo. Nosso sistema educacional é mais voltado para aqueles cujo lado esquerdo do cérebro é dominante.

Um Golpe de Mestre

Quando criança, Winston Churchill dizia que sentia um súbito lampejo no cérebro que o deixava atordoado. Ele se sentava e ficava quieto por alguns momentos, e depois conseguia explicar o que experimentara. Os pesquisadores supunham que o lampejo da intuição tinha lugar no hemisfério direito do cérebro e, então, viajava ao longo de uma parte do cérebro conhecida como corpo caloso, atingindo o hemisfério esquerdo. Como a fala é associada ao hemisfério esquerdo, a teoria era que o lampejo inspirador saía do hemisfério direito e levava certo tempo para atingir o hemisfério esquerdo, finalmente permitindo que Churchill falasse sobre essa pitada de conhecimento intuitivo. Seria essa a forma como

Deus, ou nosso Criador, envia novas informações a nós como espécie? Seria essa a teoria por trás do termo *brainstorm*?

Como sociedade, temos tendência a pensar que as pessoas cujo hemisfério esquerdo do cérebro é dominante são mais inteligentes, e aquelas cujo hemisfério dominante é o direito são esquisitas. Costumamos dar mais valor às pessoas cujo lado esquerdo do cérebro é dominante do que àquelas cujo hemisfério dominante é o direito, normalmente pagando-lhes mais. Essa é a razão pela qual os contadores, advogados, médicos, dentistas e MBAs são, em geral, mais bem pagos na América corporativa.

Se é verdade que, como sociedade, até pouco tempo éramos inclinados a atribuir maior valor financeiro às pessoas cujo hemisfério cerebral dominante é o esquerdo, agora essa tendência talvez esteja mudando. Em seu livro, *A Revolução do Lado Direito do Cérebro*, Daniel Pink fala sobre a mudança de valores em relação ao cérebro. Ele afirma:

"O futuro pertence a um tipo muito diferente de indivíduo, com um tipo de inteligência muito diferente — criadores e enfatizadores, reconhecedores de padrões e criadores de significado. Esses indivíduos... agora colherão as melhores recompensas da sociedade e partilharão de suas maiores alegrias."

A Criatividade O Torna Rico

Compreender as funções de ambos os hemisférios do cérebro é importante porque a criatividade tem o poder de nos tornar muito ricos.

Acho interessante que os investimentos feitos pela maioria das pessoas — como investimentos em poupança, ações, títulos e fundos mútuos — não exijam criatividade. Na verdade, como um investidor comum, se você tentar ser criativo, poderá terminar na cadeia. O governo federal, por meio de órgãos como a *Securities and Exchange Commission* (SEC — "Comissão de Títulos e Câmbio dos Estados Unidos"), tornou-se o cão de guarda contra qualquer tipo de criatividade. São necessários ambos os lados de seu cérebro para que você seja bem-sucedido. Assumir o controle e ser criativo exigem tanto educação financeira quanto experiência. A SEC fica de olho nas pessoas que negociam com esse tipo de investimento — como banqueiros, corretores de ações e planejadores financeiros —, a fim de assegurar a obediência às regras. De muitas maneiras, investimentos como poupança, ações, títulos e fundos são perfeitos para indivíduos cujo lado esquerdo do cérebro é dominante.

Por outro lado, imóveis e negócios são ideais para indivíduos cujo lado dominante do cérebro é o direito. Na verdade, quanto mais criativo você for, maiores suas chances de enriquecer. Deixa eu mostrar alguns exemplos de criatividade.

1. Se eu abrir uma poupança ou investir em renda fixa, o retorno não depende de mim. Em negociações com imóveis, muitas vezes é possível que eu determine o retorno.
2. Quando se trata de receita, posso aumentar ou diminuir minha receita gerada por imóveis ou negócios conforme ache conveniente, na medida do possível. No caso de ações, títulos e fundos, são outros que determinam a receita que você deve receber.
3. A respeito dos impostos, se eu fosse vender ativos de papel, teria pouquíssimo controle sobre os impostos. Com imóveis e negócios, eu posso controlar quando pago os meus impostos, se os pago, e quanto. As leis fiscais foram feitas para apoiar o reinvestimento em um negócio e em imóveis.
4. Posso mudar o uso de um ativo representado por uma propriedade. Por exemplo, se eu analisar 40ha de terra como agricultor, talvez esteja disposto a pagar $1 mil por hectare. Se eu analisar esses mesmos 40ha como incorporador, posso mudar o zoneamento, o que faria com que o mesmo lote de terra passe a valer $10 mil o hectare.
5. Posso valer-me de meus contatos e de "informações privilegiadas" para negociar parte de uma propriedade ou uma pequena empresa. Se eu usar esse tipo de "informação privilegiada" para negociar títulos ou ações, talvez esteja praticando uma ação ilegal.
6. Posso pegar uma propriedade em mau estado de conservação, dar alguns toques decorativos, como, por exemplo, uma pintura, e aumentar seu valor.

E a lista não termina aí. Quanto você ganha e como ganha é algo que está restrito apenas à sua criatividade quando você tem controle sobre seus negócios ou suas propriedades.

> O sucesso exige ambos os lados do seu cérebro.
>
> Assumir o controle e ser criativo requerem educação financeira e experiência.
>
> — Robert T. Kiyosaki

Em uma empresa, posso contratar e despedir gestores. Se uma ação ou um fundo tiver uma equipe administrativa ineficiente, tudo que poderei fazer será vender as ações ou as quotas do fundo e procurar uma administração melhor.

1. Em um negócio, eu posso mudar seu modelo.
2. Em um negócio, eu posso criar novas marcas.

Conforme já disse, a lista é infindável.

Na verdade, exige que ambos os lados do cérebro sejam bem desenvolvidos. É necessária a combinação do lado esquerdo do cérebro (para habilidades matemáticas e com as palavras) e do lado direito (para a criatividade) para que uma pessoa seja bem-sucedida.

Assumir o controle por meio da criatividade exige educação financeira e experiência. Talvez você tenha constatado que Donald Trump é muito criativo e que detém o controle — ambos os fatores contribuem para seu sucesso. Uma vez que estiver no controle, seja criativo.

A Visão de Donald

Lampejos

Os comentários de Robert sobre controle e criatividade me lembraram algo que pode se assemelhar a um desses lampejos sobre os quais ele estava falando. Neste caso, é um lampejo de memória, mas creio que vale a pena mencioná-lo. Em uma parte anterior deste livro, Robert descreveu suas visitas a meus escritórios na *Trump Tower*; uma coisa que não mencionei é a aparência dos seus escritórios: são o epítome do controle e da criatividade. Não estou falando do escritório em sua casa, em Scottsdale, Arizona, que fica perto da piscina e de uma excelente biblioteca.

Quando penso no projeto dos escritórios da *Rich Dad,* fica absolutamente claro por que os livros de Robert e seus muitos outros empreendimentos têm sido um sucesso tão grande — ele tem controle criativo. Seu escritório em Scottsdale é absolutamente funcional; tem um estúdio de áudio e vídeo e é extremamente compacto, considerando-se o escopo dos negócios gerados a partir dali. Percebi, imediatamente, que Robert e sua equipe sabiam o que estavam fazendo. Em resumo, se você sabe o que está fazendo, não precisa de muito espaço para desenvolver suas atividades.

De forma semelhante, quando as pessoas visitam meu escritório central, na *Trump Organization*, ficam surpresas ao ver como ele, na verdade, é pequeno. Desenvolvemos uma série de atividades ali porque não permitimos desperdício, por exemplo, com excesso de funcionários, de equipamentos ou espaço

> A criatividade e o controle andam de mãos dadas.
>
> — *Donald J. Trump*

ocioso. Todos sabem o que devem fazer, e não perdem tempo. Sei que meu nome é sinônimo de luxo, mas isso é porque, para começo de conversa, sabemos como trabalhar para poder viver em meio ao luxo. É difícil ser criativo quando as coisas ficam grandes demais para serem controladas, e é difícil controlar aquilo que fica fora de nosso alcance.

Robert diz também que a criatividade o torna rico. Ele está absolutamente certo! E eis outra razão para isso: as pessoas criativas não precisam ser motivadas por ninguém. Elas têm automotivação. Prestam atenção a tudo e usam o potencial máximo de ambos os lados de seu cérebro. *Encontram* inspiração, em vez de esperar por ela. E usam seu cérebro da melhor maneira possível.

Alguns anos atrás, li um artigo sobre os candidatos ideais para as faculdades de medicina: os graduados em música. Isso se deve ao fato de que ambos os hemisférios de seu cérebro são igualmente desenvolvidos, pois a música tem a ver com a matemática e, ao mesmo tempo, exige criatividade. Exige também disciplina e longas horas de prática — uma grande combinação de atributos para alunos de escolas de medicina.

A criatividade também está relacionada à intuição, algo em que acredito. Algumas coisas são simplesmente inexplicáveis, mas a mente criativa consegue compreendê-las e colocá-las em uma forma tangível. Quando estou trabalhando em um projeto, fico muito concentrado, mas permaneço aberto a novas ideias e, com isso, a inspiração pode chegar. Às vezes, não sei exatamente por que algo está errado, mas sinto que está. Por exemplo, quando eu estava construindo a *Trump Tower*, algumas pessoas me diziam que deveríamos colocar alguns quadros no salão de entrada. Adoro quadros, mas isso me parecia fora de moda. Eu queria algo mais original. O prédio tinha um imenso átrio, e eu queria uma cascata. Uma cascata teria cerca de 25m de altura e sua construção custaria por volta de US$2 milhões, mas era algo fantástico. Combinava com o espaço.

O pensamento inovador pode dar resultados magníficos. Quando comprei Mar-a-Lago, em Palm Beach, era uma residência particular. Pertencera a Marjorie

Merriweather Post e, mais do que qualquer outra coisa, assemelhava-se a um palácio veneziano. Era uma obra de arte; enorme, tinha 118 quartos e ficava em um terreno de 8ha que dava vista para o Oceano Atlântico e para o Lago Worth. Eu a restaurei mantendo suas características e sua grandiosidade original, e cheguei à conclusão de que teria grande utilidade pública como clube; agora o Clube Mar-a-Lago é uma próspera adição à história viva de Palm Beach. Aqueles que são proprietários de uma casa sabem como seria dispendioso manter uma com 118 quartos, portanto, podem ver as vantagens financeiras de eu ter transformado a propriedade em um clube. Mas essa propriedade continua a ser minha segunda casa, e eu a trato dessa forma — e essa é outra razão para seu tremendo sucesso. Ela exige cuidadosa manutenção, e considero cada detalhe importante.

A criatividade e o controle andam de mãos dadas para gerar resultados melhores, e é assim que deve ser. Portanto, comece a dar atenção a ambos os lados do seu cérebro e você começará a enxergar alguns resultados.

Sua Visão

Você é uma pessoa criativa? Em capítulos anteriores deste livro falamos sobre resolução de problemas. Quando você soluciona um problema, está sendo criativo — está criando uma solução.

Alguma vez você já teve uma grande ideia? É claro que sim!

Você já ganhou dinheiro com uma grande ideia?

Se for o caso, parabéns! Leve adiante o processo.

Se você ainda não teve uma grande ideia, pense em uma forma de despertá-la, alavancá-la e manter o controle sobre ela!

Alguma vez você já usou a criatividade para resolver um problema ou desafio?

Capítulo 12

Pense Grande — Abra Sua Mente

A Visão de Robert

Uma das marcas registradas de Donald Trump é a atenção que ele dá a "pensar grande". Sem dúvida, ele pratica o que prega. Se você tem alguma dúvida a respeito da sua capacidade de pensar grande, tudo que precisa fazer é ir a Nova York e contar o número de arranha-céus que levam seu nome.

Tenho tido o privilégio de ouvi-lo falar sobre pensar grande, e a cada vez ele lança uma ideia nova e amplia minha maneira de pensar. Se você tiver a oportunidade de ouvi-lo falar sobre "pensar grande", agarre-a. Se tiver a chance de ouvi-lo falar sobre isso uma segunda vez, não a deixe passar.

Embora meu pai rico não costumasse falar sobre "pensar grande", ele nos transmitiu o conceito. Em vez disso, as palavras que ele usava frequentemente eram "alavancagem" e "expansão". Quando ele explicava ao filho e a mim a diferença entre alavancagem e expansão, usava a franquia do McDonald's como exemplo. Ele dizia: "Quando Ray Kroc comprou o McDonald's dos irmãos McDonald, ele alavancou a si próprio. Quando estabeleceu a franquia do McDonald's, expandiu sua alavancagem."

Quando Ray Kroc comprou a barraca de hambúrgueres, alavancou a si próprio, pois o negócio de hambúrgueres dava dinheiro com ou sem ele. E é nesse ponto que a maioria dos donos de negócios pertencentes ao quadrante A para, não ampliando seu negócio. Quando Ray Kroc desenvolveu um sistema de franquia para seu pequeno negócio, expandiu o negócio de hambúrgueres para o quadrante D.

Talvez você tenha percebido que usei as palavras "sistema de franquia", em que a palavra-chave é sistema. No livro *Empreendedor Rico*, escrito para empresários, falo extensivamente sobre o triângulo D–I. Esse triângulo é o diagrama que meu pai rico usava para concentrar meu pensamento, e que faz com que eu me lembre das oito partes que constituem um negócio:

Triângulo D–I com as seções, do topo para a base: Produto, Lei, Sistema, Comunicação, Fluxo de Caixa, MISSÃO. Nas laterais: EQUIPE (esquerda) e LIDERANÇA (direita).

As estatísticas mostram que nove entre dez empresas recém-estabelecidas fecham suas portas nos primeiros cinco anos. E, entre aquelas que sobrevivem, novamente nove entre dez fecham as portas no décimo ano (observe novamente a regra dos 90/10).

Muitos empresários fracassam simplesmente porque uma ou mais das oito peças do triângulo D–I são fracas ou inexistentes. Sempre que observo uma empresa lutando para sobreviver, uso o triângulo D–I como referência analítica.

Observe que a palavra *produto* é usada para rotular a seção menor e que a palavra *missão* compreende uma das seções maiores — é a base do triângulo. Isso acontece porque o produto é o elemento menos importante do triângulo D–I, e a missão, o mais importante. Vezes sem conta, encontro um indivíduo que quer se tornar empresário e me diz: "Tenho uma ideia para um novo produto excelente."

Em geral, respondo perguntando: "E qual é sua missão?"

Com muita frequência, a resposta é: "Bem, ganhar dinheiro." Na maioria dos casos, o negócio tem poucas chances de sobrevivência.

A missão é a parte mais importante da empresa. É a alma, o coração do negócio. Sem alma e sem coração, muitos empresários não conseguirão ser bem-sucedidos, simplesmente porque a estrada que têm pela frente é difícil.

O mundo está repleto de grandes produtos que não deram certo. Os produtos não dão certo simplesmente porque não têm o poder do triângulo D–I por trás deles.

Ao analisar as empresas mais bem-sucedidas, muito provavelmente você encontrará um completo e vibrante triângulo D–I em ação. A grande empresa precisa ter uma grande missão, grande liderança, uma equipe de gestores competentes que trabalham em sintonia, excelente fluxo de caixa e de financiamento, vendas bem estruturadas e eficazes e comunicações de marketing, sistemas que funcionem de forma eficaz, documentos jurídicos claros e bem organizados e, naturalmente, um grande produto.

Muitos de nós podemos fazer um hambúrguer melhor do que o do McDonald's, mas poucos conseguem estabelecer um sistema de negócios melhor do que o dele. O que novamente nos faz relembrar a palavra *sistemas*. Uma das maiores diferenças entre um proprietário de uma empresa pertencente ao quadrante A e um proprietário de uma empresa pertencente ao quadrante D são os sistemas. Normalmente, o proprietário de uma empresa pertencente ao quadrante A representa o sistema, razão pela qual ela não pode se expandir.

Muitas empresas dependem de *pessoas*. O McDonald's depende de *sistemas*, e ele tem sistemas bem projetados. Independentemente de sua localização, você sempre encontra a mesma qualidade no McDonald's. Mais importante ainda, seus sistemas de negócios são, em geral, operados por pessoas que têm apenas o ensino médio. E esses sistemas são bons e sólidos.

Já vi muitas empresas que contam com executivos de primeira linha, pessoas extremamente instruídas e bem pagas que trabalham muito e realizam pouco. Na maioria

> A missão é a parte mais importante da empresa. É a alma, o coração do negócio. Sem alma e sem coração, muitos empresários não conseguirão ser bem-sucedidos, simplesmente porque a estrada que têm pela frente é difícil.
>
> — *Robert T. Kiyosaki*

dos casos, esse tipo de empresa concentra-se principalmente em pessoas, não no desenvolvimento de sistemas eficientes. Uma equipe com altos salários não será bem-sucedida sem sistemas eficientes.

Qual é a diferença entre um empresário e um CEO? Explicando a questão da forma mais simples possível, um empresário é como um indivíduo que constrói um excelente carro de corrida. Um CEO é como o piloto do carro de corrida. Se você tiver um excelente piloto, mas um carro mal projetado, o grande CEO perderá todas as corridas. Raramente encontramos empresários que são excelentes CEOs. Donald Trump é uma dessas pessoas, da mesma forma que Bill Gates, Michael Dell e Steve Jobs. Esses homens têm capacidade de construir excelentes carros de corrida e de pilotá-los.

Resumo

Conheço vários indivíduos que se tornaram muito ricos no quadrante A. Muitos são proprietários de pequenas empresas e são excelentes construtores e pilotos de pequenos negócios. Existem também pessoas nos quadrantes E e A que ficaram muito ricas vinculando-se a negócios no quadrante D. Por exemplo, o Tiger Woods pertence ao quadrante A (e, no seu caso, A significa astro, autônomo ou ás), mas grande parte de sua fortuna vem de sua participação em empresas pertencentes ao quadrante D. O mesmo é válido para alguns astros do cinema. Eles pertencem ao quadrante A, mas associados a empresas do quadrante D, como a Sony ou a Warner Bros.

Donald diz: "Pense grande", constrói prédios gigantescos e produz megassucessos para a televisão. Meu pai rico dizia que era necessário expandir, e ele queria dizer expandir da forma como o McDonald's fez. Ambas são formas de pensar grande e de expandir.

Você está começando a entender por que a regra dos 90/10 do dinheiro funciona? Os 10% que ganham 90% do dinheiro fazem coisas que 90% das pessoas não fazem.

A Visão de Donald

Abra Sua Mente

A explicação de Robert sobre "pensar grande e pensamento em expansão" é excelente e muito pertinente. Mas vamos desenvolvê-la um pouco mais. Não vamos apenas pensar grande, vamos pensar de forma abrangente. Para os empresários, pensar de forma abrangente inclui enxergar o que é possível e fazer com que isso aconteça. Os empresários têm visão, e a chamam de bom senso e algo inevitável. O restante do mundo dá a isso o nome de inovação.

Recentemente li com interesse algo sobre uma inovação que me foi atribuída. Fiquei surpreso, pois nunca havia pensado naquilo como inovação, mas apenas como uma forma de combinar dois elementos que poderiam funcionar juntos. Anos atrás, quando eu estava construindo o primeiro *Trump International Hotel & Tower* na Central Park 1 West, o antigo *Gulf Western Building*, que se envolvera em algumas dificuldades, achei que talvez fosse uma boa ideia transformá-lo em um condomínio e hotel ao mesmo tempo. O empreendimento acabou sendo um tremendo sucesso e desde então foi duplicado por mim e por muitos outros.

Portanto, muitas vezes a inovação realmente resulta do bom senso aliado à maneira criativa de pensar. O empreendimento é criativo, mas constitui mais uma montagem inovadora do que qualquer outra coisa.

Eu estava lendo sobre o jovem compositor americano, Jonathan Dawe, que tem atraído as atenções com suas inovações. James Levine, famoso maestro do Metropolitan Opera, descobriu alguns dos trabalhos de Dawe e os apresentou pela primeira vez este ano. Ocorre que Dawe gosta de música do início do período renascentista, e descobriu um jeito de combiná-la à geometria fractal inventando algo novo com base em algo antigo. Sua inventividade deriva de uma "colisão de influências", a mesma coisa à qual atribuo meu êxito com o conceito de combinar um hotel e uma torre. Pode parecer um exagero comparar uma composição clássica à incorporação de imóveis, mas se você dedicar um pouco mais de tempo à análise da situação, verá que existem mais coisas em comum do que você poderia inicialmente imaginar.

Certa vez, alguém disse que minha vida assemelha-se a uma ópera. Achei que essa era uma analogia incomum, e decidi aprender mais sobre óperas. Como muitas outras coisas, a ópera originou-se na Grécia e mais tarde foi levada para Florença, sendo que a primeira ópera foi apresentada em Veneza. Considerando o nível do som em meu escritório — já que não uso interfones —, às vezes é possível estabelecer uma correlação com a ópera. E como estudei os gregos, posso entender essa parte também. Portanto, imagino que quando a influência grega se entrelaçou à música que estava sendo composta no século XVII na Itália, essa forma de arte estava prestes a se tornar realidade. Algumas coisas levam séculos para evoluir. Eu continuo evoluindo, portanto, fico satisfeito com o fato de minha vida ser comparada a uma ópera, embora assistir a uma ópera seja algo que simplesmente não consigo fazer. Ainda não consigo substituir as comparações com o beisebol que utilizo em meu livro. Mas sempre acreditei que é possível respeitar alguma coisa sem ter necessariamente de abraçá-la.

Beethoven foi outro compositor inovador. Deixou as pessoas completamente surpresas ao decidir acrescentar vozes à sua pesada *Nona Sinfonia*. Hoje, todos conhecemos a Ode à Alegria e não conseguimos imaginar essa obra sem o vocal; mas, naquela época, a colocação de vozes foi considerada uma inovação. Provocou a maior sensação. Mas não aconteceu da noite para o dia — Beethoven criou trechos para essa sinfonia em 1811, que foi apresentada pela primeira vez em 1824. Essas ideias ficaram maturando por treze anos. Eu diria que Beethoven "pensou grande" durante um bom tempo.

Pensar sempre em expandir é apenas outra forma de inovar. Às vezes, eu me pergunto: "O que mais eu poderia incluir em meu processo de raciocínio para torná-lo mais abrangente? Existe algo que eu possa acrescentar que poderia aperfeiçoar o projeto ou a ideia que está girando em minha cabeça?" Muitas vezes digo a mim mesmo que alguma coisa ainda não está absolutamente certa — pois esse raciocínio automaticamente abre a porta para que outras ideias venham à tona e se consolidem. "O que não estou enxergando? O que ainda é possível fazer?" Às vezes as respostas acabam gerando ideias inovadoras. Não é necessário um processo secreto, mas é um processo, e exige concentração.

Recentemente, Robert e Kim me visitaram no meu clube de golfe na Califórnia.

Contei a eles outra história sobre cadeiras. Meu clube tem um belo salão de baile que

> Pensar sempre em expandir inclui enxergar o que é possível e fazer com que isso aconteça.
>
> — *Donald J. Trump*

dá vista para o Oceano Pacífico e para o campo de golfe número um da Califórnia, mas acomodava menos de trezentas pessoas. Não tínhamos condições de organizar muitos eventos (como festas de casamento) porque nossa capacidade era reduzida, por isso, a sugestão de minha equipe administrativa foi que deveríamos ampliar o prédio. Mostraram-me planos para reformar e ampliar o salão de baile que custariam milhões de dólares e exigiriam muito tempo. Teríamos que lidar com o processo de permissão e fechar as portas por vários meses durante a reforma, e perderíamos milhões de dólares em receita — além de despender milhões de dólares com a reforma.

Enquanto estávamos reunidos olhando o salão de baile, observei que uma mulher estava tendo problemas para sair de sua cadeira. A cadeira era muito grande, e a mulher não conseguia afastá-la da mesa para ficar de pé. Na verdade, o salão estava repleto dessas enormes cadeiras. De repente, tive uma visão: precisávamos de cadeiras novas — de cadeiras menores!

Essa ideia não só me fez economizar milhões de dólares, como também me fez ganhar dinheiro. Arrecadamos mais dinheiro vendendo as antigas cadeiras do que gastamos na compra de novas cadeiras douradas Chiavari. Agora temos condições de acomodar mais de 440 pessoas confortavelmente, e aumentamos o número dos grandes eventos que organizamos, bem como a receita que arrecadamos. Não foi necessária nenhuma ampliação do prédio, e nossas atividades não precisaram ser interrompidas. Assim, transformei em lucro algo que poderia ter me custado milhões!

Esse é o primeiro passo para se alcançar o status de visionário — enxergar alguma coisa e saber que ela pode ser diferente ou melhor.

Conforme disse antes, aprenda suas lições a partir do maior número possível de fontes. Pense e aprenda de forma abrangente. Isso não é dispendioso, e poderá lhe proporcionar grandes retornos.

Sua Visão

Pense inventivamente — e depois alavanque sua criatividade.

Você se sente confortável no mundo em que vive? Tente imaginar a expansão de seu mundo, incluindo nele novas aventuras, novos amigos e novos lugares. À medida que você se expõe a novas experiências, gera novas ideias. Você vê novos problemas para os quais poderá encontrar soluções. E descobrirá como usar essas soluções para ajudar muitas outras pessoas.

Isso tudo deriva da expansão do seu mundo e da sua visão.

Pense e viva grandiosamente!

Colocando de lado qualquer receio ou risco, o que você imagina?

_____

Qual é a área de sua vida em relação à qual você poderia pensar grandiosamente? Mencione essa forma grandiosa de pensar:

_____

Qual é a área de sua vida em relação à qual você poderia pensar de forma mais abrangente? Mencione essa forma abrangente de pensar:

_____

O que você pretende fazer a respeito?

_____

CAPÍTULO 13

FICAR MUITO RICO É PREVISÍVEL... NÃO ARRISCADO

A Visão de Robert

Antes de prosseguir, vamos recapitular rapidamente o processo:

1. Eu/você
2. Alavancagem
3. Controle
4. Criatividade
5. Expansão

Muitas pessoas hoje estão enfrentando dificuldades financeiras ou não estão progredindo simplesmente porque não vão além do "Eu/você". Muitos indivíduos, alguns bastante instruídos, trabalham muito durante a vida toda, mas sem muita alavancagem. Nunca exploram nem implementam as forças que os cercam.

Essas pessoas têm pouco ou nenhum controle sobre seu trabalho, seu salário ou seus investimentos. Muitos não têm permissão para expressar a criatividade no trabalho ou em seus investimentos. Simplesmente fazem o que lhes é recomendado, seja na área profissional ou na área financeira. E quando se trata de expandir, tudo que sabem é conseguir outro emprego, procurar um segundo emprego ou esperar por uma promoção ou aumento.

Muitos se tornam presas desse círculo porque foi isso que aprenderam na escola. Fazer qualquer outra coisa seria arriscado. Eles têm receio de perder o pouco controle que conquistaram. Trabalham por menos porque têm medo de serem despedidos se pedirem aumento. Eles se adaptam em vez de exercer sua criatividade porque temem provocar ondas ou tentar algo que poderia falhar.

Quando investem, simplesmente entregam seu dinheiro a alguém que, esperam, seja um especialista, e não procuram aprender alguma coisa sobre investimentos que lhes possa ser útil. Ficam presos em um emaranhado de dúvidas, receios e conhecimento limitado sobre negócios e dinheiro. Têm medo de assumir riscos e pensam que boa parte da vida é arriscada.

Muitos consultores de investimentos, jornalistas financeiros e profissionais de vendas aproveitam-se desse receio de correr riscos e lhes vendem os investimentos mais arriscados. Na verdade, acreditam que economizar dinheiro e investir em longo prazo em renda fixa é seguro... não arriscado.

Para tornar as coisas ainda piores, muitas dessas pessoas (bem como seus "especialistas financeiros") pensam que o que Donald Trump, Warren Buffett e eu fazemos é arriscado. Nada poderia estar mais longe da verdade. Donald Trump e Warren Buffett ganham rios de dinheiro simplesmente porque sabem que o resultado final de seus esforços é previsível — o oposto de arriscado.

Ficar Rico É Previsível

Além de usar o McDonald's como exemplo, meu pai rico citava um plantador de maçãs para fazer referência a outro modelo de previsibilidade. Ele me contou a história de um agricultor que começou com cerca de meio hectare de macieiras. "Plantar esse primeiro meio hectare", dizia meu pai rico, "foi difícil. O agricultor não tinha muito dinheiro, e as macieiras levavam tempo para crescer. Depois de alguns anos, as maçãs apareceram e o agricultor as vendeu. Com esse lucro, comprou mais um hectare e plantou mais macieiras. Em pouco tempo, ele tinha mais de 50ha de macieiras, todas produzindo. O agricultor começou devagar, mas sabia que, se continuasse com seu trabalho, logo seria um homem muito rico." Embora esse fosse um exemplo muito simples, ajudou-me muito.

"Sim, mas o que dizer das pragas e da seca?", alguns poderiam perguntar. É uma pergunta pertinente... e os proprietários de negócios bem-sucedidos não acham que as coisas serão sempre perfeitas. Por exemplo, todos os donos de lojas sabem que existem roubos tanto da parte dos clientes como dos funcionários. Em suas projeções, uma empresa bem-sucedida conta com verbas contingenciais para cobrir essas perdas e implementa sistemas para controlá-las e minimizá-las.

Posso ouvir alguns céticos dizendo: "Sim, mas se você plantar muitas macieiras e sua produção for grande, o preço da maçã cairá." Sem dúvida, isso é verdade. Reduzir os preços é o objetivo do capitalismo competitivo. Sem ele, não gozaríamos de um padrão de vida mais alto a um preço razoável.

A questão é: uma vez que você compreenda a previsibilidade, conseguirá vê-la em todos os lugares. Poderá observá-la toda vez que passar em frente a um McDonald's, toda vez que vir uma calça jeans da Levi's. Quando você para em um posto de gasolina para encher o tanque, essa é uma ação previsível, mesmo no jogo *Banco Imobiliário*. Caso você se lembre, uma casa lhe paga um valor muito alto. Se você acrescentar duas casas, ganhará mais, e se converter quatro casas em um hotel, ganhará mais ainda. Uma vez que você compreenda a previsibilidade, a verá por toda parte. E sempre que você enxergá-la, compreenderá por que alguém ou alguma empresa está ganhando rios de dinheiro sem correr muitos riscos.

Agora talvez você entenda melhor por que me sinto frustrado quando ouço as pessoas dizerem: "Investir é arriscado." Ou quando ouço um planejador financeiro dizer a alguém que negócio seguro é investir em poupança e em renda fixa. Em minha opinião, isso apenas demonstra falta de treinamento e baixo QI financeiro.

Donald Trump não ganha seus bilhões construindo apenas um prédio; ele constrói muitos prédios ou um prédio com centenas de conjuntos e os vende. Sua fórmula de sucesso se encaixa na fórmula que acabei de descrever. Ele alavanca, controla, cria, expande e faz previsões. Embora sempre exista certo risco, ele confia em seus projetos, pois está sempre no controle do processo.

Quando faço investimentos, adoto o mesmo processo. Por exemplo, quando adquiro um prédio, acredito que receberei os quatro tipos de renda que se seguem:

1. Renda do aluguel
2. Renda da depreciação (também conhecida como fluxo de caixa fantasma)
3. Amortização (meu inquilino paga meu empréstimo)
4. Valorização (o valor do dólar sobe)

Coloco a valorização em último lugar porque é o elemento menos importante entre todas as rendas. Contudo, para a maioria dos investidores, a valorização (ganhos de capital) é a única renda que interessa quando investem. Por exemplo, quando um indivíduo compra uma ação por $5 e espera que esta atinja $12 para vendê-la, ele a está vendendo pela valorização ou ganhos de capital. O mesmo é válido para pessoas que compram e vendem imóveis.

Eu a coloco por último também porque ela é a renda tributada, os ganhos de capital. A única benção que os imóveis têm são o imposto de renda diferido, que permite que o investidor adie o imposto sobre os ganhos de capital — às vezes para sempre, se você se organizar bem. Para mim, essa capacidade de evitar ganhos de capital torna o imobiliário um investimento muito superior em relação aos ativos de papel, como ações, títulos, fundos mútuos e especialmente a poupança. Se você gostaria de saber mais sobre por que o setor imobiliário é legalmente o melhor investimento de todos, você pode ler o livro *Loopholes of Real Estate* ("A Válvula de Escape dos Imóveis", em tradução livre), escrito por Garrett Sutton, advogado e conselheiro da *Rich Dad*.

Mais uma vez, saliento que este exemplo da relação entre imóveis e menos impostos é completamente previsível.

Em 1996, o ano em que saí da aposentadoria, eu criei o meu jogo de tabuleiro *CASHFLOW®* e escrevi o *Pai Rico, Pai Pobre*. Eu não tinha ideia do quão bem-sucedida a *Rich Dad* se tornaria. Ter a equipe certa é a melhor forma de alavancagem. No mesmo ano, também comecei uma companhia de petróleo, uma mineradora de ouro e uma mineradora de prata. Enquanto a companhia petrolífera falhou, as empresas de mineração passaram a se tornar empresas de capital aberto através de uma IPO e uma fusão. As empresas estão listadas na Bolsa de Valores do Canadá. Ambas as empresas me fizeram ganhar milhões de dólares.

Muitas pessoas disseram que fundar empresas de exploração de petróleo e de mineração de ouro e prata era um negócio arriscado. Embora *existisse* certo risco, no meu caso foi muito pequeno. Consegui mitigar os riscos porque sei que todos usamos — consumimos — petróleo e gás. Isso é uma coisa previsível.

Eu sabia também que o valor do ouro e da prata poderia subir. Como eu sabia? Porque eu sabia que os políticos que governam os Estados Unidos não parariam de gastar, de tomar dinheiro emprestado e de emitir moeda. Portanto, nesse caso, não era o ouro ou a prata que eram previsíveis. Era a incompetência financeira dos líderes políticos americanos que era previsível. Eles não solucionam os problemas. Simplesmente os empurram com a barriga e fazem com que se tornem mais sérios. Eles têm conduta previsível. E não faz diferença se são republicanos ou democratas.

Resumo

Aperfeiçoar sua educação financeira permitirá que você atinja o ponto em que enriquecer se tornará previsível. Uma vez que a pessoa adquira educação financeira e experiência e compreenda o que significam alavancagem, controle, criatividade, abrangência e previsibilidade, a vida parecerá diferente — pelo menos em meu caso isso ocorreu.

> Muitas pessoas estão aprisionados por suas próprias dúvidas, medos e conhecimento limitado de negócios e dinheiro.
>
> — *Robert T. Kiyosaki*

Quando eu era criança, meu pai rico me fazia jogar *Banco Imobiliário* inúmeras vezes. À medida que eu jogava, aprendia e entendia o poder da alavancagem, do controle, da criatividade, da previsibilidade e da abrangência. De repente, certo dia, após jogar pelo menos mil vezes, minha mente teve um vislumbre do futuro — um futuro de grande riqueza. Creio que eu tinha uns quinze anos naquela época, e isso criou um problema. Como eu conseguia enxergar um mundo diferente, não mais podia ser iludido pela ideia de que a vida era arriscada, e que era necessário ter um emprego seguro, para que a empresa ou o governo tomasse conta de mim. No momento em que enxerguei um futuro diferente, não mais encarei a vida como algo arriscado, mas como algo empolgante, e isso fez enorme diferença em minha vida.

A Visão de Donald

Na maioria dos casos, os ricos ficam mais ricos porque, para começo de conversa, é mais fácil investir quando você tem dinheiro. Você pode cometer erros e perder dinheiro, mas a probabilidade é que, se tiver dinheiro e for um investidor sério, ganhará dinheiro.

Esse não é um cenário arriscado. Estar preparado para o que você pretende fazer diminui o fator de risco dos investimentos. Mas reduzir o fator medo não deve ser deixado para os consultores de investimentos – primeiro você precisa aprender pela própria experiência, para que não fique à mercê de "bons conselhos". Se você quer ser plenamente testado, faça você mesmo a prova.

Existem alguns grandes consultores financeiros que fizeram a própria fortuna, bem como a de outras pessoas, porque sabiam o que estavam fazendo. Eles conhecem o mundo das finanças suficientemente bem para apresentar um excelente desempenho e acertar na mosca quando se trata de prever tendências. O que eles fazem tem fator de risco limitado em virtude de sua experiência e capacitação.

A razão pela qual este capítulo é intitulado *Ficar Muito Rico É Previsível... Não Arriscado* é que as palavras *muito rico* indicam que você já tem dinheiro com o qual trabalhar. O fator decisivo é se você vai ou não deixar seu dinheiro trabalhar para você para que se torne *muito rico*. Aqueles que sabem como fazer isso têm boas chances de ingressar na liga dos *excepcionalmente ricos*.

Quando construo um novo prédio, analiso o fator risco, que, no meu modo de entender, significa se o investimento será ou não lucrativo. Não gosto de correr grandes riscos, particularmente quando tenho condições de fazer algumas previsões em minha cabeça. Quando decidi implementar pela primeira vez a ideia da combinação apart-hotel, já conseguia enxergar como a combinação poderia comprovar a presença de uma zona de conforto adicional, pois os proprietários dos condomínios poderiam também participar do sucesso do hotel. Eu sabia que isso teria um grande apelo para os investidores e proprietários, pois fiz as contas e cheguei à conclusão de que a ideia me atrairia como homem de negócios, independentemente de eu ser o construtor ou o investidor. O fator de risco, tanto no meu caso quanto no deles, havia diminuído. O empreendimento se tornou mais previsível, mas confesso que fiquei surpreso com a dimensão do sucesso da ideia.

Meu pai sempre dizia que certas coisas são previsíveis, e que o trabalho inteligente sempre gera resultados inteligentes. Ele trabalhava com afinco e dizia que fazer as coisas de modo inteligente desde o início economizava tempo. Desde a mais tenra idade, aprendi a avaliar as coisas primeiro em minha mente, antes de sair a campo e experimentar para ver se dariam certo. Isso demandou muitas suposições fora do processo e, portanto, envolveu muito risco. Mas também me poupou muito tempo e dinheiro.

A alavancagem que tive foi o conhecimento sobre construção e a sorte de ter bons instintos. Também estudei a área de imóveis durante muitos anos. Há alguns anos, quando percebi que estava saturado com o fato de Nova York gastar anos e muitos milhões de dólares tentando reconstruir o Wollman Rink, no Central Park, fiz uma previsão do tempo que levaria para fazer a reforma e de quanto iria custar. E acertei: consegui realizar a obra em poucos meses, e ela ficou US$750 mil abaixo do orçamento.

No meu modo de pensar, isso era previsível, e me engajar nesse empreendimento não foi arriscado. A constatação de que a reconstrução do Rink nunca teria fim foi um risco para a minha saúde.

Tornar-se *muito* bem-sucedido pode também ser previsível — particularmente se você está disposto a correr um risco ocasional. Mark Burnett precisou me convencer a fazer *O Aprendiz*. Ter meu próprio reality show era um novo território para mim e as desvantagens de apresentar um novo programa na televisão não era uma coisa que particularmente me atraía: 95% dos novos shows da televisão não emplacam. Eu já era bastante conhecido, mas, depois de *O Aprendiz*, tornei-me uma celebridade. Os bons estavam lá, e trabalharam a meu favor. A mesma coisa é válida em relação ao dinheiro.

> O maior risco que todos enfrentamos é não progredir com aquilo que aprendemos.
>
> — *Donald J. Trump*

O que Robert diz a respeito de alavancagem, controle, criatividade, expansão e previsibilidade é verdadeiro. Ser eclético e estar alerta em todos esses níveis é empolgante e produzirá resultados. Se as pessoas acham que é arriscado, que o considerem assim. Para mim, é um grande e empolgante desafio. Você pode mudar o mundo se assim o quiser e, ao fazer isso, pode dar uma grande contribuição para o mundo como um todo. Vale a pena pensar a respeito disso.

O maior risco que todos enfrentamos é não caminhar para a frente com aquilo que aprendemos. A expansão tem muitas dimensões. Encerrarei com um conselho de Abraham Lincoln: "Não tenho muito respeito por um homem que hoje não é mais sábio do que era ontem."

Esse é um bom incentivo para que você preste atenção e aplique o que tem aprendido no dia a dia. Se fizer isso, posso prever que muito em breve você irá se deparar com o sucesso.

Sua Visão

Ficar Rico É Previsível.

Lembre-se de que mencionamos que Einstein definiu a insanidade como "fazer a mesma coisa inúmeras vezes e esperar resultados diferentes". Para que você fique rico, ou mais rico, talvez seja necessário mudar o que está fazendo. Comprometa-se (você é a única pessoa que importa neste exercício) a mudar três coisas que está fazendo atualmente. Assuma o compromisso pessoal de realizar uma ação e estabeleça um prazo:

_____

_____

_____

Exemplo 1:
Vou deixar de assistir à televisão uma noite por semana e, em vez disso, vou procurar participar de seminários.

Exemplo 2:
Eu vou deixar de ser um saco de batatas largado no sofá e vou visitar um corretor de negócios esta semana, para pesquisar algumas empresas pelas quais eu possa me interessar.

Parte 3

Momentos Decisivos:
Indo Além de Ganhar ou Perder

A fórmula:

Alavancagem
Controle
Criatividade
Expansão
Previsibilidade

Este processo passo a passo é uma das fórmulas básicas para conquistar uma condição de prosperidade excepcional. Se você estudou as histórias dos grandes empreendedores ou investidores, provavelmente encontrará um processo ou padrão semelhante. Mesmo Warren Buffett usa um processo mental parecido ao decidir qual empresa comprará ou não. No caso de Buffett, no lugar da palavra *criatividade*, devemos colocar *análise*. A genialidade de Warren Buffett está em analisar empresas e conseguir ver o valor atual e futuro do negócio, e é por isso que, quando compra uma empresa, ele raramente a vende. Donald Trump é muito criativo. Pode ver um arranha-céu dourado onde os outros veem apenas um terreno vazio ou um prédio em ruínas.

Atualmente, muitos investidores compram um bem apenas para vendê-lo. Querem comprar barato e vender caro. Investem para obter ganhos de capital. No mercado de ações, esse tipo de investidor é conhecido como um negociante. No setor de imóveis, ou de novos lançamentos de ações, quando alguém compra para vender em seguida, é chamado de *flipper*.

Um verdadeiro investidor investe para a posteridade. Embora vez por outra comprem para vender, como vários investidores profissionais, Donald Trump e Robert Kiyosaki investem seguindo a fórmula apresentada, que permite que 10% dos investidores possuam 90% do dinheiro.

A fórmula pode parecer simples, mas não é fácil colocá-la em prática. A maioria das pessoas não a experimenta simplesmente porque desconhece sua existência. Não tem ideia do que torna alguns ricos mais ricos do que os outros.

Algumas das pessoas que conhecem a fórmula tentaram segui-la e fracassaram. Muitos ouviram falar de alguém que um dia estava por cima e no outro foi à falência. Por algum motivo, a fórmula escapou-lhes para sempre.

Entretanto, ela é o jogo preferido de alguns. Sempre um desafio. É o que lhes traz diversão e empolgação. Isso pode ser a razão de suas vidas — dominar a fórmula. Geralmente, são essas pessoas que compõem os 10% que ganham os 90% do dinheiro.

Nesta seção do livro, você encontrará os motivos para Donald e Robert adorarem esse jogo e serem verdadeiros campeões da modalidade. Essas percepções são importantes porque, como dissemos, o passo a passo do processo é simples, mas não é fácil.

Esta seção não consiste em um *manual* de como ganhar dinheiro, mas explica o *porquê*. Depois de terminar esta seção, você entenderá melhor *por que* 10% das pessoas ganham 90% do dinheiro. Mais pessoas fracassam do que prosperam. Repetindo um fator elementar, porém crucial: apesar da simplicidade, esse processo não é fácil.

Esta seção fala sobre momentos decisivos, do ponto em que alguém toma uma decisão que muda totalmente sua vida. Todos temos momentos assim. Nessas horas, descobrimos nosso verdadeiro caráter. Tornamo-nos heróis ou covardes, dizemos a verdade ou mentimos, avançamos ou recuamos.

Muitos já ouviram falar dos três Ds:
1. Desejo
2. Determinação
3. Disciplina

Todos conhecemos pessoas que têm um desejo — por exemplo, desejam enriquecer, mas não têm determinação ou disciplina.

A maioria de nós ouviu falar sobre os três As:

1. Ambição
2. Aptidão
3. Atitude

Todos conhecemos pessoas ambiciosas, mas que nunca desenvolveram suas aptidões — em geral porque têm atitude inadequada.

Quase todos ouviram falar nos três Es:

1. Educação
2. Experiência
3. Execução

Todos conhecemos pessoas com excelente formação, mas sem a experiência prática. Sem noção de realidade, muitas vezes é impossível *trabalhar* — ter um bom desempenho, de maneira oportuna e com bons resultados — no mundo real.

E quase todos já ouviram falar nos quatro Hs:

1. Honra
2. Humildade
3. Humor
4. Hilaridade

Todos conhecemos pessoas bem-sucedidas, mas que alcançaram o sucesso sem honra. Também conhecemos pessoas de sucesso, mas sem a menor humildade. Conhecemos pessoas com senso de humor — mas que perderam a capacidade de rir de si mesmas. E também conhecemos pessoas prósperas, porém infelizes.

Ao ler sobre os momentos decisivos de Donald e Robert, talvez você identifique mentalmente quantas características dos três Ds, dos três As, dos três Es e dos quatro Hs eles possuem. Tais momentos decisivos os tornaram os homens de negócios de sucesso que são hoje e os mantêm prosperando. Você perceberá que os pilares dos momentos e experiências que definiram a vida dos dois são os *porquês*... e não os *como*.

Durante esta leitura, pense em sua própria vida. Quais foram os seus momentos decisivos? Eles os ajudaram a se dar bem? Ou o detiveram? Seja franco consigo mesmo. A honestidade traz a clareza, e esta, a oportunidade de mudar. Talvez você comece a enxergar sua vida mais claramente e tenha outro momento decisivo, aquele em que assumirá o controle de sua própria vida!

Capítulo 14

O que Você Aprendeu com Seu Pai?

A Resposta de Robert

Meu pai era um homem formidável. Quando criança, eu o admirava e o respeitava. Tinha orgulho de ser seu filho e queria que ele tivesse orgulho de mim.

No primeiro dia de aula, os professores faziam a chamada, seguindo o livro de presença, e cada um parava após chamar seu nome e perguntava: "Ralph Kiyosaki é seu pai?"

Meu pai foi chefe de educação do estado do Havaí. Para um oriental, era um homem bastante alto, cerca de 1,90m, então se destacava de várias maneiras. Era conhecido como um homem brilhante e uma mente independente. Graduou-se como o melhor da classe, foi orador da turma e era respeitado como um grande educador no sistema educacional do Havaí. Pouco antes de morrer, foi reconhecido como um dos dois principais educadores da história do Havaí. Lembro-me de quando me mostrou, em lágrimas, o artigo do jornal sobre a premiação. Como dizia o artigo, foi um homem que dedicou sua vida ao ensino e às crianças do Havaí.

Meu pai originalmente planejou estudar medicina. Por várias gerações, nossa família fora de médicos. Mas quando estava no ensino médio, na ilha de Maui, percebeu que seus colegas de classe desapareciam rapidamente da escola. Como representante de sua classe, procurou o diretor para descobrir para onde iam os alunos. A princípio, recebeu uma resposta evasiva, mas acabou descobrindo a verdade. Soube que a empresa de plantio de açúcar para a qual os pais das crianças trabalhavam passara uma ordem para que 20% dos alunos fossem reprovados, a despeito do rendimento escolar. Isso garantiria que os campos teriam lavradores incultos em número suficiente. Meu pai descobriu que professores, diretores e pessoas de todos os níveis no sistema educacional *conviviam com isso*. Foi então que meu pai desistiu de ser médico e resolver estudar para ser professor e tentar mudar o sistema. Além disso, lutou para levar o melhor ensino possível às crianças cujos pais não tinham condições de custear os estudos — crianças que não tinham escolha, mas dependiam da escola pública que deveria trabalhar por eles, não contra eles. Essa foi a batalha de sua vida.

Entretanto, o sistema educacional do país tem piorado. Os Estados Unidos tornaram-se um país com um dos piores sistemas educacionais do mundo, a despeito de gastarem mais do que qualquer outro país no globo. Por mais que meu pai tenha lutado, o estado do Havaí continua como um dos piores sistemas educacionais da América. A edição de maio de 2006 da revista *Honolulu* trouxe um artigo de capa sobre as faculdades do Havaí. Segundo a matéria, a *National Education Association* (NEA — "Associação Nacional de Educação") classificou o Havaí na posição de número 43 entre os cinquenta estados americanos — ou seja, o sétimo pior do país.

O Estado recebeu a nota D- em padrões e exigências, F pelo ambiente escolar, D pela melhoria na qualidade dos professores e C em adequação dos recursos escolares.

O motivo não é falta de dinheiro. Em 2001, o orçamento para o sistema educacional era de US$1,3 bilhão e, em 2006, de US$2,1 bilhões. Como o artigo informa:

"Enquanto os legisladores distribuem mais dinheiro hoje do que há cinco anos, os contribuintes não estão vendo os resultados. Uma coisa que praticamente não mudou a respeito do sistema de ensino do governo foi sua incrível capacidade de resistir às mudanças."

Meu pai concorreu ao cargo de vice-governador do Havaí porque percebeu que não poderia mudar o sistema apenas como inspetor de ensino. Ele precisava de um posto mais alto, e concorreu como republicano, em um estado predominantemente democrata-trabalhista. Sofreu vários tipos de retaliação. Não só nunca mais pôde ocupar um cargo no governo do Havaí novamente (pois fora contra a máquina política que domina o Estado), como também seus próprios companheiros de longa data se viraram contra ele porque tinham medo de perder o emprego. Mais do que a perda do trabalho, foi a covardia dos seus amigos e a traição destes que destruíram sua vitalidade. Meu pai tinha cerca de cinquenta anos na época da derrota política, e nunca mais se recuperou da perda.

Em 1974, voltei do Vietnã e vi meu pai com apenas cinquenta anos e totalmente falido. Ele tentou ganhar algum dinheiro comprando uma franquia de uma sorveteria nacional. Pegou aposentadoria antecipada, empregou todas suas economias na franquia e perdeu tudo. Não fosse pela pensão da Previdência Social e do Medicare, ele teria se tornado um miserável.

Esse foi um momento decisivo para mim. Ver o meu pai, o homem que eu amava e respeitava, sentado na sala de estar, assistindo à televisão o dia todo, me chocou. Ele estava na plenitude da vida, um homem altamente culto, porém arrasado. Com o passar do tempo, sua raiva contra si mesmo e contra os ex-amigos que o traíram aumentou.

Ele estava sentado, assistindo à televisão, quando me deu o conselho sobre o qual falei antes: "Volte para a faculdade, faça o mestrado, o doutorado e arrume um emprego público." Foi sincero em sua recomendação. Foi exatamente isso o que ele fez. Afinal, acreditava em educação e dedicou sua vida a ela.

Naquele momento, percebi que faltava algo vital à educação tradicional. Ela não nos prepara para o mundo real. Ela nos preparava para sermos empregados. Foi então que descobri que seguiria os passos do meu pai rico (o pai do meu melhor amigo) e não de meu pai pobre (meu verdadeiro pai). Decidi seguir meu pai rico porque ele não permitiu que a falta de estudo formal abalasse seu espírito empreendedor ou seu desejo de ensinar e orientar seu filho e a mim. Para quem não sabe, ele tornou-se o homem mais rico do Havaí.

O ano decisivo para mim foi 1974. Primeiro, porque descobri que não seguiria os passos de meu pai. Anos depois, percebi que 1974 também foi o ano em que a ERISA, a "Lei de Segurança da Aposentadoria dos Empregados", nos Estados Unidos, foi aprovada. Vendo o mundo pelos olhos de meu pai, percebi que minha geração, os *baby boomers*, enfrentaria a mesma dificuldade que meu pai enfrentava. Minha geração consistiria em pessoas honestas, com boa formação

> Todos temos momentos decisivos. Neles encontramos nossos verdadeiros personagens. Nós nos tornamos heróis ou covardes; verdadeiros ou mentirosos; avançamos ou regredimos.
>
> — *Robert T. Kiyosaki*

educacional dedicadas ao trabalho — mas que precisariam da ajuda do governo e da família, sem saber como sobreviver financeiramente por conta própria. Nos anos seguintes, haveria milhões de pessoas no mundo todo que, a exemplo de meu pai, acabariam sem muito dinheiro depois de uma vida de trabalho árduo, vivendo com medo da penúria.

Por uma questão de respeito, esperei cinco anos após a morte de meu pai para publicar *Pai Rico, Pai Pobre*. Algumas pessoas acharam o livro indelicado. Contudo, estou certo de que meu pai teria grandeza suficiente para lidar com a realidade contida no livro. Era um grande homem, não apenas em estatura.

Escrevi o livro para pegar a tocha que meu pai carregou e continuar a luta para reformar e mudar o atual sistema educacional obsoleto, fora da realidade e, na minha opinião, que não prepara grande parte dos jovens para o mundo que enfrentarão na vida adulta. Como digo há anos: "Por que nosso sistema educacional não nos ensina a lidar com o dinheiro? Seja você rico ou pobre, inteligente ou não, uma coisa temos em comum: todos precisamos de dinheiro."

A revista *Time* publicou uma matéria de capa com uma manchete em letras garrafais dizendo que os Estados Unidos eram uma nação em que as crianças abandonavam os estudos. O artigo da revista tratava sobre os administradores de ensino que maquiavam o verdadeiro número de crianças que saíam da escola, de um modo muito parecido com o que a Enron maquiava seus prejuízos. O artigo afirma precisamente que o problema hoje é muito pior que no passado, porque os desistentes não têm mais a opção de trabalhar em fábricas por altos salários. Atualmente, as únicas opções são os mal-remunerados empregos burocráticos ou em restaurantes fast-food, visto que os Estados Unidos se tornaram uma nação de consumidores, não de produtores. Pagaremos por esse enorme problema no futuro — o sistema de ensino tornou-se obsoleto, fora da realidade e permanece resistente às mudanças.

Foi isso o que herdei do meu pai. Continuo sua luta. A única diferença é que luto fora do sistema, em vez de atacá-lo diretamente. Defendo a causa como um homem rico, e não como um empregado que precisa da segurança de um salário no fim do mês.

Como alguns de vocês sabem, a *Rich Dad* tem várias iniciativas de educação. Desenvolvemos para as crianças (na educação infantil e no ensino fundamental) o *www.RichKidSmartKid.com*[1], também para pais e professores. O site inclui

---

[1] A Editora Alta Books não se responsabiliza pela manutenção e conteúdo no ar de eventuais websites indicados pelos autores deste livro. (N. E.)

uma série de minijogos, planos de aula e guias de instrutores... tudo gratuito e livre de anúncios. Os jogos são criativos e interessantes, e tornam o aprendizado uma experiência interativa e divertida.

A nível universitário, a *Rich Dad* criou currículos para dois cursos universitários: *Rich Dad's CASHFLOW® Personal Finance Course* ("Curso de Finanças Pessoais da *Rich Dad*", em tradução livre) e *Rich Dad's Real Estate Investing* ("Investimento Imobiliário da *Rich Dad*", em tradução livre). As ementas — bem como todos os planos de aula, os materiais complementares e as aulas de vídeo — também são gratuitos e estão disponíveis para faculdades e universidades de todo o mundo. Os cursos são oferecidos em algumas cidades dos Estados Unidos.

A família de Robert. Robert, no meio, é o primeiro de quatro filhos.

A Resposta de Donald

A Influência do Meu Pai

O legado de meu pai está contido no provérbio: *"Daquele a quem muito é dado, muito será esperado."* Sou um homem determinado porque devo ser.

Hoje é um lindo dia de maio, e estou em meu avião a caminho da ilha Canouan, nas Granadinas, não muito longe de St. Barts. Tenho um resort lá com campo de golfe e chalés muito confortáveis. É um local fantástico, desde que você goste de ambiente paradisíaco. Farei uma visita de alguns dias para verificar se está tudo certo, e gosto de aproveitar esses momentos de tranquilidade durante o voo quando viajo. Entretanto, Robert ligou para mim pouco antes do embarque e fez a seguinte pergunta:

"Donald, o que você faria se tudo o que tem fosse tirado de você?"

Ele contou que Henry Ford disse que reconstruiria tudo em cinco anos, que Picasso continuaria pintando, e assim por diante. Já passei por um grande revés que poderia ter me destruído totalmente e impossibilitado minha recuperação. Como reconstruí minha vida com muito mais sucesso que antes, posso dizer com segurança que trilharia o mesmo caminho anteriormente seguido.

Mas então comecei a pensar em meu pai, Fred Trump, que foi à bancarrota ainda jovem: meu avô morreu quando meu pai tinha onze anos, o que o tornou o homem da casa com uma mãe e dois irmãos menores para cuidar. Esse foi o momento decisivo da vida de meu pai, que começou a fazer todo tipo de trabalho — de engraxate, entregador do mercado de frutas, carregador de madeira em uma construção. Terminou o ensino médio, mas como nem podia pensar em fazer faculdade, começou a trabalhar como ajudante de carpinteiro para um empreiteiro no bairro do Queens, em Nova York. Um ano depois, construiu sua primeira casa e batizou a empresa como *Elizabeth Trump & Son* porque era jovem demais para ser um empresário por conta própria e precisou que sua mãe assinasse toda a documentação e os cheques da pessoa jurídica.

Meu pai teve tanto sucesso que conseguiu enviar o irmão mais novo para o *Massachusetts Institute of Technology* (MIT — "Instituto de Tecnologia de Massachusetts"), em que obteve o doutorado, e também conseguiu casar com minha mãe e começar uma família. Para encurtar a história, foi um homem que se fez por esforço próprio desde os onze anos e foi um grande exemplo. Foi alguém que nunca contou com coisas líquidas e certas e que mantinha padrões muito altos para si mesmo, tanto na bonança quanto na tempestade.

Meu pai nunca teve tempo para reclamar. Ele apenas trabalhava e aprendi isso com ele. Quando passei por dificuldades, lembrava-me da provação pela qual meu pai passou e continuava lutando. Posso dizer por experiência própria que o que precisamos é de perseverança. Acho que Henry Ford e Picasso sabiam um bocado sobre trabalho. A ética do trabalho se aplica a qualquer setor de atividade em que você atue ou almeje atuar.

Robert menciona dois pais — um rico e um pobre. Ele teve dois exemplos para aprender, observar e escolher qual teria como mentor. Acabou aprendendo mais com o pai que não tinha formação educacional avançada. Aprendeu a descobrir as coisas sozinho, de modo parecido com o de meu pai. Essa é uma lição para todos nós. Por mais que eu valorize a mais alta educação, às vezes parece que a escola da vida produz pessoas com

> Saiba tudo o que puder sobre o que estiver fazendo.
>
> — Fred Trump

bom senso acima da média. Meu pai era naturalmente inteligente, e sua inteligência aliada à sua ética no trabalho produziu um dínamo eficaz.

Meu pai foi uma grande inspiração e um excelente exemplo para mim. Ele nunca teve de dizer que o sucesso implica trabalho árduo e disciplina. Podíamos ver isso observando-o trabalhar, dia após dia, durante muitos anos. Mas isso nunca foi penoso para ele. Meu pai amava o que fazia. Tinha paixão pelos negócios e sua exuberância era autêntica. Esse tipo de exemplo marcou-me eternamente, e sou muito grato.

Até hoje, recebo cartas de pessoas que conheceram meu pai e foram tocadas por sua generosidade e ética profissional. Recebi uma carta, recentemente, de alguém que se lembra que meu pai costumava andar pelas obras catando os pregos do chão. Odiava desperdício e, para ele, catar os pregos do chão não era problema algum, mas, sim, parte de ser consciencioso e dedicado. Meu pai era detalhista e sempre dizia: "Saiba tudo o que puder sobre seu trabalho."

Ouvi e segui seu conselho. Quando as pessoas perguntam por que me considero um homem bem-sucedido, a primeira coisa que penso é sobre a criação e a influência de meu pai. Sim, eu estudei em Wharton, mas, antes disso, aprendi muito com meu pai. Se ele chegou aonde chegou sem o privilégio da educação e do suporte financeiro da família, minhas expectativas teriam de superar as de meu pai, simplesmente porque tive uma base muito melhor que a dele. Tínhamos os mesmos padrões em termos de objetivos e a mesma ética no trabalho, mas as condições eram diferentes. Literalmente, não poderia aceitar fazer menos do que faço agora porque não teria desculpas. Portanto, se sou visto como um homem determinado, existe uma boa razão por trás disso. Substitua suas desculpas por motivos e tudo ficará claro.

Sua Resposta

O que você aprendeu com seu pai que o ajudou a tornar-se bem-sucedido hoje? (Se seu pai não foi um modelo positivo, descreva a influência de outra pessoa que foi decisiva em sua vida.)

_____
_____
_____
_____
_____
_____
_____
_____
_____

Capítulo 15

O que Você Aprendeu com Sua Mãe?

A Resposta de Robert

Minha mãe era a pessoa mais amorosa que conheci. Quando criança, ficava com raiva porque ela abraçava todos os meus amigos. Eu dizia: "Mãe, pare de nos abraçar." Hoje, gostaria que ela estivesse por perto para poder abraçá-la novamente.

Minha mãe morreu jovem, aos 48 anos. Nasceu com um coração fraco. Ainda por cima, contraiu febre reumática quando pequena, o que a enfraqueceu ainda mais. Talvez fosse por isso que ela era tão carinhosa. Apreciava cada dia de vida porque, como enfermeira graduada, ela provavelmente sabia que não viveria muito.

Minha esposa, Kim, se parece muito com minha mãe. Embora não tenham aparência semelhante, têm muito em comum em termos de personalidade. Quando vi Kim pela primeira vez, foi sua beleza estonteante que me atraiu. Ela não aceitou sair comigo por seis meses. Mas, finalmente, em nosso primeiro encontro, soube que havia conhecido a mulher dos meus sonhos, porque Kim tinha a mesma candura da minha mãe. Estamos juntos quase todos os dias desde aquele encontro em 1984.

Fazia parte do corpo de Fuzileiros Navais quando minha mãe morreu. Estava em Pensacola, Flórida, cursando a Escola de Aviação da Marinha, quando meu pai ligou para dizer que minha mãe havia falecido. No funeral, senti um pesar que jamais pensei ser possível. Meu pai (que, como disse, era um gigante) chorou copiosamente. Eu e meus dois irmãos tivemos de nos unir para consolá-lo, bem como uns aos outros.

Poucos anos depois, eu estava no Vietnã. Pilotei o helicóptero que levava um general dos Fuzileiros para um vilarejo onde os Estados Unidos planejavam uma defensiva contra o Vietnã do Norte. O inimigo estava armando uma grande ofensiva por toda a zona desmilitarizada. Deveríamos detê-los quando se dirigissem ao sul. Sabíamos que a guerra tinha acabado. E que havíamos perdido.

Minha tripulação entrou no vilarejo para comprar comida e souvenires. Fiquei no helicóptero, estacionado no canto de um gramado. De repente, um grupo de jovens vietnamitas apareceu e começou a subir e descer do helicóptero. Levantei-me e tentei pedir que se afastassem falando em inglês. Obviamente, eles não entenderam e continuaram entrando e saindo da aeronave, como quaisquer garotos entre nove e doze anos fariam.

Temendo que os garotos fossem vietcongues, como muitos naquela área, comecei a afastar fisicamente os garotos do helicóptero, pois temia que pudessem colocar uma granada ou algum tipo de explosivo na nave. À medida que o meu medo aumentava, colocava mais força para manter os garotos longe. Um deles não me deu ouvidos e, mal o retirei do helicóptero, lá estava ele de volta, brincando com as metralhadoras e outras armas.

Por fim, em um rompante de raiva, peguei o menino pelos cabelos e puxei-o para fora da cabine. Em reação à minha ira, ele me chutou e mordeu meu braço. Com isso, perdi o controle, e meu treinamento de fuzileiro naval entrou em cena. Saquei a pistola, engatilhei-a, coloquei o tambor contra o ouvido do garoto e comecei a gritar com ele. De repente, nossos olhos se cruzaram e ele começou a chorar. Estava apavorado. Podia ver que estava enfurecido e enlouquecido. Eu queria atirar nele. Na minha cabeça, isso era justificável; sabia que ele era o inimigo.

Parado ali, com minha pistola contra a cabeça do garoto, olhei em seus olhos e vi sua alma. Existe um ditado entre os atiradores profissionais que diz: "Se você vai matar alguém, não olhe nos olhos dele." Ao olhar nos olhos cheios de lágrimas daquele rapazinho, também comecei a chorar. Parei. Não puxei o gatilho. Era como se minha mãe estivesse suplicando pela vida do menino. Muito embora ela tivesse falecido alguns anos antes, conhecia sua voz e ouvi claramente: "Pare", disse ela. "Tenho pedido a vida toda que você seja um ser humano melhor. Não lhe dei a vida para você tirar o filho de outra mãe."

Assim, desarmei a pistola, olhei nos olhos do garoto e deixei claro que não iria matá-lo. Em vez disso, peguei uma bola de futebol que os garotos carregavam, baixei a arma e sinalizei para os outros meninos que deveriam jogar bola em vez de brincar no helicóptero.

Quando levantei voo naquela noite, com o general a bordo, passamos por um tiroteio intenso do inimigo. Não posso provar, mas tenho certeza de que aqueles garotos deram uma dica ao inimigo quanto à nossa presença. Ele era o inimigo. Naquela noite, sentei-me sozinho no convés superior do porta-aviões e refleti sobre o que acontecera naquele dia. "Será que ouvi mesmo a minha mãe?" Perguntei a mim mesmo várias vezes. Por fim, concluí que não fazia muita diferença. Finalmente, eu a ouvira. Entendi a mensagem.

Minha mãe queria dizer que eu era um bom garoto, mas que tinha uma veia ruim. Embora sorrisse muito, em meu íntimo, eu queria era lutar. Tinha um temperamento difícil e pavio curto. Quando meus pais participaram do Peace Corps[1] por dois anos, eu cursava o ensino médio e informei a eles que me alistaria no corpo de Fuzileiros Navais, e assim o fiz. Meus pais eram contra a guerra do Vietnã.

Aquele dia no gramado, fora do vilarejo no Vietnã, foi o momento decisivo de minha vida. No voo de volta ao porta-aviões, mesmo depois de ter levado um tiro, sabia que minha carreira como fuzileiro estava acabada. Como um grande chefe indígena, Joseph, certa vez disse: "Nunca mais vou voar na vida." Não que eu nunca mais voe; simplesmente não voarei com armas nem fomentando violência; ao contrário, voarei com a sabedoria de meu pai e a compaixão de minha mãe.

Nos negócios, Donald e eu nos cercamos — por opção — de mulheres fortes e bem-sucedidas.

Agradeço a minha companheira e sócia, Kim, por sua dedicação à nossa missão. Sei que o futuro de nossas novas marcas, *Rich Woman* e *Rich Dad*, está nas mãos hábeis e amorosas de Kim.

Hoje, a *Rich Dad* oferece educação financeira gratuita a crianças no mundo todo.

---

[1] O Peace Corps é uma organização voluntária americana criada em 1960, pelo presidente John F. Kennedy, com a finalidade de levar jovens americanos a trabalhar em projetos de desenvolvimento em países subdesenvolvidos. (N. E.)

A Resposta de Donald

A Mãe de Todos os Conselhos

Minha mãe era de origem escocesa, e deu-me um sábio conselho que sempre tento seguir:

"Acredite em Deus e seja honesto consigo mesmo."

Isso diz muito, e acho que ajuda a termos uma noção clara de identidade, mantendo sempre em mente o panorama mais amplo. Além disso, é uma ideia sucinta e fácil de lembrar. Devo ter pensado em minha mãe na primeira vez em que disse: "Pense grande." Dizem que a concisão é a alma da perspicácia, mas também é o segredo de uma boa memória.

Minha mãe adorava extravagância e gostava de assistir às procissões e cerimônias reais da Europa. Talvez meu lado mais exuberante venha dela, mesmo com sua origem escocesa e seu grande cuidado quando se tratava de tempo e dinheiro. Sempre tinha tempo para doar à caridade e aos necessitados; seus interesses eram diversos e bem equilibrados.

Quero pensar que também sou assim, e sou um doador discreto em muitos casos. Além disso, se você é famoso e faz muitas doações com alarde, saiba que o volume de pedidos de ajuda que receber — desde balões de oxigênio a bolsas de estudo, passando por férias de verão — chegará a dezenas de milhares por dia. Há muitas vantagens em ser discreto.

Meu irmão mais velho, Fred, morreu aos 42 anos. Essa perda me afetou muito e vi a tristeza que meus pais sentiram. Perder um filho nunca é fácil, não importa a idade. É sempre um choque que o afetará até o fim da vida. Acho que percebi o quanto a vida é preciosa e me determinei a torná-la o melhor possível para mim e para as pessoas que me cercam. Esse foi um momento decisivo em minha vida.

> Acredite em Deus e seja honesto consigo mesmo.
> — Mary Trump

Essa é uma das razões para eu ser do jeito que sou. No fim das contas, nem sempre sou tão tranquilo, mas o ímpeto gerou bons frutos dessa perda. Senti-me mais próximo de meus pais do que nunca e responsável pelo bem-estar e alegria deles depois desse trágico acontecimento em suas vidas. Sim, foi difícil para mim, mas foi muito pior para eles.

Minha mãe era uma pessoa dedicada e que praticava sua fé. Foi um grande exemplo para mim como criança e, hoje, como adulto. Era uma mulher muito forte, porém muito delicada e humilde. Deu tudo o que tinha sem reservas. Portanto, quando falo com tanto orgulho de meus pais, você pode ver que tenho motivos para tal.

O conselho da minha mãe é simples, porém sábio. Vai direto ao ponto e mantém-me focado e bem equilibrado. "Acredite em Deus e seja honesto consigo mesmo." Melhor, impossível.

Donald com os seus pais, Mary e Fred Trump, na Academia Militar de Nova York, em 1964.

Sua Resposta

O que você aprendeu com sua mãe que o ajudou a tornar-se bem-sucedido hoje? (Se sua mãe não foi um modelo positivo, descreva a influência de uma mulher marcante em sua vida.)

_____
_____
_____
_____
_____
_____
_____
_____
_____
_____
_____

Capítulo 16

O que Você Aprendeu na Escola?

A Resposta de Robert

Há um ditado que diz: "Casa de ferreiro, espeto de pau." No meu caso, o dito cai como uma luva. Eu diria: "Filho de inspetor de ensino é mau aluno." Embora meu pai fosse o inspetor escolar, eu era um fracasso na escola. Fui reprovado duas vezes em inglês, no primeiro e no último ano, porque não sabia escrever. Deve ter sido muito constrangedor para o meu pai saber que o filho era o pior aluno da classe.

A despeito das notas sofríveis, me formei e recebi menções honrosas da Escola Naval e da Academia da Marinha Mercante. Mesmo com notas ruins, me saí razoavelmente bem no vestibular e era bom em futebol americano, o que me ajudou nos processos de admissão. Escolhi a Academia da Marinha Mercante, em Kings Point, Nova York, porque queria ser marinheiro mercante e porque o salário era bem mais alto do que o dos graduados pela Escola Naval. Em 1965, quando tomei essa decisão, um oficial da marinha de guerra ganhava cerca de US$200 por mês, enquanto um graduado em Kings Point ganhava cerca de US$2 mil mensais. Quando me formei em Kings Point, os oficiais da marinha de guerra ainda ganhavam cerca de US$200 por mês e os de Kings Point, que navegassem com navios mercantes na zona de guerra, ganhavam cerca de US$100 mil por ano. Então, honestamente, embora a Escola Naval fosse uma escola mais famosa, os egressos da Kings Point estavam, na época, entre os graduados que melhor ganhavam nos Estados Unidos. Em 1969, um salário de US$100 mil ao ano era um bom dinheiro, em especial para um rapaz de apenas 22 anos.

No entanto, não fiquei em nenhum desses empregos. Tão logo me formei, fui trabalhar na *Standard Oil* na Califórnia, e fazia transporte naval em San

Francisco. Escolhi a *Standard Oil*, muito embora o salário fosse bem menor, somente US$47 mil por sete meses de trabalho, porque estava interessado em petróleo e porque os petroleiros navegavam entre o Havaí e o Taiti. (Imagine só!)

Em 1966, a academia enviou toda sua classe de calouros para o mar como aprendizes a bordo de navios durante um ano inteiro (conhecida como viagem de ouro). Durante esse ano, naveguei em navios cargueiros, petroleiros e de passageiros como oficial estudante. Aquele ano em que viajei pelo mundo foi um período que abriu muito a minha mente. Também foi divertido encontrar colegas de classe em portos distantes e exóticos. Cresci muito, e aprendi bastante sobre a vida e a realidade da qual meus pais tanto tentaram me proteger.

Durante meus quatro anos na academia, tive dois momentos decisivos. O primeiro foi como calouro em Língua Inglesa. Depois de ter sido reprovado na matéria duas vezes, tinha certeza de que o inglês na universidade seria o fim de minha carreira de estudante. Tinha pesadelos de que era reprovado e enviado direto para o Vietnã, a exemplo dos outros alunos que fracassavam na academia naquela época. Mas, na verdade, estudar inglês naquele ano foi uma experiência prazerosa. Tive um excelente professor, dr. A. A. Norton, graduado em West Point e piloto de Bombardeiros B–17 na Segunda Guerra Mundial. Em vez de punir-me por minha péssima ortografia e ideias radicais, encorajou-me a escrever. Terminei o curso com nota B. Mais importante que a nota, o dr. Norton renovou minha autoconfiança. Em uma escola em que mais de 50% da classe era reprovada e desistia antes de concluir o curso, foi a confiança do dr. Norton em mim como aluno que me ajudou a atravessar os anos acadêmicos. Hoje, meus livros já foram traduzidos em mais de 46 idiomas, venderam mais de 26 milhões de cópias e sou mais conhecido como escritor do que como oficial da marinha. Se não fosse pelo dr. Norton, nunca teria me formado e, definitivamente, nunca teria escrito um livro.

Outro momento decisivo em minha vida foi quando descobri o poder do petróleo e seus efeitos na economia mundial. Em 1966, como oficial aprendiz a bordo de um petroleiro da *Standard Oil*, aprendi que petróleo é sinônimo de poder. Hoje, invisto milhões de dólares em petróleo. Como empreendedor, ajudei a fundar duas empresas petroleiras. Uma faliu logo no início e outra abriu o capital, mas depois fracassou também. Aprendi muito com esses fracassos.

Como piloto no Vietnã, em 1972, descobri que não lutava para deter o comunismo. Percebi que lutava pelo petróleo e pelas grandes corporações petroleiras. Hoje, estamos na mesma guerra — países diferentes, mas com as mesmas corporações.

Nos anos 1980, tornei-me membro do comitê fundador da organização conhecida como Global Energy Network International (GENI — "Rede Global de Energia Internacional", em tradução livre). O objetivo da GENI, uma organização sem fins lucrativos, é trazer ao mundo as ideias do dr. R. Buckminster Fuller, conhecido como um dos maiores gênios de nosso tempo. De acordo com o dr. Fuller, o mundo tem tecnologia para ser autossuficiente em termos de energia, ou seja, podemos ter energia renovável e não poluente. O problema é que as empresas de petróleo preferem ver o preço do barril subir e deter um poder cada vez maior em função disso.

> Em vez de punir-me por minha péssima ortografia e ideias radicais, encorajou-me a escrever. Terminei o curso com nota B. Mais importante que a nota, o dr. Norton renovou minha autoconfiança... e foi a confiança do dr. Norton em mim como aluno que me ajudou a atravessar os anos acadêmicos.
>
> — *Robert T. Kiyosaki*

Apoiei a ideia do dr. Fuller porque, se a GENI fosse uma realidade, a riqueza de nosso mundo aumentaria, a pobreza diminuiria, o crescimento populacional declinaria e haveria mais possibilidade de vivermos em um mundo de paz.

Desliguei-me do conselho da GENI em 1994. A organização se mantém bem operante até hoje. Se você quiser obter mais informações sobre a GENI e suas iniciativas, visite o site em www.GENI.org (conteúdo em inglês). As ideias são ousadas, dignas de consideração e, se aplicadas, podem nos proporcionar um mundo completamente diferente, se todos puderem ver o benefício da cooperação no lugar da luta por recursos.

Embora possa parecer hipócrita, ainda sou capitalista. Ainda ganho dinheiro com petróleo, mas também apoio a substituição deste por uma fonte de energia renovável e não poluente que eleve o padrão de vida do mundo e reduza a miséria e as guerras. Como diz o verso da canção *Imagine*, de John Lennon: "*You may say I'm a dreamer, but I'm not the only one.*" ("Você pode me achar um sonhador, mas não sou o único", em tradução livre.)

A Resposta de Donald

O Tempo da Faculdade

Sei que isso surpreende as pessoas, mas fui um bom aluno. Era sério, compenetrado e aplicava-me a cada aula. Quando Robert e eu conversamos sobre nosso tempo de estudantes e sobre o que isso contribuiu para que nos tornássemos ricos, lembrei-me de que passava meu tempo livre estudando sobre imóveis e financiamento por conta própria. Sempre fui além do que me era exigido.

Acho que esse é o segredo do sucesso. Não apenas do sucesso financeiro, mas em todas as áreas. Se fizer somente o mínimo necessário, você será aprovado, mas os resultados finais não serão excelentes ou excepcionais. É preciso fazer o que os outros não fazem para se destacar.

Adotei o lema do ídolo do golfe, Gary Player: "Quanto mais me esforço, mais sorte eu tenho." O pior desserviço que podemos nos prestar é esperar que as coisas sejam fáceis. Sabia que o ramo imobiliário não era moleza e me preparei para isso. Sejam quais forem os seus interesses, faça o mesmo.

Havia outros alunos excepcionais em minha classe, mas eles não se deram tão bem na vida real. Às vezes, acho que estavam tão concentrados nas exigências acadêmicas que não ficaram de olho no mundo lá fora e, depois de formados, ficaram surpresos com o que tiveram de enfrentar. Acho que eu estava ciente dos perigos e dificuldades do mundo e me mantive tão alerta aos acontecimentos nacionais e internacionais, relacionados ou não ao setor imobiliário, que pisei em terreno conhecido quando cruzei os muros da faculdade para as ruas dos negócios.

É isso o que eu chamo de ter um diferencial. É importante nos esportes e na vida. Às vezes, precisamos nos isolar para nos superar e não há nada de errado nisso, mas, ao mesmo tempo, precisamos ficar atentos. As pessoas podem exagerar ao se prepararem para algo, a ponto de não conseguirem aplicar o que aprenderam à realidade. E então deve vir à tona o equilíbrio entre estudos e prática.

É possível ter ambos. Na verdade, é essencial. Minha vantagem é que vi o lado árduo do setor imobiliário trabalhando com meu pai e observando-o desde cedo. Era um mundo difícil, mas eu o conhecia. Aprendi a esgueirar-me pela porta ao cobrar um aluguel para evitar levar um tiro. Então eu sabia o que iria enfrentar. Meu pai tinha a sabedoria da vida e dos negócios e, levando-se em conta que estudei em Wharton, pude aprender com o melhor dos dois mundos.

Talvez você não tenha tido a mesma sorte. Não há problemas nisso. Você pode obter o melhor com o que tem e onde está. O quanto você está disposto a se dedicar pode determinar até onde está disposto a chegar. Estava pronto a acrescentar mais horas de estudo a meu currículo acadêmico, sem esperar créditos extras nem tapinhas nas costas. Fiz isso por conta própria e acredito que essa atitude seja o grande motivo de meu sucesso.

> Não dependa de ninguém além de você para obter sua segurança financeira.
>
> *— Donald J. Trump*

Sua Resposta

O que você aprendeu na escola que o ajudou a se tornar bem-sucedido hoje?

Houve algum professor que lhe causou impacto positivo?

_____

_____

_____

Que lições da escola você aplicou na sua vida?

_____

_____

_____

Quais foram os resultados?

_____

_____

_____

CAPÍTULO 17

COMO O ENSINO MILITAR AJUDOU A DEFINIR SUA VIDA?

A Resposta de Robert

Há três razões que me levaram à escola militar.

A primeira foi quando eu tinha dez anos, meu professor do quinto ano fez com que estudássemos a história dos grandes exploradores — Cristóvão Colombo, Hernán Cortez, Fernão de Magalhães e Vasco da Gama. A leitura desses livros inspirou-me a querer navegar pelos mares e explorar o mundo.

Aos treze anos, enquanto as outras crianças entalhavam saladeiras para dar de presente às mães, convenci meu professor de artes a deixar-me construir um barco de madeira como meu projeto de marcenaria. Elaborei o projeto e passei os meses seguintes alegremente construindo meu veleiro classe El Toro, de oito pés. Aquela foi uma das poucas matérias em que tirei um A.

Passei alguns dos dias mais felizes de minha vida navegando em meu veleiro em Hilo Bay, perto da cidade em que cresci. Sentado em meu barco, minha mente viajava enquanto eu sonhava com portos distantes e mulheres exóticas.

Quando a minha orientadora vocacional me perguntou: "O que você quer ser quando crescer?", respondi: "Quero ir para o mar, viajar para lugares exóticos, como o Taiti, tomar cervejas e ir atrás de mulheres."

Em vez de ficar zangada comigo, ela disse: "Tenho a escola certa para você." Então pegou um folheto da Academia da Marinha Mercante e disse: "Dê uma olhada nisto. É uma escola difícil, mas se você realmente quer ir para o mar, este material o ajudará a entrar na academia."

Depois de conseguir a indicação de um congressista, o senador americano Daniel K. Inouye, em 1965, saí da pacata cidade de Hilo e viajei para Nova York para começar os estudos e tornar-me oficial da marinha mercante. Em 1968, como parte de meu aprendizado no mar, naveguei por Papeete, no Taiti, bebi cerveja e saí com uma das mulheres mais lindas que jamais conheci. Ela era a "garota do tempo" da televisão e candidata a Miss Taiti. Meus sonhos se tornaram realidade.

A segunda razão foi meu pai não ter condições financeiras para mandar-me à faculdade. Ele me disse: "Quando terminar o ensino médio, você estará por conta própria." E assim aconteceu. Ir para a academia significava ter uma bolsa de estudos integral, acomodações, roupas e reembolso de despesas de viagem. Além de tudo, ganhávamos um pequeno (irrisório mesmo) salário mensal.

A terceira razão, e provavelmente a mais importante, foi a disciplina. Quando garoto, eu surfava mais do que assistia às aulas. Mesmo depois que meu pai, inspetor de ensino, pegou-me matando aula, não resistia a deixar as aulas de lado quando as ondas estavam grandes.

Sabia que precisava de disciplina. Se tivesse ido para a Universidade do Havaí, nunca teria terminado o curso superior.

Na academia, aprendi disciplina... do jeito mais difícil. Era punido com frequência e severidade. Os oficiais eram mais rígidos do que eu imaginava. Sem um sistema militar rijo, nunca teria me formado.

Também aprendi a obedecer e dar ordens. Em resumo, aprendi o que é liderança. Quando você olha para o quadrante CASHFLOW, pode ver que a liderança é essencial para o sucesso no quadrante B. Depois de três anos de disciplina dura e treinamento sobre liderança, no último ano, fui promovido a Comandante de Batalhão. Meu trabalho era ensinar liderança aos calouros parecidos comigo quando entrei na academia — pequenos espertalhões que pensavam que poderiam vencer o sistema.

A Maior Lição de Todas

Depois de quatros anos de academia, juntei-me aos Fuzileiros Navais como voluntário, porque a Guerra do Vietnã continuava. Foi na escola de voo da Marinha que tive duas lições definitivas e muito úteis na vida. São elas:

1. Uma das partes mais emocionantes do treinamento de voo foi aprender a combater avião contra avião, o que se costuma chamar de *dogfight*[1]. Na época, voávamos em um T–28 Trojan, um monomotor fabricado na Segunda Guerra. Ele era grande, rápido e implacável. Muitos alunos morreram, pois o avião foi projetado para ser ágil e manobrável. Se você não

---

[1] Combate aéreo de curta distância. (N. E.)

fosse um bom piloto, a aeronave o mataria.

Certo dia, voava sozinho, sob a supervisão do meu instrutor, e faríamos uma simulação. De repente, ouvi um grito pelo fone de ouvido dentro do capacete: "Bang, bang, bang, bang!" Era o instrutor me avisando que o combate havia começado. Imediatamente, coloquei em prática o que aprendi, jogando a mistura de combustível para proteger o motor e puxando o avião para cima e para a direita, rodopiando-o e tentando abalar o atacante.

Em vez de derrubá-lo, ouvi apenas: "Bang, bang, bang, peguei você, seu trouxa." Não consegui abalar meu instrutor. Aumentei a altitude,

> ... descobri que o combate era o teste definitivo de vontade e treinamento. Não havia segundo lugar e o vencedor seria o que estivesse mais bem preparado.
>
> Entendi que: "O combate não é arriscado. Estar despreparado, sim." Percebi que o empreendedorismo não é perigoso. Estar despreparado, sim.
>
> — *Robert T. Kiyosaki*

girei, mergulhei, tentei reduzir a velocidade, mas nada o abalava. Mal conseguia enxergar, porque a proteção de meu rosto estava coberta de suor. Por uns bons dez minutos, meu instrutor ficou grudado na cauda de minha aeronave, sem se abalar com nenhuma de minhas manobras evasivas.

De volta ao solo, começou a avaliação da missão. Conforme meu instrutor usava as mãos para descrever meu voo, comecei a passar mal do estômago. O mal-estar não foi por causa das manobras violentas que acabara de fazer. Foi por descobrir o péssimo piloto que eu era e quanto ainda tinha a aprender.

Naquele momento, meu instrutor disse algo que me acompanha até hoje: "O problema deste negócio é que não há segundo colocado. Somente um piloto permanece vivo." Aquele foi um momento decisivo em minha vida. Depois daquele dia, pratiquei, pratiquei e pratiquei.

Mais tarde, no Vietnã, ouviria essas mesmas palavras inúmeras vezes. Só que dessa vez era para valer. Eram balas de verdade e não meu instrutor gritando "bang, bang, bang" pelo rádio.

Venci nos negócios hoje não porque sou inteligente ou porque nunca tenha fracassado. Venci porque, no meu mundo, não existe segundo lugar. Suspeito que Donald siga a mesma regra pessoal.

2. O outro momento decisivo tem a ver com riscos.

Sempre que ouço alguém dizer que "investir é arriscado", sei que, na verdade, a pessoa não está pronta nem é apta para a tarefa.

Depois daquele dia no ar com meu instrutor de voo, descobri que o combate era o teste definitivo de vontade e treinamento. Não havia segundo lugar e o vencedor seria o que estivesse mais bem preparado. Mudei minha mentalidade para: "O combate não é arriscado. Estar despreparado é que é perigoso."

Nos negócios e nos investimentos, sou um fanático a respeito de prática e preparação. Pratico para reduzir o risco. Melhoro minhas habilidades para reduzir o risco. Estudo para reduzir o risco. Jogo para ganhar, e o prêmio vai para quem joga com o mínimo risco e a maior confiança.

Se tiver de assumir um risco, ele deve ser mínimo. Antes de investir com dinheiro de verdade, no meu primeiro contrato imobiliário, participei de um workshop para investidores. Seguindo o que aprendi, analisei uma centena de contratos. Em todos os lugares aonde fui no Havaí, os corretores diziam: "Você está procurando algo que não existe." Após meses de procura, finalmente descobri um pequeno negócio na ilha de Maui. Era um imóvel de um quarto em um condomínio, perto da praia, por apenas US$18 mil. Era o meu primeiro investimento. Desde então, tenho analisado dezenas de milhares de investimentos possíveis e comprei somente alguns deles.

Depois que perdi a minha empresa de carteiras de velcro, voltei para a disciplina do estudo, prática, estudo, prática. Percebi que o empreendedorismo não é arriscado. Estar despreparado é que é perigoso.

Entender que, no meu mundo, não há segundo lugar e perceber que o maior risco é estar despreparado foram sacadas que fizeram enorme diferença em minha busca pela riqueza.

A maioria das pessoas investe dinheiro, mas não tempo. Donald e eu investimos muito tempo antes de aplicarmos qualquer montante em dinheiro. Nós nos preparamos para investir.

Escola Militar versus Escola de Negócios

Quando você olha para o triângulo D–I, é fácil perceber por que a escola e o serviço militar são uma grande preparação para o empreendedorismo e os investimentos. Simplificando, as escolas de negócios focam o interior do triângulo D–I... seu conteúdo. As escolas militares se concentram no seu exterior... no contexto.

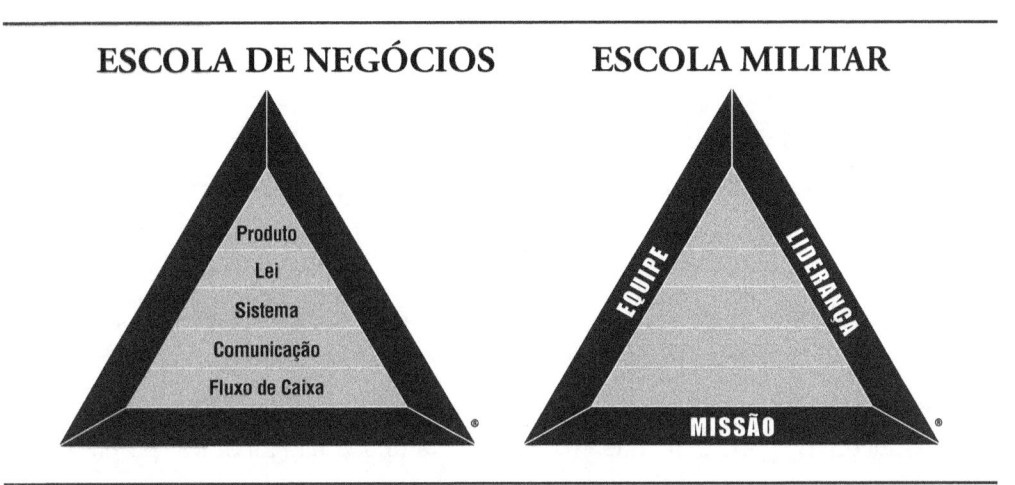

ESCOLA DE NEGÓCIOS

- Produto
- Lei
- Sistema
- Comunicação
- Fluxo de Caixa

ESCOLA MILITAR

- EQUIPE
- LIDERANÇA
- MISSÃO

Como você pode ver no diagrama, quatro anos de escola militar e quase seis de serviço militar me prepararam para o mundo real do empreendedorismo e do investimento. Tive uma educação sólida, porque esse processo me ensinou:

1. Disciplina
2. Foco
3. Servir a uma missão maior do que aos meus próprios interesses
4. Levar e dar ordens, e segui-las
5. Controlar os meus medos e a minha raiva
6. Estudar e respeitar meu inimigo
7. Confiar em meus companheiros soldados e estar disposto a dar a minha vida por eles, como estavam dispostos a dar as suas por mim
8. Fazer um preparo antes de entrar em batalha.

A Resposta de Donald

Embora tenha sido enviado para o colégio militar porque era um garoto um pouco agressivo, o que aprendi lá pouco tem a ver com disciplina e como canalizar minha energia de modo mais eficaz, e muito a ver com aprender a arte da negociação. Foi uma excelente lição de negócios disfarçada.

Um ex-sargento de recrutas dos fuzileiros atravancou meu caminho e percebi que nunca poderia me igualar a ele, tampouco enfrentá-lo fisicamente; então, teria de usar a cabeça para lidar com a situação.

Tinha que saber lidar com o sujeito de algum jeito, e recusava-me a desistir; portanto, tentei descobrir o que poderia colocá-lo do meu lado. Vi minha primeira oportunidade: eu era um excelente jogador de basquete e capitão da equipe, e ele era o treinador. Sabia que poderia deixá-lo em uma situação agradável se jogasse bem, e foi o que fiz. Tínhamos um excelente time e aprendi a liderar com eficácia. Esse foi o primeiro passo.

O segundo foi mostrar-lhe que eu o respeitava (o que não foi difícil, porque o respeitava mesmo), mas que não o deixaria intimidar-me. Acho que ele respeitou minha atitude e percebeu que seria inútil me perseguir. Assim, encontramos um ponto forte em comum e estabelecemos o respeito mútuo. Essa foi uma grande lição empresarial, especialmente em negociação. Ambos saímos ganhando.

Até hoje, sou amigo de meu ex-sargento nos fuzileiros, Theodore Dobias, e conhecê-lo na Academia Militar de Nova York foi um lance de sorte para mim. Lá estava eu, a caminho do colégio militar, a princípio sem a menor empolgação. Mais tarde, percebi que gostava dos desafios e da disciplina e nunca perdi o respeito pelo que aprendi ali. As pessoas que me conhecem sabem que odeio me atrasar e que também não gosto que os outros se atrasem.

A escola militar ressaltou o que meu pai sempre nos ensinou — que devemos demonstrar respeito. Respeitava o sr. Dobias e isso foi bom para mim; aprendi a respeitar o tempo, o que também me foi muito útil. Meu pai era um verdadeiro capataz como homem de negócios, e eu estava pronto para trabalhar com ele depois desse treinamento.

Outra lição importante do colégio militar foi que desculpas são inaceitáveis. Aprendi a não choramingar e, sim, a manter o equilíbrio e a perseverança. Quando enfrentei dificuldades e pressões mais tarde em minha vida, recusei-me a desmoronar. Sabia que o melhor jeito de lidar com os problemas era simplesmente seguir em frente, persistir e continuar procurando soluções. Essa foi uma boa lição aprendida na vida militar.

Enquanto estava no colégio militar, meu pai pegou o hábito de enviar-me citações de inspiração a cada semana. Lembro-me de várias frases e elas continuam me inspirando até hoje. Como estas:

"Quem não sabe obedecer não sabe mandar."
— Aristóteles

"Nunca diga às pessoas como fazer as coisas. Diga-lhes o que fazer e elas o surpreenderão com sua ingenuidade."
— George S. Patton

"Não é capaz de comandar quem não consegue se impor."
— Sófocles

"Somos aquilo que fazemos repetidamente. Excelência, então, não é um modo de agir, mas um hábito."
— Aristóteles

Percebi que meu pai estava instilando valores sobre liderança ao selecionar essas gotas de sabedorias de épocas diferentes. Essas lições ficaram em meu subconsciente e vêm à tona para ajudar-me em situações às quais se aplicam. É por isso que ainda gosto muito de citações; elas podem acertar em cheio contra pensamentos negativos ou confusos. Quando as pessoas me ouvem citar ou referir-me a vários grandes pensadores da história, sabem que isso é algo que começou em minha juventude e que permanece até hoje. Tudo começou quando eu estava no colégio militar.

Outro momento decisivo dessa fase de minha vida tem a ver com história. Tive um colega que estudava a Segunda Guerra Mundial por conta própria. Era fã da matéria e aluno dedicado. Um dia eu lhe disse o seguinte: "Você deve ser um especialista na Segunda Guerra Mundial, depois de passar esse tempo todo estudando o assunto." Sua resposta foi tão marcante que jamais me esqueci: "Não, eu apenas percebi o quanto ainda não sei." Então, ele me explicou que, para entender a Segunda Guerra, tinha de voltar e estudar a Primeira Guerra Mundial; depois era preciso estudar a situação mundial antes da Primeira Guerra Mundial e ele começava a ver que o processo seria muito longo. Então completou: "Estudar história tornou-me muito humilde, porque sei que nunca saberei tudo." Vindos de alguém tão letrado como ele, esses comentários me impressionaram bastante.

Como resultado, passei a estudar história em meu tempo livre e tentei ler o máximo que pude. Comecei um hábito que mantenho até hoje, que é o de me perguntar: "O que posso aprender hoje que não sabia antes?" Essa é uma maneira de manter minha mente curiosa e alerta. Aristóteles tinha razão: a excelência pode se tornar um hábito.

> Quanto mais você aprende, mais descobre o quanto ainda não sabe.
>
> — *Donald J. Trump*

Quando entrei na Wharton, anos mais tarde, descobri que meus hábitos do colégio militar me ajudariam muito. Como mencionei antes, passava meu tempo livre estudando o setor de imóveis e execuções de hipotecas, e tudo o que caía em minhas mãos sobre o assunto — tudo além do currículo obrigatório. Não queria ser aprovado por fazer o suficiente. Queria fazer mais e vi que estava preparado quando saí da faculdade para o mundo real, onde muitas vezes o "suficiente" não é bom o bastante.

Como diz um dos grandes filósofos gregos que meu pai me apresentou, eis uma última e definitiva lição que aprendi no colégio militar:

"Vencer a si próprio é a maior das vitórias."
— Platão

Aprendi a fazer parte de um todo. O colégio militar deu-me a oportunidade de entender como fazer parte do panorama geral sem perder a identidade. Isso foi uma grande vantagem nos negócios e permitiu que eu me rebaixasse, quando necessário. Às vezes, o quadro fica mais claro se você se afasta dele. Essa é uma grande lição. Alguém me disse certa vez que eu era um pouco como um camaleão quando se tratava de negociação, que eu era capaz de mesclar-me e afastar-me novamente. Essa capacidade é fruto de minhas experiências no colégio militar.

A maioria das pessoas me vê como um sujeito rígido, o que é verdade. Essa é outra vantagem advinda dos tempos do colégio militar. Não gosto de reclamar; posso ser obstinado e às vezes não arredo o pé. Se fiz minha parte, se trabalhei com afinco e fui aplicado, então sei que estou com tudo para me defender. Posso ser um adversário difícil.

Como eu disse, fui enviado para a escola militar porque eu era um pouco agressivo quando criança. Na escola militar, aprendi a direcionar a minha agressividade para o bem em vez do mal, e me tornei um líder, bem como um membro de uma equipe com uma missão comum.

Robert no Campo Pendleton, na Califórnia, preparando-se para ir para o Vietnã, em 1972.

Donald liderando a Academia Militar de Nova York, subindo a Quinta Avenida para o Columbus Day, em 1963.

Sua Resposta

O que você aprendeu no colégio militar o ajudou a definir sua vida?

Talvez você não tenha estudado em instituição militar, mas pode ter participado de um grupo de escoteiros, bandeirantes ou outras entidades do gênero onde aprendeu a importância da disciplina e da liderança. Como você tirou algum proveito dessas experiências? Ou, então, como poderia beneficiar-se do uso da autodisciplina e de habilidades de liderança em sua vida?

_____

_____

_____

Em que áreas de sua vida você se daria bem se tivesse mais disciplina (por exemplo, na gestão de sua equipe ou na administração financeira?) e/ou habilidades de liderança?

_____

_____

_____

Capítulo 18

Que Lição Definitiva Você Aprendeu com os Esportes?

A Resposta de Robert

Quando criança, jogava beisebol na liga juvenil e futebol. Aos doze anos, comecei a jogar golfe. Aos quinze, desisti do golfe e comecei a praticar o surfe. Depois, joguei futebol.

Na academia, era capitão da equipe de remo e jogava futebol americano.

Quando estava na escola de voo, fui apresentado ao rúgbi. O rúgbi é o meu jogo. Foi o único jogo pelo qual me apaixonei. Viajei o mundo praticando o esporte e, quando fiquei velho demais para jogar, comecei a viajar pelo mundo para assistir às partidas das grandes equipes. Assisti a jogos na África do Sul, Austrália, Nova Zelândia, Escócia, Irlanda e Inglaterra.

Aprendi algo diferente em cada esporte, algo importante que influenciou a minha vida.

1. Na liga juvenil, aprendi a jogar arduamente mesmo quando estava perdendo. Nosso time era uma versão do filme "Sujou... chegaram os Bears". Na maior parte da temporada, não vencíamos nunca... mas jogávamos intensamente, e melhorávamos a cada jogo. Finalmente, no fim da temporada, vencemos uma das melhores equipes da liga. Vencemos porque eles ficaram arrogantes e, nós, cada vez melhores.
2. No golfe, aprendi a controlar minhas emoções, minhas ideias e meu corpo. O jogo de golfe é simples em tese, mas um dos mais difíceis de jogar. Nos negócios, muitas vezes uso o mesmo tipo de autocontrole que utilizo no golfe.

3. Adoro surfar. No surfe aprendi a sentir o ciclo das ondas. Hoje, como investidor, costumo usar a intuição que adquiri como surfista para saber quando entrar no mercado e, o mais importante, quando sair dele.

4. Na Academia da Marinha Mercante, eu remava porque esse foi o esporte mais penoso que pude encontrar. Era um desafio e eu precisava de um esporte difícil o bastante para afastar minha cabeça das pressões da vida militar e acadêmica que tinha de enfrentar. Como remo, aprendi a importância do trabalho em equipe voltado à precisão. Remar é um esporte de sincronicidade precisa. O desafio de remar é que, durante uma regata, quase toda a energia armazenada é queimada nos primeiros minutos. Para que a canoa vença, é importante que cada um dê tudo de si, com precisão, mesmo que esteja fisicamente exausto. Se uma pessoa pensar em desistir, é bem provável que seu remo bata com o do colega e a regata estará perdida.

5. No futebol americano, aprendi a importância de cada jogador não apenas *saber* sua atribuição, mas, acima de tudo, *desempenhar* bem seu papel. Também aprendi a importância de conviver bem com pessoas de quem não gosto e de respeitá-las por suas habilidades, e não por suas personalidades.

6. O rúgbi é como se fosse uma mistura de basquete e luta. Ele é um esporte muito dinâmico. Embora o rúgbi seja o pai do futebol americano, tamanho não importa nesse esporte, em que vemos gigantes jogando contra nanicos. No futebol americano, estima-se que os participantes joguem no máximo dez minutos corridos por jogo. O restante do tempo é gasto na preparação das jogadas e em outras atividades que não consistem no jogo propriamente dito. No rúgbi, como o jogo raramente para, os jogadores correm a maior parte do tempo. Não importa o cansaço, o jogador precisa continuar correndo para ajudar o jogo e a equipe.

7. Também sou faixa preta em tae kwon do. Nesse esporte, aprendi a importância do *chi* — a força interior que flui por nosso corpo.

Embora tenha aprendido muitas lições importantes nos esportes, há uma especial que aprendi jogando futebol no colégio. Quando estava na categoria júnior, nosso colégio tinha um time de futebol sensacional. Como havia muitos jogadores excelentes, eu ficava no banco em quase todos os jogos.

Era realmente constrangedor no fim do jogo sair de campo com um uniforme perfeitamente limpo. Meus colegas de banco e eu costumávamos nos jogar de joelhos na lama de propósito só para sujar um pouco nossos uniformes imaculados. Lá pela metade da temporada, só nos restava sujar os uniformes de lama.

A temporada seguia, eu continuava no banco e comecei a achar que meu treinador tinha alguma restrição a meu respeito. Acreditava que não me escalava porque não gostava de mim. Em meados da temporada, comecei a pensar em desistir. O meu orgulho estava ferido.

Certa noite, depois de um treino muito pesado, o treinador assistente andou em minha direção, colocou a mão no meu ombro e disse: "Quero falar com você."

O nome dele era Herman Clark. Ex-jogador da NFL, era realmente um grande homem. Trabalhava como voluntário porque amava demais o jogo. Com seu jeito calmo e gentil, ele disse: "Você sabe por que o treinador não escala você para os jogos?"

"Não", falei. "Não sei. Faço tudo certo. Compareço aos treinos. Dou voltas extras na corrida. Sou tão bom quanto Jesse." Jesse era o titular da minha posição.

"Sim. É verdade", comentou o sr. Clark. "Você também tem mais talento e velocidade do que ele."

"Então, por que ele é o titular?", perguntei. "E não eu?"

"Porque Jesse joga mais com o coração. Jesse quer a posição mais do que você. Na vida, talento não é suficiente. Se quiser ser o titular, terá de colocar-se em um patamar totalmente diferente. Você tem o corpo, mas lhe falta o espírito."

Embora ainda quisesse desistir, as palavras do sr. Clark tocaram o meu coração. Nas duas semanas seguintes, treinei como se nunca tivesse feito isso antes. Fui intenso.

Eu fui focado. Furei mais bloqueios e interceptei dois passes no treino, tarefa difícil para um atacante. Embora ainda não tivesse sido convocado e continuasse no banco, sentia-me melhor comigo mesmo.

Um dia, durante um jogo em outro colégio, Jesse quebrou o braço. O treinador olhou para o banco, olhou para os reservas e, finalmente, olhou para mim e disse: "Você está dentro."

Esse foi um momento breve, porém decisivo. Hoje, entendo que o que quero na vida depende de mim. Não há ninguém em meu caminho. Se quero algo, sei que desejar não é o bastante. Preciso fazer o que for preciso para poder vencer. Vivo repetindo a mim mesmo: "A vida é uma imitação barata quando você espera conseguir o que quer." Há uma enorme diferença entre querer ser o jogador titular e ser o titular.

No começo deste livro, escrevi sobre o seguinte processo:

Ideias ➡ Ações ➡ Resultados

A lição que aprendi com o sr. Clark foi que, para mudar os resultados, tinha de redefinir meu compromisso em participar do jogo. Quando mudei minha mentalidade e postura, minhas atitudes mudaram e, consequentemente, os resultados foram outros.

Hoje, sempre que me sinto fraco e acho que o mundo não é justo, ou que não está reconhecendo os meus talentos, ou que os outros estão contra mim, simplesmente me lembro de minha conversa com o sr. Clark. Então, esforço-me para melhorar minhas ideias, atitudes e meus resultados.

Princípios Vencedores

Joe Montana, um dos maiores jogadores de futebol americano da história, enviou-me uma cópia autografada de seu livro *The Winning Spirit: 16 Timeless Principles That Drive Performance Excellence* ("O Espírito Vencedor: 16 Princípios Atemporais que Impulsionam a Excelência no Desempenho", em tradução livre). É um livro excelente para todos que têm o compromisso de vencer.

Para quem não conhece Joe Montana, ele foi o zagueiro de um time de futebol americano profissional, o San Francisco 49ers. Ele levou sua equipe a quatro vitórias no *Super Bowl*, foi escalado para o Hall da Fama do futebol americano profissional e nomeado pela *Sports Illustrated* como o maior jogador de futebol americano dos últimos cinquenta anos. Seguem alguns trechos de seu livro:

"Quando vi meus próprios filhos competindo em esportes juvenis, percebi uma tendência cada vez maior de dar tapinhas nas costas e dizer 'bom trabalho, todos venceram hoje', e distribuir medalhas de participação para

todos os que saíssem da cama e participassem do jogo. Mas foi assim que cresci e não dispenso essa mensagem em meu papel de pai. Acho injusto um pai não ser um observador crítico de um jovem que deseja melhorar e jogar em um nível mais elevado. Como pai, preciso ser mais do que um torcedor entusiasmado: tenho de ser um treinador. Acredito que é errado dizer para a próxima geração que eles serão parabenizados pelo simples fato de comparecerem ao jogo."

"Os esportes competitivos consistem em uma das melhores preparações para a vida, pois refletem a natureza mais competitiva do mundo ao nosso redor. Nunca quis ninguém em minha equipe, nos esportes ou nos negócios, que não quisesse, com todo o fervor, se destacar dos demais — e vencer."

"Se vencer não fosse importante, as pessoas não manteriam os placares."

"Goste ou não, você vive em um mundo que marca pontos."

Veja o que ele diz sobre vencer o *Super Bowl*:

"Recentemente, depois de dar um discurso, alguém na plateia perguntou-me qual era a minha idade quando venci o primeiro Super Bowl. 'Doze anos e venci milhares deles desde então. Com exceção de quatro finais', expliquei, 'venci vários Super Bowls no quintal de minha casa em Monongahela, na Pensilvânia, a alguns quilômetros da estrada de Pittsburg.'"

Em outras palavras, em seu quintal, ele ensaiou milhares de vezes como seriam suas vitórias no *Super Bowl*.

Isso é o que ele diz sobre preparação individual:

"As pessoas se preparam de maneiras diferentes. O que funciona para um não funciona para o outro: alguns esperam o último instante. Outros precisam de um certo medo como motivação. Há ainda quem queira eliminar todas as distrações, ter completo silêncio e isolar-se do mundo. Há quem se prepare ouvindo música ao fundo ou na companhia de outras pessoas. Alguns precisam ensaiar inúmeras vezes até adquirirem confiança. Seja qual for o método, o objetivo da boa preparação é o mesmo: estar pronto para o desempenho ideal, para jogar e trabalhar da melhor forma."

Por fim, veja o que ele diz sobre o segredo da boa preparação:

"Acredito piamente e ensino que a repetição é a rainha do mundo da preparação. Seja nos esportes, praticando os mesmos exercícios repetidamente, ou nos negócios, ensaiando um roteiro de vendas ou aprimorando uma

apresentação, a preparação nos traz um senso de domínio e autoconfiança que podemos levar para o verdadeiro jogo."

O que Joe Montana diz é uma das lições mais importantes que aprendi nos esportes. Conheço pessoas que dizem: "Joguei seu jogo de tabuleiro *CASHFLOW®* uma vez. O que você me recomenda agora?"

Você consegue imaginar isso? Jogaram uma vez e acham que conhecem o jogo. Quando recomendo que joguem pelo menos dez vezes mais e ensinem o jogo para outras dez pessoas, olham para mim de modo estranho. Sempre que vejo esse olhar, sei que a pessoa, provavelmente, não entende o que é necessário para vencer. Como diz Joe Montana: "A repetição é a rainha."

É por isso que não diversifico muito meus investimentos ou minhas empresas. Em vez disso, eu FOCO (Fomentar O sucesso Criando Oportunidades) — e pratico, pratico, pratico.

Uma última palavra de Joe Montana:

"Todos que querem alcançar o sucesso na área que escolherem entendem a importância da prática e da preparação. Para tornar-se excepcional em determinada área, é preciso aprender a treinar com concentração e foco. A prática é nossa chance de trabalhar os pontos fracos e melhorar. Quando nos esforçamos para nos superar em alguma coisa, não basta fazer o que é esperado. Precisamos lutar constantemente para superar nossas próprias expectativas. Também não devemos iniciar e interromper um esquema de treino. Quando praticamos, devemos ser constantes."

Foi por isso que meu pai rico fez com que eu jogasse *Banco Imobiliário* inúmeras vezes até que um dia eu vi um relance do meu futuro. Hoje, eu jogo *Banco Imobiliário* para valer. Não importa o tamanho da minha riqueza, sempre sei que posso melhorar. Para mim, melhorar em meu jogo é muito mais importante do que o dinheiro.

A Importância do Jogo de Golfe

Embora não seja um grande jogador de golfe, aprendi muito sobre os negócios e a natureza humana no curso de golfe.

Minha carreira no golfe começou quando eu tinha oito anos. Minha mãe e meu pai nos levavam de carro para Big Island, uma remota cidade no interior do Havaí, para visitar um velho amigo deles. Como a maioria das crianças não gostava de ficar sentada na sala de estar com um bando de adultos chatos, então saía para encontrar algo para fazer. Na varanda da casa do amigo de meus pais havia um jogo de tacos de golfe. Peguei um taco de madeira e segui pela estrada de terra dando tacadas nas pedras. Depois de estragar o taco de madeira, peguei um dos tacos de ferro e comecei a bater nas pedras pela estradinha em frente à casa.

Não preciso dizer que o amigo de meus pais não ficou impressionado com minha estreia no golfe.

Aos doze anos, retomei o jogo. Como no ensino fundamental estudava em uma escola cheia de crianças ricas, a maioria dos pais de meus colegas fazia parte do country club local. Meu pai e meu pai rico não eram sócios porque, na época, nenhum deles era rico. O único jeito de Mike, filho de meu pai rico, e eu entrarmos no campo era ir na cola de nossos amigos ricos cujos pais eram sócios.

Isso foi bem antes de o encarregado do country club deixar claro para Mike e para mim que estávamos abusando da hospitalidade. Ele nos disse que, se nossos pais não fossem membros do clube, nós não poderíamos jogar. Naquele instante, Mike e eu começamos a primeira negociação importante de nossas vidas. De algum modo, conseguimos que o encarregado nos deixasse ingressar como sócios do country club. Em troca da qualidade de membro, tínhamos que trabalhar carregando os tacos e outros objetos de golfe algumas rodadas por mês. Nossos pais ficaram um tanto perplexos quando contamos que havíamos nos tornado sócios do country club aos doze anos — um clube cuja titularidade eles não podiam pagar.

Dos doze aos quinze anos, Mike e eu jogávamos golfe e trabalhávamos sempre que podíamos. Muitos dias, depois da escola, Mike e eu pegávamos carona para o country club. Nós fazíamos isso para manter o acordo e jogar a cada chance que tínhamos.

No fim das contas, trabalhar como auxiliar se tornou uma ótima fonte de renda. Ganhávamos US$1 por saco para nove buracos. Em pouco tempo, cada um de nós carregava dois sacos para dezoito buracos e ganhava US$4 por dia. Era um bom dinheiro na época. Aos quinze anos, Mike e eu tínhamos ganhado dinheiro suficiente para comprar pranchas de surfe e suspendemos os jogos de golfe por um tempo.

Dois Motivos para Jogar Golfe

Atualmente, jogo golfe de vez em quando. Jogo, principalmente, porque Kim é apaixonada pelo jogo. Na verdade, ela joga dos *tees*[1] masculinos e me supera nas tacadas, o que não é bom para o meu ego masculino. Sou um golfista abaixo

---

[1] Tee é o local de saída em cada buraco (tee box), e, por associação, o nome dado ao pino que pode ser usado sob a bola apenas na tacada inicial ou em condições extraordinárias de jogo (tee up). (N. E.)

da média, minha pontuação fica entre 85 e 95 quando jogo bem e abaixo disso quando jogo mal, eu não pratico como deveria.

Embora não seja apaixonado por golfe, há duas razões pelas quais o golfe é essencial para as pessoas que querem ser ricas.

Estes são os dois motivos:

1. **Os jogos refletem o comportamento.** A maioria dos golfistas concorda que a beleza do golfe é que o jogo é como um espelho, um reflexo dos verdadeiros padrões de comportamento da pessoa. Muitas vezes, quando quero conhecer alguém com quem estou fazendo negócios, eu o convido para uma partida de golfe. Durante o jogo, não me preocupo muito com a pontuação, e, sim, com a maneira como o adversário joga.

    Uma das coisas que se percebe é como as pessoas acertam a bola. Elas batem forte para jogar a bola longe ou buscam o controle? Elas trapaceiam? Elas mentem sobre a pontuação ou movem a bola sem dar a tacada?

    Certo tempo atrás, meu amigo contou-me de um amigo seu que queria investir em sua empresa. Depois de analisar os relatórios financeiros, perguntei se ele gostaria de jogar uma partida de golfe. O rapaz aceitou prontamente e logo nos encontramos no country club. Naquele sábado, não estava preocupado com a pontuação; estava lá para observá-lo jogar. Era um excelente jogador que atingia a bola com tacadas longas e retas. Estava indo bem até que bateu a bola dentro do *rough*[2]. Pensou que eu não estava olhando, mas o vi movendo a bola. Como a grama estava alta, precisou de dois golpes para sair do *rough* e voltar para o *green*[3]. Quando perguntei-lhe qual sua pontuação, ele disse que estava apenas um acima do *par*. Perguntei se ele contara sua segunda tacada no *rough*. Em vez de esclarecer o assunto, negou ter usado a tacada extra. Naquele instante, fiquei em dúvida quanto aos números de seus demonstrativos financeiros.

    Já vi Donald Trump jogar golfe. Ele joga golfe do mesmo modo como faz negócios. Suas tacadas são retas, muito precisas e de longa distância.

    Atinjo a bola de modo irregular. É por isso que acredito ser melhor em jogos de equipe do que no golfe. Adoro remar, jogar futebol americano e rúgbi porque me saio melhor em grupo. O mesmo acontece nos negócios e, por isso, sou muito cuidadoso ao escolher as pessoas de minha equipe.

---

[2] Região de grama alta, de onde é difícil bater a bola. (N. E.)
[3] Término de cada buraco. (N. E.)

2. **Muitos negócios são feitos em campos de golfe.** Meus dois pais jogavam golfe. Ambos eram bons jogadores. Meu pai pobre jogava golfe com os amigos, seus colegas professores, por diversão. Meu pai rico jogava para ficar rico. Ele dizia: "Mais negócios são fechados no campo de golfe do que em salas de reunião." E continuava explicando: "Quanto mais difícil a negociação, mais relaxante o ambiente precisa ser."

> Ao mudar minha mentalidade e postura, minhas atitudes mudaram e, consequentemente, os resultados.
>
> — Robert T. Kiyosaki

Levei vários anos para crescer e amadurecer até entender totalmente a sabedoria de suas palavras. Hoje, se uma negociação está complicada, convido a pessoa para jogar golfe e, então, podemos conversar sobre o contrato. No ambiente relaxante do campo de golfe, temos mais tempo para desenvolver a negociação e, graças ao local tranquilo, temos mais flexibilidade para pensar. Parece que o espaço aberto do campo de golfe abre a mente para pensarmos com mais liberdade.

Resumo

Mesmo não sendo um golfista dedicado, sou devotado a vencer no jogo dos negócios. O golfe é o jogo dos negócios. Ainda não me dedico tanto ao golfe quanto outros jogadores, mas levo o jogo dos negócios muito a sério. É por isso que sou sócio de três country clubs. O campo de golfe costuma ser o melhor lugar para se fecharem negócios e descobrir com quem estamos negociando.

P.S. — Quando Donald e eu resolvemos escrever este livro juntos, como um grande homem de negócios, ele me convidou para um de seus campos de golfe, o Trump National Golf Club, em Los Angeles.

A Resposta de Donald

Os esportes que mais pratiquei na vida são beisebol, tênis e golfe. São jogos que exigem astúcia, um forte senso de ritmo e concentração. Até hoje, gosto de assistir a partidas de beisebol e tênis, mas sou apaixonado pelo golfe. Construí campos de golfe fantásticos por causa dessa paixão.

A lição que aprendi nos esportes é a importância dos instintos. Energia, resistência e técnica são requisitos necessários, mas a verdadeira excelência geralmente implica "instinto", algo que não pode ser explicado. Pensem na famosa explicação de Wayne Gretsky para seu sucesso no hóquei — ele simplesmente deslizava aonde ia o *puck*[4]. Essa é uma excelente imagem para entender o instinto.

Parece tão simples, não é? Sim... até que se pare para pensar no assunto. Como Gretsky sabia aonde o *puck* estava indo? Como todos os outros rapazes não sabiam aonde o pequeno disco iria? Bem, porque ele tinha algo especial — o instinto.

Tenho visto pessoas que trabalham com mais afinco do que os demais e ainda permanecem em segundo plano como atletas. São qualificados, dedicados e competentes, mas simplesmente não têm um diferencial. Eu era um excelente jogador de beisebol e percebi que tinha um senso natural de oportunidade. Jamais seria um Babe Ruth, mas sabia o que era preciso para ser excelente nesse jogo.

Com o tênis, como um jogo individual, descobri que a ideia era eliminar o oponente. Há apenas um vencedor, não dois. É um jogo agressivo. Você já assistiu a alguma partida do famoso jogador suíço de tênis Roger Federer? Ele tem o instinto do qual estou falando. Como Andre Agassi disse a respeito dele:

"Ele é o melhor adversário que já tive. Não há como escapar. Não há nada a fazer a não ser bater fairways[5]*, greens e* putts[6]*. Cada saque tem um tipo de urgência em si. Para qualquer coisa que você tente fazer, ele tem uma resposta, e é apenas questão de quando ele começa a puxar os gatilhos necessários para fazer com que você mude de ideia."*

É interessante que Andre Agassi use termos do golfe para explicar o jogo de Roger Federer, pois o golfe é conhecido como um jogo de inteligência. O golfe requer técnica e, acima de tudo, requer intenso uso da inteligência. Roger Federer controla o jogo e sabe instintivamente como lidar com os oponentes. Ele é tão agressivo quanto gracioso, e desejo boa sorte a qualquer que seja seu oponente na quadra. No tênis, é muito importante conhecer seu oponente e a si mesmo. Esse é outro ponto forte de Federer.

Jogar golfe é uma forma de diversão para mim, do mesmo modo como acho divertido fechar contratos. O campeão de golfe Phil Mickelson diz que o melhor conselho

---

[4] Disco de borracha vulcanizada, usado no hóquei sobre gelo. (N. E.)
[5] Parte central do campo, com a grama bem aparada, em que a bola deverá aterrar; é o "corredor" que vai do green ao tee. (N. E.)
[6] Taco utilizado no green para finalizar cada buraco, colocando a bola dentro do pin. (N. E.)

que já recebeu sobre golfe veio de seu pai, que sempre dizia para ele se divertir. Phil se diverte mesmo durante os treinos. Comigo acontece o mesmo, e esse conselho vale para qualquer coisa que você faça.

> Precisão, instinto e ritmo são os elementos necessários para se tornar extraordinário.
>
> — Donald J. Trump

Aprendi muito sobre a integridade das pessoas ao jogar golfe com elas. É por isso que tantos negócios surgem durante e depois de partidas de golfe. Determinada conduta é necessária no golfe e as pessoas que a mantêm geralmente serão boas parceiras de negócios. Alguns chamam isso de etiqueta; eu chamo de honestidade. Um jogo de golfe pode ser um bom indicador dessa virtude.

O golfe também requer flexibilidade. Manter o equilíbrio pode fazer a diferença entre um grande jogo e um ruim — e o mesmo se aplica aos negócios. Permaneça flexível. Não se fixe em padrões rígidos. Cada jogo, cada contrato, será diferente. Pratique, esteja em boa forma, preparado e ciente de que haverá variáveis pela frente.

Nick Faldo, um dos maiores jogadores de golfe de todos os tempos, diz algo absolutamente certo: "Não importa se você atinge a bola de maneira lenta, rápida ou pesada, o que importa é o ritmo... O ritmo é a cola que mantém grudados todos os elementos do swing do golfe." Sempre tive um ritmo excelente nos negócios, na vida e no golfe, e todos devem seguir esse conselho sobre a importância do ritmo, não importa em que setor você atue ou qual seja seu esporte favorito.

Há três esportes que me dão grandes sacadas nos negócios e na vida, tanto como jogador quanto como expectador. A lição número um que aprendi com todos eles é que essa precisão, instinto e ritmo são os elementos necessários para se tornar extraordinário.

206 | Capítulo 18

A paixão de Donald por golfe.

Donald dando a largada.

Robert, à direita, jogando rúgbi na Nova Zelândia.

Robert surfando.

Sua Resposta

Quais foram as lições decisivas que você aprendeu como praticante ou expectador de esportes?

_____

_____

_____

_____

_____

Capítulo 19

O que Você Aprendeu com os Negócios?

A Resposta de Robert

Não se aprende a andar de bicicleta lendo um livro. O mesmo se aplica aos negócios. Livros e aulas são bons como fontes de novas ideias, mas, como andar de bicicleta, aprender sobre o mundo dos negócios é um processo prático.

Você já deve ter ouvido o ditado que diz: "Quanto maior a altura, maior a queda." Donald e eu já caímos. Sua queda foi bem maior e notória. A minha foi grande, não tão grande nem tão pública quanto a de Donald... mas machucou mesmo assim.

Depois que recebi meu treinamento da Xerox em vendas, uni-me a dois amigos e abrimos a empresa de carteiras de velcro para surfistas. Infelizmente, o negócio foi um estrondoso sucesso. Digo infelizmente porque o sucesso subiu-nos à cabeça. Lá estávamos nós, três rapazes solteiros de vinte e poucos anos com um grande sucesso nas mãos. Nossos produtos tiveram destaque em revistas como a *Runners World*, a *GQ* e até mesmo a *Playboy*.

Certo dia, um de meus parceiros comprou uma Mercedes 450 SL nova. Perguntamos por que ele comprou o carro. "Porque somos ricos", falou ele. "Por que vocês não compram os carros de seus sonhos?" E assim o fizemos. Larry também comprou uma 450 SL e eu comprei um Porsche Targa prateado com frisos pretos.

Você provavelmente conhece o resto da história. Guiávamos carros velozes, saíamos com mulheres mais velozes ainda. A empresa cresceu rápido e caiu mais rápido ainda. Em menos de três anos, passamos de pobres a ricos, e a mais pobres do que antes. Fomos bem-sucedidos, mas contraímos inúmeras dívidas por causa dos prejuízos. (Se quiser saber mais sobre as minhas diversas lições sobre empreendedorismo, leia o livro *Empreendedor Rico*. Há uma enormidade de informações para empreendedores nesse livro, que, além de instrutivo, é divertido.) Como digo, pensamos que nosso QI financeiro aumentou na mesma medida que nossa renda. O problema foi que a única coisa que aumentou além de nosso dinheiro foi a nossa estupidez.

Esse fracasso comercial foi um dos vários momentos decisivos que tive nos negócios. O fracasso e o prejuízo de quase US$1 milhão foram um verdadeiro alerta.

Na época, eu não era ferrenho defensor da educação como sou hoje. Não pensava que a educação era importante. Na escola, fazia apenas o necessário para ser aprovado. Ficava feliz em ser um aluno com notas C. Como meu pai pobre costumava dizer: "Você leva os estudos aos trancos e barrancos."

Depois de um fracasso aos trinta e poucos anos, descobri que estava atrasado na curva de aprendizagem. Vi pessoas de minha idade muito mais adiantadas na vida, simplesmente porque levaram os estudos e a vida profissional a sério. Esse fracasso fez com que eu percebesse que precisava me tornar um estudante e estudar como jamais havia feito antes.

Durante anos, em vez de fugir do meu fracasso, trabalhei para reconstruir a empresa. Queria fazer isso para descobrir o que não sabia: o que eu havia negligenciado? O que não havia visto? Dizem que a percepção tardia é 20/20. Para mim, muito além disso, foi uma experiência dolorosa. Tive que enfrentar todas as mentiras que contei a mim mesmo e aos outros. Depois de alguns anos de humilhação, a empresa de carteiras de náilon se reergueu e voltou a ser bem-sucedida e lucrativa. Foi a melhor lição nos negócios e a maior dose de humildade que jamais tive.

Em 1980, durante o processo, participei de um seminário com o dr. Buckminster

> Depois de um fracasso aos trinta e poucos anos, descobri que estava atrasado na curva de aprendizagem. Vi pessoas de minha idade muito mais adiantadas na vida, simplesmente porque levaram os estudos e a vida profissional a sério. Esse fracasso fez com que eu percebesse que precisava me tornar um estudante e estudar como jamais havia feito antes.
>
> — Robert T. Kiyosaki

Fuller. Minha vida mudou novamente. Em 1984, embora minha empresa fosse bem-sucedida e rentável, abri mão dela e voltei para o Havaí com Kim. Tornei-me professor, profissão que não respeitava e que jurei jamais exercer. De 1984 a 1994, Kim e eu viajamos pelo mundo ensinando empreendedorismo e investimentos. Em 1994, aposentamo-nos com independência financeira, colocando em prática tudo o que havíamos ensinado. Kim tinha 37, e eu, 47.

Durante dois anos, fiquei isolado nas montanhas do sul do Arizona, perto de uma cidadezinha chamada Bisbee, onde desenvolvi o jogo de tabuleiro *CASHFLOW* e escrevi o livro *Pai Rico, Pai Pobre*. Em 1996, foi o lançamento comercial do *CASHFLOW*® e, no dia oito de abril de 1997, no meu 50º aniversário, o *Pai Rico, Pai Pobre* foi lançado em uma festa particular. Em meados do ano 2000, recebi um telefonema de um produtor do programa de Oprah Winfrey. Subi no palco para cumprimentar Oprah e o resto você já sabe.

Então, perder a empresa de carteiras de velcro para surfistas foi um momento decisivo em minha vida. Se não fosse essa perda, talvez eu nunca tivesse me tornado aluno ou professor.

A Resposta de Donald

Ser Visionário

Gostaria de contar um de meus sucessos empresariais que demorou trinta anos para vingar.

Do mesmo modo como analisamos o futuro do ponto de vista financeiro, tentando cobrir as bases, a edição de junho de 2006 da revista *New York* trouxe na capa a manchete *2016 Tomorrowland* ("2016, a Terra do Futuro", em tradução livre), com a projeção de como seria Nova York dali a dez anos. Lembro-me do tumulto que causei por querer construir o *Trump Place* em Upper West Side de Manhattan, ao longo do Rio Hudson, poucos anos atrás. Trata-se de um lindo complexo de dezesseis edifícios residenciais com um parque, que deverá ficar pronto em breve. Bem, hoje, imaginamos que West Side abaixo do Javits Center será um bairro maior do que a cidade de Minneapolis em 2016, então acho que eu não estava errado em oferecer opções de moradia àquela região da cidade. Ser um visionário pode valer a pena de vez em quando, em especial depois de encontrar oposição, e foi isso o que aconteceu nesse episódio.

Uma razão para que Robert e eu ressaltemos determinadas coisas é porque as vemos no horizonte. Como disse antes, não queremos fazer terrorismo financeiro. Queremos apenas conduzir as pessoas na direção correta — antes que seja tarde demais e você diga: "Por que não vimos isso antes?!" Felizmente, estamos em uma posição, por causa de nosso histórico de sucesso individual, em que podemos dar algumas indicações do que poderá acontecer no futuro.

> A visão é abstrata até você se concentrar, colocar a mão na massa e trazê-la à realidade em que será útil.
>
> — *Donald J. Trump*

Tive de ser muito teimoso no episódio do desenvolvimento de West Side que acabei de mencionar. Na verdade, esperei trinta anos para ver isso acontecer. Mas, desde aquela época, eu sabia que seria um empreendimento importante para o futuro da cidade de Nova York. Conheço a cidade. Eu estava certo.

Olhe para Mark Burnett. Ele viu um novo caminho para a televisão, e também lidou com anos de rejeição. As pessoas simplesmente não entenderam o que ele queria fazer. Mas ele continuou porque sabia que estava certo. Quando os executivos da televisão finalmente conseguiram o que ele queria, quem criou um novo gênero e um novo capítulo da história da televisão? Mark Burnett.

Às vezes, é difícil definir o que é visão. Geralmente, ela se baseia em estudar a história de algo e prever como serão as coisas daqui a dez, vinte anos ou mais. Sim, há riscos envolvidos, mas pessoas que pensam no futuro costumam estar certas. Outro excelente exemplo é Leonardo da Vinci. Ele estava séculos à frente de seu tempo em suas invenções e ideias. Foram necessários séculos para o esclarecimento e a confirmação de seus dons visionários. Thoreau disse: "Se você construiu castelos no ar, não pense que desperdiçou seu trabalho; eles estão onde deveriam estar. Agora construa os alicerces." A visão não passa de visão até você se concentrar, colocar a mão na massa e trazê-la à realidade onde ela será útil.

Lembro-me da frustração de Robert ao ver tantas coisas que eram claras para ele, mas que os outros não conseguiam enxergar. Ele disse que a pior parte era perceber que as pessoas pareciam *não* querer ouvir a respeito! Prefeririam continuar ignorantes — ou pelo menos desavisadas — a se tornarem pessoas informadas. Ficamos pensando — será que as pessoas não conseguem lidar com isso?

Não perderíamos nosso tempo escrevendo sobre isso se pensássemos desse modo. Temos razões para o que fazemos.

Você já pensou em como serão as coisas em 2026? Nós já pensamos. Fique ligado. Como Henry Kissinger disse: "A história não conhece lugares tranquilos nem platôs."

Donald guiando Robert em uma visita ao Trump National Golf Club, em Los Angeles.

A Sua Resposta

O que você aprendeu com os seus erros ou com os de outras pessoas nos negócios?

O que você aprendeu com os seus sucessos ou com os de outras pessoas nos negócios?

_____

_____

_____

Você é dono de seu próprio negócio? Se não for, gostaria de ser? Quais são os ingredientes que você acha mais importantes para o sucesso de um negócio?

_____

_____

_____

O que você admira nos donos de empresas de sucesso que você conhece?

_____

_____

_____

CAPÍTULO 20

Quais São Suas Filosofias sobre Deus, Religião e Dinheiro?

A Resposta de Robert

Quando criança, havia duas questões sobre Deus, igreja e religião que me deixavam confuso. A primeira era a ideia de que algumas pessoas iriam para o céu e outras não, mesmo que acreditassem no mesmo Deus. Lembro-me de perguntar a meu professor da escola dominical: "Qual é a diferença entre nossa igreja e a Igreja Católica?" Tinha oito anos, frequentava a igreja protestante da qual meus pais eram membros e tinha curiosidade quanto às diferenças. Fiquei chocado quando minha professora disse: "Bem, todos acreditamos em Jesus Cristo, mas os católicos não irão para o céu."

Essa resposta foi um golpe para mim. Quando perguntei o motivo, simplesmente me disseram: "Eles não pertencem à igreja certa."

Perturbado, e mais curioso ainda, perguntei a um colega católico se eu poderia ir à igreja com ele. Nos meses seguintes, fui a uma igreja católica e descobri que a congregação era formada de pessoas que acreditavam no mesmo Deus de minha família. Parei de frequentar a escola dominical da igreja de meus pais e perguntei a eles se eu poderia estudar sobre as diferentes religiões de meus colegas do colégio. Eles concordaram com a ideia.

Nos anos seguintes, perguntava aos meus colegas à qual religião ou igreja pertenciam e se poderia participar de um culto ou cerimônia com eles. Visitei templos e igrejas luteranas, metodistas, evangélicas, budistas e xintoístas. Na pequena cidade onde cresci, não havia colegas judeus nem muçulmanos. Mais tarde, visitei sinagogas e mesquitas.

Continuo perturbado em saber por que tantas pessoas acreditam que seguem a religião "certa" e que os outros pertencem à religião "errada". Como acredito piamente na liberdade de escolha religiosa, fico incomodado em ouvir pessoas dizerem que são os únicos que irão para o paraíso ou que são os únicos que seguem o verdadeiro Deus. Talvez essa seja a razão pela qual houve tantas guerras em nome de Deus e de religiões. Na minha opinião, a ideia de uma Guerra Santa é um paradoxo.

A Crença em Deus

No Vietnã, adquiri muita fé em uma força superior. Houve várias vezes em que quase morri ou vi um amigo morrer enquanto eu escapava como que por milagre.

Nos negócios, acredito piamente que se trabalhar com a melhor das intenções e cumprir a minha missão, um chamado mais elevado, obterei a força de um ser supremo. Acredito que se trapacear, mentir ou não for sincero, diminuirei a força do que os índios americanos chamam de Grande Espírito. Também acredito que quanto mais me dedico a atingir os mais elevados padrões legais, éticos e morais, maior o poder do Grande Espírito em meus negócios.

O Primeiro Mandamento

Tenho um tremendo respeito ao verdadeiro primeiro mandamento, que deveria ser: "Não façais ao próximo o que não desejais receber dele." Toda vez que fico com raiva, aborrecido ou alguém faz algo errado, em vez de desforrar com meu humor, pergunto a mim mesmo: "Como gostaria que esta pessoa me tratasse agora?" Não que eu sempre saiba o que devo fazer, mas pelo menos eu tento agir corretamente. Por exemplo, tive um amigo com o qual me desentendi. Gostaria que ele me procurasse e pedisse desculpas, o que significa que sou eu quem deveria tomar a iniciativa de procurá-lo e pedir desculpas. Mas fui teimoso e não liguei para ele a fim de esclarecer o mal-entendido.

Encontrando Seu Caminho

Pessoalmente, gosto do que a religião hindu chama de *dharma*, que significa o caminho que o ser supremo definiu para você segundo o que você mesmo escolheu.

Quando decidi ensinar e seguir uma profissão que meu coração mandou, minha vida mudou sensivelmente. Em *Empreendedor Rico*, meu livro sobre empreendedorismo, conto sobre minha decisão de me tornar professor e toda a boa sorte que surgiu em meu caminho quando a coloquei em prática. Uma das bênçãos divinas de minha vida foi minha esposa, Kim, ter entrado na minha vida no momento em que decidi lecionar.

Tenho uma tremenda confiança em Deus, em uma força superior. Apenas questiono algumas crenças de várias religiões sobre Deus e quem é dono da chave do paraíso. Na minha opinião, nosso principal trabalho na vida é fazer da Terra um pouco do céu.

Uma Segunda Confusão

A segunda confusão em minha mente foi a respeito de Deus e do dinheiro. Ainda me lembro de uma amiga de minha mãe, uma mulher muito rica que sempre se referia ao dinheiro como algo do mal. Imaginava o motivo e pensava que já que ela pensa que o dinheiro é demoníaco, deveria doar todo o dinheiro à igreja que frequenta.

Eu não sabia se era uma atitude herege *querer* ficar rico. Questionava também se os pobres iriam para o céu e os ricos não. Essa confusão entre Deus e o dinheiro me perseguia.

Descobri a resposta em um acampamento de verão da igreja. Convidaram um jovem ministro para participar do acampamento. Ainda me lembro do dia em que ele entrou no camping. Todos os outros líderes mais velhos bufavam enquanto ele atravessava o campo com um violão a tiracolo, usando calças jeans, camiseta e botas de caubói. Deixe-me lembrá-lo de que isso aconteceu no Havaí, no início dos anos 1960, e que as únicas pessoas que se vestiam assim eram os delinquentes juvenis dos filmes. Naturalmente, as crianças gostaram dele imediatamente.

Em vez de dar sermão e dizer o que deveríamos ou não fazer, ele nos levou a cantar e dançar. Em vez de fazer com que nos sentíssemos incomodados ou culpados, ele nos ensinou a nos sentirmos bem conosco.

O ministro chefe da igreja parecia um pau de sebo com vestido. Costumava nos alertar com irritação sobre os possíveis pecados da carne. Então, quando esse ministro jovem e alegre chegou, a tensão entre os dois ficou clara. Durante uma de nossas noites perto da fogueira, fiz minhas costumeiras perguntas sobre dinheiro. O ministro mais velho começou com a ladainha de que *o amor ao dinheiro era a raiz de todo o mal e que era mais fácil um camelo passar pelo buraco de uma agulha do que um rico entrar no reino dos céus.* Senti a minha alma se encolher culpada com o desejo de tornar-me um homem rico.

O ministro da juventude tinha uma abordagem diferente em relação a Deus e ao dinheiro. No lugar do discurso inflamado contra o amor ao dinheiro, contou-nos a história do homem rico e seus três servos, conhecida como a Parábola dos Talentos, encontrada no livro de Mateus. A narrativa conta que, antes de fazer uma viagem, o homem rico deu a seus três servos algum dinheiro (talentos). A um, deu cinco talentos; a outro, dois, e, ao terceiro, um talento.

O que recebeu cinco talentos imediatamente negociou e transformou seus cinco talentos em dez. O que recebeu dois talentos conseguiu juntar mais dois. Já o que recebeu um único talento cavou um buraco no chão e o enterrou.

Quando o patrão voltou, disse a cada um dos servos que dobraram a quantia de talentos: "Muito bem, servo bom e fiel; sobre o pouco foste fiel, sobre muito te colocarei; entra no gozo do teu senhor."

A essa altura da parábola, o ministro disse: "Observe as palavras, 'entra no gozo do teu senhor'. O que vocês acham que isso significa?"

Alguns se atrapalharam arriscando encontrar uma resposta, até que finalmente uma garota disse: "Nosso mestre quer que sejamos ricos. Ele fica feliz quando somos ricos, quando participamos de seu mundo de abundância?"

O ministro da juventude sorriu, mas não respondeu. Então, ele disse: "Deixe-me ler o que disse o servo que enterrou seu talento." Abaixou o violão, abriu a Bíblia e leu a resposta do servo:

"Senhor, eu te conhecia, que és um homem duro, que ceifas onde não semeaste, e recolhes onde não joeiraste; e, atemorizado, fui esconder na terra o teu talento; eis aqui, tens o que é teu."

O ministro ergueu os olhos para ver se ainda ouvíamos e disse: "Ele alegou que o senhor era um homem duro e não fez nada."

"Quer dizer que ele culpou o patrão?", perguntou a jovem que tentara responder antes.

O ministro sorriu novamente e leu a resposta do patrão ao servo: "Servo mau e preguiçoso."

"O patrão o chamou de mau e preguiçoso?", perguntou outro jovem ao redor da fogueira. "Por que ele não multiplicou o dinheiro? Quer dizer que ele chamou o servo de mau e preguiçoso por não multiplicar o dinheiro?"

O ministro limitou-se a sorrir e continuou a leitura: "Sabias que ceifo onde não semeei, e recolho onde não joeirei? Devias então entregar o meu dinheiro aos banqueiros e, vindo eu, tê-lo-ia recebido com juros. Tirai-lhe, pois, o talento e dai ao que tem os dez talentos."

"Então o mestre recompensou o servo que ganhou mais dinheiro?", perguntei.

O ministro respondeu: "Foi isso o que você entendeu?"

"É o que me parece", falei. "Isso quer dizer que quanto mais eu ganho, mais ganharei?"

O ministro sorriu e dedilhou o violão suavemente.

"O patrão da parábola é Deus?", perguntou uma jovem. "E nós somos os servos?"

"Deus recompensa as pessoas ricas mais do que as pobres?", perguntou outro garoto.

"Se Deus é o patrão, Ele recompensa os ricos e pune os pobres?", perguntou a pessoa que estava sentada ao meu lado.

A essa altura, o ministro mais velho balançou a cabeça, imaginando aonde essa conversa chegaria. O ministro da juventude continuou dedilhando o violão, deixando os pensamentos girarem na cabeça da moça para que cada um de nós interpretasse a mensagem da parábola. Por fim, com a fogueira estalando e a fumaça mesclando-se ao ar da noite, ele disse: "O que a parábola diz sobre as pessoas que têm dinheiro e as que não têm?"

"Que pessoas sem dinheiro são preguiçosas?", perguntou um garoto do outro lado da fogueira. "Ou que as pessoas sem dinheiro são más?"

"Não, não é isso", disse outro garoto. "Isso seria cruel demais. O mundo está repleto de pobres."

"Mas o que significam as palavras 'entra no gozo do teu Senhor'? Isso não quer dizer que a riqueza traz felicidade?"

"Não, não é isso!", gritou outro rapaz. "Meu pais dizem que os ricos não são felizes. Eles dizem que somente as pessoas pobres e boas irão para o céu. Dizem que o amor ao dinheiro é a raiz de todo o mal."

"Ok, ok", disse o ministro, acalmando os ânimos depois do polêmico argumento. "Deixem-me concluir." Baixou o violão novamente e terminou a leitura, dizendo: "Porque a todo o que tem, *dar-se-lhe-á, e terá em abundância*; mas *ao que não tem, até aquilo que tem ser-lhe-á tirado.*"

A fogueira estalava no silêncio. Ninguém falou nada. Os dois ministros, o jovem e o mais velho, ficaram calados.

"Isso quer dizer que o rico ficará mais rico e o pobre, cada vez mais pobre?", perguntou uma garota.

Os dois ministros continuaram calados.

"Isso não seria justo", disse a garota. "Deus deveria dar aos que nada têm. Deveria ser generoso com os pobres."

"Sim, isso não é justo", disse outra pessoa. "Estas palavras: 'A todo o que tem, dar-se-lhe-á, e terá em abundância; mas ao que não tem, até aquilo que tem ser-lhe-á tirado' são terríveis."

"Isso significa que as pessoas são preguiçosas e más?", perguntou uma voz discreta de alguém cujo rosto eu não conseguia enxergar na escuridão. "É por isso que perdem o pouco que têm?"

A conversa continuou até a fogueira se apagar. Colocando água nas brasas, o ministro da juventude disse: "Hora de ir para a cama. Todos vocês podem encontrar suas próprias respostas para essa parábola. Alguns continuarão a pensar que dinheiro não é importante, outros pensarão que os ricos são maus ou que os pobres têm melhores chances de ir para o céu. Seja qual for a conclusão a que chegarem, ela determinará o resto de suas vidas."

Embora talvez eu não entenda totalmente o significado da parábola, entendo que o patrão deu dinheiro para a pessoa que multiplicou o que recebeu inicialmente. Também deduzi que o mestre era capaz de criar do nada, ou seja, ele era criativo e a criatividade é infinita, portanto, o dinheiro é infinito — abundante. E ser criativo e ter abundância representavam o gozo do patrão. Quanto ao que acontece com aqueles que não multiplicam seus talentos e o pouco que têm lhes é tirado, ainda não estou certo do pleno significado. Tenho minhas suspeitas. No entanto, as palavras do ministro da juventude naquela noite me pareciam verdadeiras. A resposta que aquela noite me deu após ter saído de lá afetou o resto da minha vida.

> Na minha opinião, nosso principal trabalho na vida é fazer da Terra um pouco do céu.
>
> — Robert T. Kiyosaki

A Diferença entre o Bem e os Bens

O meu pai rico me ensinou a diferença entre o bem e os bens. Ele dizia: "Se você quiser ser mais parecido com Deus e transformar qualquer coisa em um tesouro, precisa saber a diferença entre o bem e os bens." Explicando mais adiante, ele me disse: "A diferença entre o bem e os bens é o plural." E continuou: "O plural, em os bens, significa quantidade, materialidade. O bem é abstrato e singular. Você precisa ser singular em se preocupar e ajudar os outros, pensando nessa abstração. Se você não incorporar essas diretrizes em seu caráter, nunca vai desenvolver *O Toque de Midas*[1] — a capacidade de transformar qualquer coisa que você toque em ouro."

A Resposta de Donald

Percebi que as pessoas com algum tipo de fé profunda parecem mais sensatas e produtivas. Elas têm um senso de propósito que não pode ser destruído e não desanimam facilmente. Sejam judeus, cristãos, budistas, muçulmanos, não importa o credo, a fé lhes dá direção e dedicação que pode desafiar a análise comercial.

Tenho alguns funcionários que guardam o dia santo do pôr do sol das sextas-feiras ao pôr do sol do sábado e, portanto, precisam sair do escritório mais cedo. São indivíduos trabalhadores e eu respeito sua dedicação e observância fiel. Quando viajam comigo, chego a programar o voo em meu jato para chegar a tempo de cumprirem as exigências religiosas das sextas-feiras. Eles têm suas prioridades e eu posso sacrificar algumas horas no escritório para esse fim. Sei que são dedicados e que não estão à procura de uma horinha extra de descanso.

Fui criado em uma família cristã e ensinado a respeitar as crenças dos outros. Todos nós sempre tivemos amigos de diferentes credos. Sinto que isso aprimorou nosso entendimento do mundo e das pessoas. E esse entendimento pode substituir o ódio e ser uma saída para algumas das guerras que este planeta tem de suportar.

Vivo recebendo Bíblias das pessoas; às vezes, porque elas acham que sou um professor, e outras porque pensam que preciso delas. Sei que já fui contra alguns dos ensinamentos, a saber, porque dizem que devemos "ferrar" os outros antes que eles

---

[1] Há, aqui, uma referência ao livro *O Toque de Midas*, escrito por Trump e Kiyosaki, também integrante da série *Pai Rico*. (N. E.)

"ferrem você". Isso não é exatamente seguir a lição de "dar a outra face" que todos já ouviram falar, mas trata-se da natureza do ramo de negócios em que atuo.

Em muitos casos, sigo alguns preceitos de sabedoria bíblica de meu agrado, como "sede prudentes como as serpentes e simples como as pombas". Isso mantém meu autocontrole e acrescenta-me uma boa dose de inteligência.

> Nunca acreditei que a prosperidade fosse algo ruim ou de que devêssemos fugir.
>
> — *Donald J. Trump*

Certamente, não sou perito no assunto, mas posso ver como as pessoas podem passar décadas estudando a Bíblia. Esse livro sagrado traz muita sabedoria, ensinamentos e um imenso conteúdo histórico a aprender. Como meu pai era amigo do dr. Norman Vincent Peale, pude conhecer o autor e o famoso livro *O Poder do Pensamento Positivo*, que recomendo até hoje.

Ter fé significa acreditar em uma força acima de nós. Estou certo da existência de um poder superior. Essa ideia me dá força para perseverar em cada circunstância. É um dom imprescindível que os líderes têm. Eles sabem que não são onisceintes nem onipresentes, mas fazem o melhor que podem pelas pessoas que os cercam e tentam ao máximo ter o panorama geral em mente ao tomar decisões.

Costumo olhar para um quadro que tenho de uma galáxia, porque isso me mantém focado na pequenez de meus problemas diante dos problemas do universo. Essa imagem me dá perspectiva e, de repente, não me sinto pressionado. Mantenho-me responsável por minha família, meus funcionários, meus negócios, mas sei que, enquanto tiver fama e sucesso, haverá uma força muito superior à minha. A fé nos mantém confiantes e humildes ao mesmo tempo.

Sua Resposta

O que você pensa sobre religião e dinheiro?

Como suas crenças religiosas afetam o que você sente em relação ao dinheiro?

_____

_____

_____

Você acredita que vivemos em um mundo de abundância ou de escassez?

_____

_____

_____

Parte 4

Se Estivesse no Meu Lugar, o que Você Faria?

Uma das coisas mais arriscadas que alguém pode dizer é: "Tenho $10 mil. O que devo fazer com esse dinheiro?" O problema de declarar que você não sabe o que fazer com seu dinheiro é atrair milhões de pessoas que realmente sabem o que *fazer* com ele — usá-lo.

A maioria das pessoas quer encontrar uma fórmula mágica. As pessoas que querem ouvir o que fazer com o dinheiro, geralmente, são aquelas que aceitam os conselhos de um típico consultor financeiro, que diz para economizar, liquidar as dívidas, investir em longo prazo e diversificar. Se você está procurando alguém para dizer-lhe o que fazer com seu dinheiro, saiba que a maioria dirá que a melhor estratégia é viver abaixo de seus recursos. Se isso o atrai, siga em frente.

As pessoas que procuram uma resposta milagrosa costumam investir para não perder. Em geral, morrem de medo de cometer erros. Se você fica apavorado com a possibilidade de errar, encontre alguém que tenha a fórmula mágica e entregue seu dinheiro a essa pessoa.

Donald e Robert acreditam em preparação e educação financeira, não em respostas padronizadas. Também preferem expandir continuamente seus recursos a viver abaixo deles.

Nesta parte do livro, Donald e Robert oferecem conselhos gerais para grupos específicos de pessoas sobre como progredir, aprimorando sua preparação e educação financeira.

CAPÍTULO 21

Ainda Sou um Estudante. O que Devo Fazer?

A Resposta de Robert

Se estiver no ensino médio ou for mais jovem ainda, sugiro que se concentre em se divertir. Se algum dia você observar filhotes de gatos e cães brincando, verá que eles aprendem muitas habilidades essenciais à vida adulta brincando. Divirta-se, brinque e aprenda.

Sinto pelas crianças de hoje, cujos pais começam a prepará-las para entrar na universidade desde o jardim de infância. No Havaí, pais abastados pagam mais de US$1 mil ao mês para que um bebê de seis meses frequente um berçário que prepara para a faculdade. É a escolha deles, mas eu não gostaria de estar na pele dessas crianças.

O mais difícil para mim, quando criança, foi não saber que era pobre até ir para a escola. Tudo piorou pelo fato de não poder dizer aos meus pais, aos adultos ou aos meus professores que queria ficar rico. Em minha família, querer ficar rico, ter um verdadeiro desejo por dinheiro, era um sacrilégio. Sei que em muitas famílias, ainda hoje, isso continua sendo pecado.

Se você é um jovem que cresce em uma família ou círculo de pessoas que acha ruim a ambição, que acredita que o dinheiro é maléfico, fique na sua. Não contrarie os adultos. Não vale a pena. Encontre amigos na escola ou pela internet que pensem como você e seja sincero consigo sem violar os valores de sua família. Ela é importante.

Se sua família apoia seu desejo de tornar-se rico, então envolva-a em sua jornada. Em muitos de meus seminários, como os que Donald e eu ministramos juntos, é comum ver jovens trazerem seus pais.

Muitas vezes, pais e mães me abordam, apontando o filho ou a filha e dizendo: "Ele leu seu livro e insistiu em trazer-me a este evento. Se não fosse por ele, eu não estaria aqui."

Lembre-se disto: dinheiro em si não é nem bom nem mau. Contudo, há muitas pessoas que cometem maldades por dinheiro. Muitos temem que, se você tiver amor ao dinheiro, acabará virando uma pessoa gananciosa, como muitos que existem por aí. Lembre-se sempre de que, se você decidir ficar rico, poderá também optar por ser um rico bom e generoso, e não insensato por causa do dinheiro.

Uma das bênçãos que tive em minha vida foi que meus amigos ricos não eram esnobes. Eram legais com todo mundo. No beisebol ou no futebol americano, jogávamos todos no mesmo time, ricos ou pobres. Hoje, sei que as coisas mudaram. Muitas crianças formam panelinhas de exibicionistas, que discriminam os menos afortunados ou menos "chiques". Se você decidir ser um garoto rico, peço que se lembre de ser bom, de respeitar todas as crianças e de não ser esnobe.

Dois Desafios da Escola

Enfrentei dois desafios na escola. O primeiro foi que insistiam em me programar para arrumar um emprego. Os professores presumiam que eu seria um empregado no quadrante E. Mas eu queria ser empresário. Graças a Deus, as escolas modernas contam com matérias relacionadas aos negócios e empresas júnior para alunos que desejam se tornar empresários. No meu tempo, existiam poucas coisas desse tipo e, ainda por cima, eram comandadas por pessoas que não entendiam muito de negócios.

O segundo desafio foi que as escolas puniam quem cometia erros. Isso não é uma idiotice? Afinal, é errando que se aprende. Aprendi a andar de bicicleta, skate e a surfar levando vários tombos. Se tivesse sido punido por ter caído, talvez nunca tivesse aprendido nada disso. Quando errar, não minta nem finja que não errou, como muitos adultos fazem. Em vez disso, aprenda com seus erros e aprenderá mais rápido do que aqueles que evitam errar ou fingem que não erram.

Dois Ótimos Exercícios

Exercício #1: quando tiver idade suficiente e seus pais permitirem, um excelente exercício prático é fazer um orçamento e comprar alimentos para a família para uma semana. Digamos que sua família disponha de $100 por semana para a compra de alimentos. Planeje o cardápio e compre os ingredientes sem sair do orçamento, e satisfaça a todos. Faça isso várias vezes até aprimorar-se em definir orçamentos e deixar sua família feliz com suas escolhas alimentares. É um ótimo exercício prático sobre orçamento doméstico.

Quando fiz isso, tinha quinze anos e só ouvi reclamações. Embora tenha ficado dentro do orçamento, minha família se cansou de comer feijão e cachorros-quentes. Depois desse exercício, senti muito mais compaixão por minha mãe.

Exercício #2: a maioria das pessoas tem dificuldades financeiras porque na escola só se aprende a *trabalhar pelo dinheiro*. Raramente aprende-se a fazer com que o dinheiro trabalhe para elas.

Depois de dominar a arte do orçamento alimentar, você poderá aprender como ganhar dinheiro usando o próprio dinheiro. O exercício é simples se você for criativo, mas difícil se não usar a imaginação. Tudo o que você tem a fazer é pegar $10 e ver quanto tempo leva para dobrar a quantia chegando a $20. Você pode emprestar para um amigo e cobrar juros de $1 ao mês e, então, demorará dez meses para dobrar o dinheiro. Ou então pode comprar e vender na internet. Se for bom nisso, talvez duplique o montante em um dia. O desafio é descobrir quantas maneiras diferentes existem para aplicar o dinheiro e ganhar com isso.

A maioria dos adultos tem dificuldades financeiras porque não faz ideia de como esse mecanismo funciona. Sabe apenas trabalhar, receber o salário e gastar o que ganha. Se você quiser ficar rico, terá de aprender outras maneiras de ganhar dinheiro usando o próprio dinheiro.

Aprendiz e Mentor

Tanto Donald quanto eu tivemos pais ricos como mentores. Talvez seja por isso que Donald faça um estrondoso sucesso na televisão com o programa *O Aprendiz*. Anos atrás, antes da existência de escolas controladas pelo governo, os jovens aprendiam tornando-se aprendizes de seus mentores. Esse sistema mentor/aprendiz era o principal método de aprendizagem. No tempo das cavernas, as crianças aprendiam com adultos que eram seus mentores.

> A maioria das pessoas tem dificuldades financeiras porque na escola só se aprende a *trabalhar pelo dinheiro*. Raramente aprende-se a fazer com que o dinheiro trabalhe para elas.
>
> — Robert T. Kiyosaki

Atualmente, em vez de mentores, temos professores. Embora existam semelhanças entre professores e mentores, também há diferenças. Uma delas é que o professor ensina uma matéria enquanto o mentor é alguém que você almeja ser quando crescer.

Uma das dificuldades que tive quando criança foi que meu pai era professor e, embora o amasse, não queria ser como ele quando crescesse. Ele me ensinou muitas coisas preciosas — como a importância da honra, do amor aos estudos, da honestidade e da coragem de se voltar contra um sistema de governo corrupto, mesmo que isso implicasse em perder o emprego. Fiz o possível para incorporar muitos desses traços à minha personalidade de adulto. Entretanto, não queria me tornar um professor e trabalhar para o governo como fez meu pai. Não queria precisar de um emprego nem da aposentadoria do governo na maturidade. Queria ser um empresário rico que investisse em imóveis. Foi por isso que procurei um mentor, o meu pai rico.

Hoje, sou professor. A diferença é que sou um empreendedor que tem uma empresa de ensino. Se não fosse o tempo em que fui aprendiz do meu pai rico, duvido que hoje eu seria empresário do setor de educação que investe em imóveis, ouro, prata e petróleo. Em suma, por ter procurado um mentor, pude assimilar o melhor de meus dois pais.

Lembre-se da diferença entre professor e mentor. Se tiver sorte, e um mentor que decida aceitá-lo como aprendiz, honre essa pessoa com respeito pelo tempo e sabedoria dedicados a você.

A vida colocará várias pessoas em seu caminho. Você amará algumas e desejará não ter conhecido outras. Mas aprenderá algo com cada uma delas.

Uma Palavra sobre a Escola

Embora não gostasse da escola, não fosse bem nos estudos e utilizasse pouco do que lá aprendi, ainda recomendo que os jovens concluam seus estudos, pelo menos até o fim da faculdade.

Por que recomendo isso? Pelas seguintes razões:
1. O ensino médio e o superior são fases de crescimento. Acreditava conhecer todas as respostas quando estava na escola e na faculdade, e tudo o que descobri depois de sair do colégio foi o quanto eu não sabia.

2. Um diploma universitário é um ingresso. Significa que você concluiu alguma coisa. Significa que concentrou-se por pelo menos quatro anos. Se não tivesse um diploma universitário, nunca seria admitido na Escola de Voo da Marinha. Como piloto de helicóptero, costumo deixar os chefes da tripulação alistados pilotarem. Quase todos pilotam melhor que eu, mas, como não têm diploma universitário, os militares não permitem que pilotem.
3. A faculdade nos dá a oportunidade de explorar várias matérias e interesses diversos. Fiquei surpreso ao descobrir o quanto gostava de estudar economia. Se não tivesse feito faculdade, não saberia tanto sobre as tendências econômicas globais nem sobre o jargão dos economistas.

Por que Devo Estudar?

Sempre que estudantes universitários me perguntam: "O que o senhor recomenda que eu estude?", recomendo duas coisas.

São elas:

1. Contabilidade
2. Direito comercial

Não as recomendo porque acho que todos devem se tornar contadores ou advogados, mas porque com elas o aluno consegue examinar negócios ou investimentos. Entender essas duas matérias é como colocar olhos de raios X e conseguir ver o que a maioria não é capaz.

Consultores financeiros podem convencê-lo de entregar-lhes seu dinheiro porque sabem que você acredita que eles podem ver o que você não consegue. Querem que você pense que eles conhecem o caminho das pedras. Bem, alguns até podem conhecer, mas a maioria não. Muitos desses conselheiros são vendedores (e por isso são também chamados de *brokers*). Como eu disse, a maioria não investe no que recomenda a seus clientes.

Um dos benefícios de se frequentar a escola e estudar matérias diferentes é que você aprende as disciplinas e os "jargões" específicos de diferentes profissões. Por exemplo, quando fui para a escola de voo, aprendi as disciplinas dos pilotos e o jargão deles. Quando estava na academia, aprendi as disciplinas necessárias para viver em um navio e tornar-me oficial. Aprendi que a indústria naval não usa as palavras direita ou esquerda, mas estibordo ou bombordo.

Quando você estuda contabilidade, aprende a ler os números e as palavras específicas dessa área. Os que leram *Pai Rico, Pai Pobre* devem se lembrar de que meu pai rico tinha uma definição para a palavra *ativo* diferente daquela do meu pai pobre. É por isso que meu pai pobre chamava a casa própria de *ativo* enquanto o meu pai rico a designava como *passivo*. Diferentemente do meu pai pobre, meu pai rico entendia as definições dessa palavra. Essa distinção fez a grande diferença na vida desses dois homens. Ainda encontro jornalistas financeiros e vendedores que querem discutir sobre as definições de ativos e passivos.

A propósito, o motivo pelo qual a maioria das casas consiste em passivo é porque, em contabilidade, há três formas básicas de relatório. São elas:

1) A demonstração financeira, ilustrada a seguir:

DEMONSTRAÇÃO FINANCEIRA

Renda
Despesas

2) O balanço patrimonial, mostrado abaixo:

BALANÇO PATRIMONIAL

Ativos	Passivos

3) O demonstrativo do fluxo de caixa. Esse é o relatório ao qual muitas pessoas, inclusive alguns contadores, não prestam atenção. Se você é investidor, diferentemente de muitos contadores, terá de prestar muita atenção ao demonstrativo do fluxo de caixa. Como qualquer empresário ou investidor sabe, o fluxo de caixa é o rei.

Este é o demonstrativo do fluxo de caixa do jogo *CASHFLOW*:

Recentemente, participei do programa de televisão *20/20*. Eles não pintaram um quadro favorável de mim e dos meus livros. No programa, havia vários autores financeiros da preferência de seus organizadores. Um especialista em finanças que antes do ano 2000 recomendava ações no setor de tecnologia, de repente, em 2006, tornou-se especialista em imóveis. No programa *20/20*, recomendava-se que as pessoas comprassem a casa dos seus sonhos. Esse ex-especialista em ações, que de uma hora para a outra se tornou especialista em imóveis, estava ajudando um casal a comprar a casa dos sonhos em dinheiro. Ele disse ao casal que a casa era um ativo — no auge da bolha imobiliária, com as taxas de juros em elevação e o aumento dos financiamentos. Dá para imaginar isso? De acordo com ele, a casa era um ativo porque eles jogavam dinheiro fora pagando aluguel. Como investidor profissional, eu teria recomendado ao casal que continuasse pagando aluguel até o arrefecimento do mercado imobiliário.

O outro especialista financeiro do *20/20* disse que a maioria dos milionários dirigia Toyotas. Como disse no início deste livro, existem mais milionários hoje do que nunca, simplesmente porque o dólar caiu e o valor dos imóveis subiu, portanto, eles não passam de milionários — no papel.

É claro que não há nada de errado em dirigir um Toyota. Mas eu não escolho viver abaixo de minhas posses como o outro autor sugere. Queria ficar rico porque gosto de viver o bom da vida... e não abaixo de meus recursos. Se você quer viver abaixo de suas possibilidades sendo um milionário, vá em frente. A escolha é sua.

Estude contabilidade e direito comercial, aprenda sobre as tendências do mercado e não será enganado por pessoas que posam de "especialistas" (ou que sejam apontadas como tais pela mídia), mas que não são verdadeiros investidores.

O apresentador do programa, um jornalista tarimbado, reclamou que em meus livros não dou respostas específicas. Não digo às pessoas: "Entreguem seu dinheiro para mim e diversifique, diversifique, diversifique, para que eu possa ganhar uma comissão maior", nem, "Compre uma casa porque você está jogando o dinheiro do aluguel no lixo", porque prefiro ensinar as pessoas a pensarem por conta própria. Afinal, às vezes, é melhor alugar do que comprar — e *você* deve ser capaz de determinar o que é melhor para você. Embora eu pense que ter uma casa é importante, saber quando, onde e quais as taxas de juros do financiamento também são quesitos cruciais. Como qualquer comprador inveterado sabe onde estão as promoções, um investidor inveterado não gosta de comprar até encontrar uma liquidação pela frente. Aconselhar um casal a comprar uma casa com o mercado imobiliário aquecido e pagar o preço sem ter dinheiro para um cappuccino parece uma maneira tola e precária de tornar-se proprietário de um imóvel.

As pessoas conseguem raciocinar melhor por conta própria instruindo-se a respeito de finanças... quando conseguem colocar os óculos de raios X, em vez de não enxergar um palmo adiante do nariz. Faça um curso de contabilidade e de direito comercial, mesmo que não tenha planos de tornar-se contador ou advogado.

Uma Palavra sobre Fluxo de Caixa

O fluxo de caixa é importante porque é o principal controle que o empresário ou investidor deve manter. Conforme dito anteriormente, o motivo pelo qual adoro negócios relacionados a imóveis ou à compra ou à construção de empresas é que eles proporcionam controle. Muitos investidores pensam que investir é arriscado porque investem em aplicações sobre as quais não têm controle — como poupança, ações e renda fixa.

Quando você olha para o diagrama de um demonstrativo financeiro, entende por que o controle do fluxo de caixa é tão importante para os investidores profissionais e empresários.

DEMONSTRAÇÃO FINANCEIRA

Renda

Despesas

O sinal de um elevado QI financeiro é um alto fluxo de caixa entrando na coluna Renda. O sinal de baixa inteligência financeira é o excesso de fluxo de caixa na coluna Despesas.

A nação norte-americana e muitos de seus indivíduos enfrentam dificuldades financeiras porque não conseguem aumentar o fluxo de dinheiro na coluna Renda e perderam o controle sobre o fluxo de caixa que sai por meio da coluna Despesas. Além disso, em vez de criar ativos, continuam contraindo mais dívidas, o que acelera o fluxo de caixa para a coluna Despesas. Uma pessoa com muitas dívidas em cartões de crédito que contrai um empréstimo para liquidar esses débitos, mas depois continua comprando e gerando altas faturas em cartões de crédito, é exemplo de alguém que perdeu o controle.

Meu pai rico recomendava que eu dedicasse vários anos a aprender a vender, a bater às portas, porque queria que eu aprendesse a controlar o dinheiro que entrava na coluna Renda de meu demonstrativo financeiro. Muitas pessoas enfrentam dificuldades financeiras simplesmente porque não são boas em vendas ou marketing. Você pode notar que Donald Trump possivelmente é o maior marqueteiro do mundo, atualmente. Sua marca é sinônimo de dinheiro e atrai cada vez mais dinheiro.

É muito interessante constatar que meu pai rico dizia que a coluna Despesas é a mais importante delas. Ele dizia: "A maioria gasta e fica pobre. Se você quer ficar rico, precisa saber como gastar para enriquecer." O diagrama a seguir explica por que ele dizia isso:

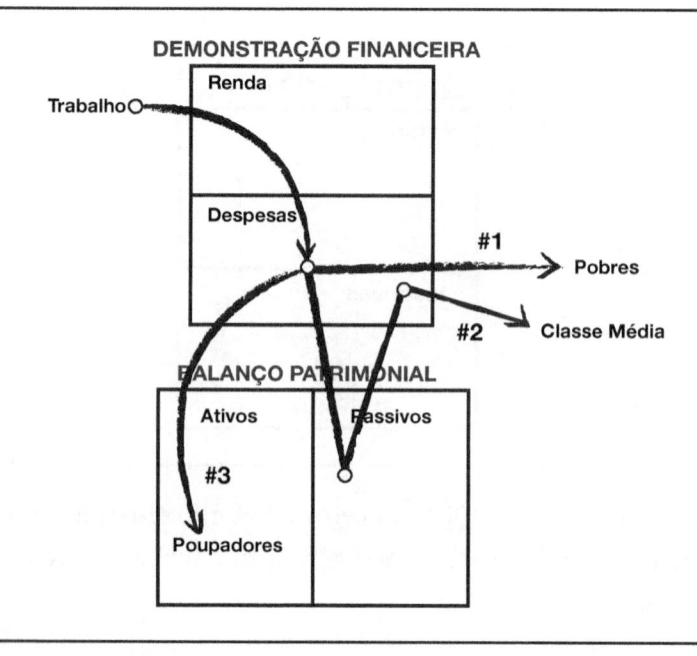

DEMONSTRAÇÃO FINANCEIRA

- Trabalho → Renda
- Despesas
- #1 → Pobres
- #2 → Classe Média

BALANÇO PATRIMONIAL

- Ativos | Passivos
- #3 → Poupadores

Esses são os três controles básicos da coluna Despesas. Uma das razões pelas quais milhões de pessoas enfrentam dificuldades é porque têm apenas o fluxo de caixa no #1 e o fluxo no #2. Se quiser ficar rico, a despeito de quanto ganhe, você precisará ter o fluxo de caixa no #3.

Como disse antes, o jornal *USA Today* conduziu uma pesquisa e descobriu que o maior medo nos Estados Unidos não é o terrorismo, mas o medo de ficar sem dinheiro na aposentadoria. Será que isso ocorre porque a maioria dos consultores financeiros e das pessoas tem mentalidade de poupador? O fluxo de caixa no #3 é um diagrama da mentalidade de um poupador. Para ficar muito rico e não viver abaixo de seus recursos, é preciso ter o fluxo de caixa no #4. Esse é o fluxo que Donald e eu temos.

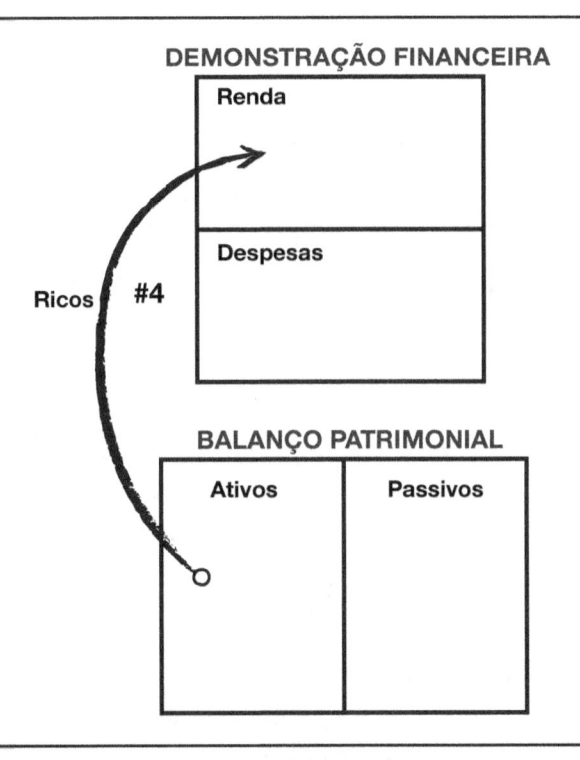

DEMONSTRAÇÃO FINANCEIRA

Renda

Despesas

Ricos #4

BALANÇO PATRIMONIAL

Ativos | Passivos

Quer você trabalhe, quer não, o dinheiro continua vindo dos ativos. Quanto mais nos esforçarmos para aumentar a coluna de ativos, maior será a injeção de dinheiro. Donald e eu temos dinheiro mais do que suficiente vindo do fluxo de caixa no #4. Não precisamos trabalhar, mas optamos por continuar trabalhando arduamente, aumentando os nossos ativos, o que nos torna ainda mais ricos.

Veja o exemplo das atividades de minha esposa. Em 1989, o primeiro investimento de Kim foi de US$45 mil em uma casa de dois quartos e um banheiro em Portland, Oregon, Estados Unidos. Sua demonstração financeira era mais ou menos assim:

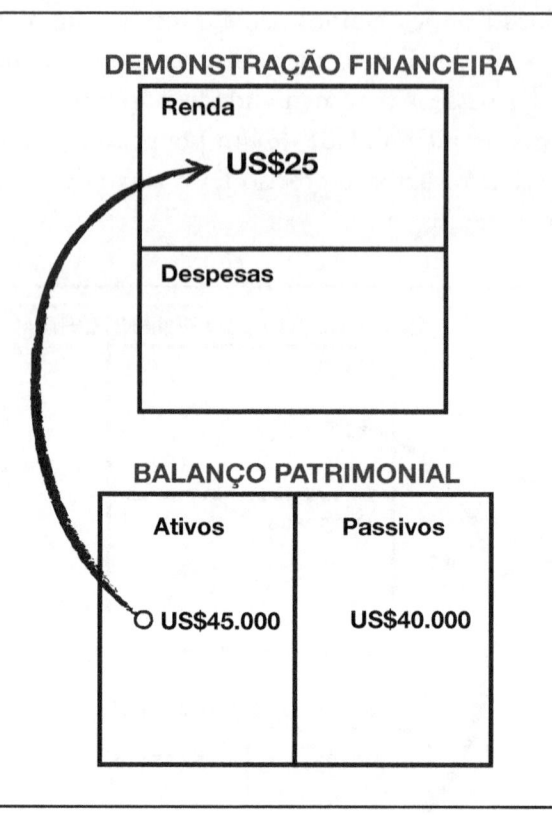

DEMONSTRAÇÃO FINANCEIRA

Renda
→ US$25

Despesas

BALANÇO PATRIMONIAL

Ativos	Passivos
○ US$45.000	US$40.000

Depois de analisar milhares de oportunidades de imóveis e comprar efetivamente cerca de 25 delas, Kim fez o seguinte investimento em 2004: comprou uma propriedade comercial por aproximadamente US$8 milhões e fez um depósito de US$1 milhão que tomou emprestado, financiando 100% da dívida. O fluxo de caixa líquido de Kim ficou conforme se segue:

DEMONSTRAÇÃO FINANCEIRA

Renda
US$30 mil

Despesas

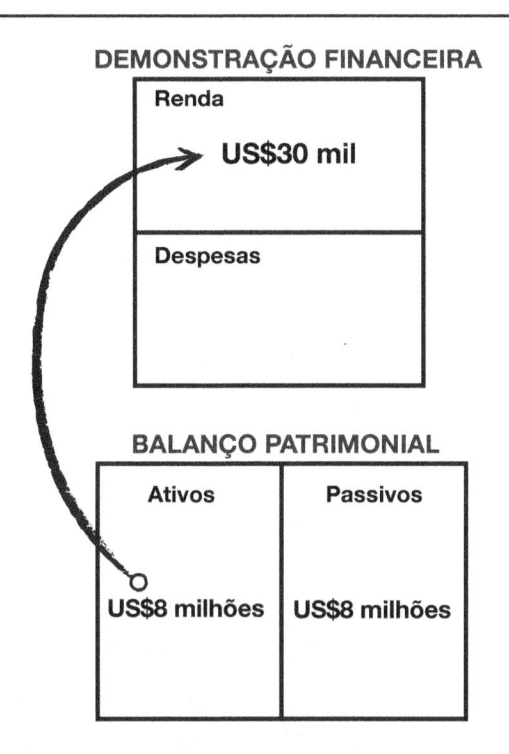

BALANÇO PATRIMONIAL

Ativos	Passivos
US$8 milhões	US$8 milhões

Em outras palavras, a cada mês ela ganha US$30 mil de renda líquida. Além disso, essa renda, por ser passiva, é tributada a uma alíquota de imposto mais baixa do que a de alguém que recebe um salário de US$30 mil por mês. Este é um investimento excepcional. Embora tais investimentos existam, eles são raros. Mas ser financeiramente proficiente, sendo capaz de ter visão de raios X, tem as suas recompensas. Se você fizer a matemática, o retorno sobre este investimento é infinito. Com certeza, atingir retornos de 10% faz os planejadores financeiros se gabarem.

Empreendedores e investidores em imóveis obtêm alto retorno sobre os investimentos porque é possível ser criativo nos setores de negócios e de imóveis. Criatividade e controle são, quase sempre, proibidos em ações, títulos e fundos mútuos.

Em 2005, Kim descobriu outro investimento. Dessa vez, aplicou US$1 milhão de seu próprio dinheiro, mas esse investimento lhe rende US$30 mil líquidos ao mês. Hoje, sua renda passiva, ou seja, o dinheiro que trabalha para ela, ultrapassa, com folga, US$1 milhão ao ano.

É por isso que recomendo que os estudantes cursem matérias de contabilidade e direito comercial na faculdade. Depois de formado, comece a praticar. Você terá de converter educação em experiência. Quanto mais praticar, mais aprenderá e mais experiência obterá. Você descobrirá que o risco diminuirá e os retornos aumentarão.

Kim escreveu um livro chamado *Mulher Rica*. Ela conquistou o direito de escrever esse livro. Kim levou dez anos para se aperfeiçoar na arte dos investimentos e agora, eu diria, ela está na esfera dos especialistas. Uma chamada na capa do livro diz tudo: "Odeio que me digam o que fazer!" Posso confirmar isso, Kim ficou rica porque quer a liberdade de viver do jeito dela.

Meu Banco Me Paga Juros

Posso ouvir alguns de vocês dizendo: "Bem, minhas aplicações me pagam juros como retorno." O problema com a poupança é a inflação e a determinação do pagamento dos juros feito pelo governo. Com aplicações, você terá um controle muito restrito sobre sua renda ou sobre o retorno de seu dinheiro.

As pessoas que se aposentam com rendas fixas, agora e no futuro, provavelmente verão a inflação subir, o que significa que o valor de seu dinheiro ou de suas aplicações pode deteriorar.

Prefiro aprender a controlar minha renda, o retorno sobre meu dinheiro, a confiá-lo a um banco. Faço aplicações sim, como uma reserva, mas não conto com isso para sobreviver.

Incentivo as pessoas a aprender a desenvolver a mentalidade de investidor, e não a de poupador. Você dormirá mais tranquilo quando envelhecer, se fizer isso.

Resumo

Se você estiver na faculdade, faça algumas matérias ou cursos que proporcionem educação básica em contabilidade e direito comercial. Quando concluir os estudos, dedique um tempo a converter o que aprendeu em experiência. Em tese, aprender a ter controle sobre o fluxo de caixa oriundo de renda, despesas, ativos e passivos parece fácil, mas, na prática, não é. Converter a teoria em experiência prática é vital.

O direito comercial dita as regras do jogo. Se você observar qualquer jogo, verá que sempre existem regras e os jogos profissionais sempre têm um árbitro.

Muitas vezes, tive problemas, não porque tivesse más intenções, mas simplesmente por não conhecer as regras ou por ter um consultor que não as conhecia; portanto, as regras são importantes, e quanto antes você entender as básicas, maiores serão suas chances de vencer o jogo.

Se você for bom em orçamentos e no controle do fluxo de caixa que entra na coluna Ativos, terá maiores chances de ficar rico. Se for bom em elaborar orçamentos e entender de controle e alavancagem, poderá ficar muito rico sem precisar de um emprego que lhe pague um alto salário. Há muitos pobres com altos salários simplesmente porque não sabem elaborar orçamentos nem alavancar, muito menos como manter o controle de suas finanças.

Portanto, faça um ou mais cursos de contabilidade e direito comercial. Conhecer um pouco dessas matérias, provavelmente, o ajudará a escolher bons contadores e advogados. (A propósito, os adultos podem fazer a mesma coisa na escola noturna ou em seus cursos comunitários locais. E, independentemente da idade, você pode se unir ou formar um clube CASHFLOW, e assumir o controle de sua educação financeira.)

Na *Rich Dad*, temos nosso site *www.RichKidSmartKid.com* (conteúdo em inglês), para tornar a educação financeira acessível gratuitamente para as escolas. É a nossa maneira de ajudar a nivelar o jogo dos investimentos para todas as crianças.

A Resposta de Donald

Nesta semana, recebi uma carta de um professor da Georgetown University que lecionou para meu filho Eric quando trabalhava nessa universidade. Eric se formou em Administração de Empresas no mês passado e, embora eu soubesse que ele era um aluno sério e com boas notas, devo admitir que não sabia o quanto ele era dedicado.

Esse professor mencionou que Eric era o único aluno, em todos os anos de magistério, que entregava os trabalhos uma semana antes do prazo estipulado. A ética de Eric tornou-se uma característica salientada por todos os outros professores. Ele também recebeu um prêmio por excelência em negociação e arbitragem (entre outros). O professor disse que, definitivamente, Eric se destacava dos demais, não porque tem mais de 1,90m de altura. Sem dúvida, fiquei muito orgulhoso de seu desempenho excepcional.

Mencionei anteriormente a importância de ir além do esperado se você quiser se superar. Estudei em minhas horas vagas e faria exatamente o mesmo se voltasse para a faculdade hoje. Não importa o que você estuda; seja qual for sua área, procure aprender mais. Leia o máximo que puder, aprenda tudo o que conseguir, todos os dias.

Conheci uma pessoa que fez especialização em literatura e não só lia todos os livros obrigatórios, como também lia e estudava as versões simplificadas. Perguntei por que fazia isso depois de ler a obra completa (e, conhecendo-o bem, eu sabia que havia lido com muita atenção). Ele respondeu: "Desse modo, posso comparar os resumos com as minhas ideias e formar um debate mental entre ambos. Quando termino de fazer isso, estou bastante familiarizado com o trabalho." Não é surpresa que ele tenha se tornado um advogado brilhante e muito culto. Ele se preparou sendo detalhista e fazendo além do esperado.

Eleve seus próprios padrões de exigência. Nunca se conforme em fazer o "suficiente". O mundo atual é competitivo e anda tão rápido que você precisa subir seu nível de energia e resistência para continuar na competição ou, pelo menos, para conseguir entrar nela.

Além disso, hoje o mundo é repleto de novas tecnologias que avançam constantemente e é necessário acompanhar o progresso. Você precisa estar bem informado e, com tanta coisa acontecendo, você tem uma tarefa e tanto pela frente.

A segunda grande lição de casa é manter-se em dia com os acontecimentos mundiais. Não seja negligente nessa área. Todos já ouvimos falar do mercado global. Bem, ele existe e é melhor você começar a se ligar nele. Leia e mantenha-se atualizado sobre os assuntos internacionais.

Na última temporada de *O Aprendiz*, tivemos um rapaz chamado Lenny, nascido na Rússia. Em uma das tarefas, os aprendizes tinham de compor um jingle. Bem, ele nunca ouvira um jingle antes. Não sabia do que se tratava. Alguns não acreditaram nele e pensaram que estava dando uma de bobo. Vimos que não era o caso quando ele começou a fazer um barulho estranho e depois tentou incluir o som de sinos. Percebemos, então, que ele estava pensando na canção natalina *Jingle Bells*. Tive de reconhecer seu esforço, mas isso prova que conhecer algo antes de tentar fazê-lo ajuda muito.

Verdade seja dita, há muita coisa a aprender neste mundo. Se você está na faculdade hoje e quer ser um vencedor na arena mundial, preste atenção e avance – todo santo dia. Não espere a oportunidade chegar até você.

Como disse Louis Pasteur: "O acaso só favorece a mente preparada." Em terceiro lugar, não negligencie suas habilidades pessoais, dentre as quais uma boa dose de educação financeira. Sua inteligência financeira pode ter impacto profundo em sua qualidade de vida, não importa quais sejam os seus interesses. Não deixe que pontos cegos interfiram ou prejudiquem seu projeto de vida. É muito útil pensar como um construtor e saber que cada centímetro de um edifício ou cada aspecto da vida deve ser levado em conta. Na engenharia civil, não podemos deixar as coisas ao acaso ou torcer para que tudo dê certo. Isso seria armar o cenário perfeito para um desastre. Precisamos saber.

> Não negligencie suas habilidades pessoais, que devem incluir uma boa dose de educação financeira.
>
> — *Donald J. Trump*

Um dos motivos pelos quais sou conhecido como excelente construtor é por ser detalhista. O perfeccionismo não é uma escolha, é um pré-requisito. Não veja sua educação financeira como opção, a menos que esteja disposto a enfrentar grandes problemas mais tarde. Para começar, analise suas finanças semanalmente. Veja isso como uma tarefa tão necessária quanto lavar roupa.

Por fim, dedique tempo a seu objetivo principal. Tente descobrir suas ambições e paixões, se ainda não conseguiu isso. Uma boa pergunta a fazer a si mesmo é:

O que você faria se não precisasse de dinheiro?

Antes de entrar na faculdade, tive que optar entre ingressar na indústria cinematográfica ou no setor de imóveis. Tinha interesse em ambos os segmentos e pensava seriamente em ir para a Universidade do Sul da Califórnia (USC) para estudar cinema antes de optar por Wharton. Adoro o setor imobiliário e não me arrependi de minha escolha, mas mantive meu interesse pela indústria do entretenimento. Desse modo, estava mais bem preparado quando nele ingressei, de maneira inesperada, anos mais tarde. Preste atenção em seus interesses e poderá colher frutos no futuro.

Outra questão para ajudá-lo a manter o foco é: o que você faria se soubesse que não pode falhar? Sua resposta pode ser absurda, sensata ou totalmente surpresa, inclusive para si mesmo. Talvez você prefira mantê-la em segredo. Cem anos atrás, se alguém dissesse "eu gostaria de andar na Lua", poderia ser tido como sujeito excêntrico. Hoje, sabemos que isso é realmente possível. Ao trabalhar em seu foco, você poderá descobrir que também é um pouco visionário.

Para colocar essas ideias em prática, são necessários recursos, e isso nos leva de volta à inteligência financeira, também conhecida como habilidades pessoais. Aprenda sobre dinheiro e como ele pode trabalhar para você. Depois, dedique-se a transformar os seus sonhos em realidade.

Capítulo 22

Sou um Adulto sem Muito Dinheiro. O que Devo Fazer?

Resposta de Robert

Para a geração dos meus pais, a geração da Segunda Guerra Mundial, as regras para o sucesso eram bastante simples: "Vá para a escola, arrume um emprego, trabalhe muito e a empresa e o governo cuidarão de você." Recebiam um salário e promoções regulares porque a economia dos Estados Unidos crescia, o petróleo era barato e o país era o líder do mundo livre. O dólar era forte e, depois da Segunda Guerra Mundial, muitas nações deviam dinheiro aos Estados Unidos. Hoje, quase tudo mudou.

As regras do dinheiro mudaram. Como já foi dito, em 1971, nosso dólar virou uma moeda, o que significa que o governo pode imprimi-lo mais rápido do que você pode guardá-lo. A segunda mudança aconteceu em 1974, quando as grandes corporações deixaram os funcionários saberem que não iriam cuidar deles por toda a vida.

Em 1996, houve outra mudança na legislação, conhecida como *Telecom Reform Act* ("Lei de Reforma das Telecomunicações", em tradução livre). A razão pela qual esta mudança está afetando as regras financeiras e empregatícias hoje é porque essa lei tornou mais fácil e barato para as empresas contratar trabalhadores da China, Índia, Irlanda e do resto do mundo.

Quando eu era criança, as únicas pessoas ameaçadas pela concorrência estrangeira eram os operários. Como se sabe, muitos empregos fabris migraram para o exterior. Depois da *Telecom Reform Act*, em 1996, as funções administrativas e de nível universitário também migraram para o exterior.

Muitos *call centers* não mais estão nos grandes centros, mas em qualquer lugar do mundo. Quilômetros de cabo de fibra ótica passam pelo mundo todo. Hoje, pode ser muito mais barato ligar para alguém na Ásia e no Leste Europeu do que para outra cidade no seu próprio país.

Principalmente as pessoas nos quadrantes D e I se beneficiam com essas mudanças, enquanto muitas nos quadrantes E e A sofrem. As pessoas andam "chorando as pitangas" por causa da mudança dos empregos. Hoje, até mesmo médicos, advogados e contadores têm sua renda ameaçada pela mudança.

Em 2001, outra coisa aconteceu — a China foi aceita na Organização Mundial do Comércio (OMC). Repetindo, essa é uma excelente notícia para os integrantes dos quadrantes D e I, mas uma ameaça para quem está nos quadrantes E e A.

Pedidos de Aumento

A importância da *Telecom Reform Act* e a admissão da China na OMC é que pedir um aumento agora pode se tornar uma ameaça ao emprego. Seja você operário ou funcionário administrativo, a pessoa que concorre por sua vaga pode morar a milhares de quilômetros de distância de você — isso em um momento em que a inflação está subindo, os preços do gás estão subindo e os preços das casas estão no teto.

Alguns dizem: "Bem, meu trabalho é seguro. Sou professor e alguém precisa realmente estar na sala de aula para lecionar." Sim, há muitas funções assim — entre as quais policiais, atendentes, bombeiros, camareiras, zeladores, funcionários públicos. Alguns trabalhos são vetados para estrangeiros. Mas lembre-se disso: se tanto os operários quanto os funcionários administrativos estão perdendo seus empregos, eles, aumentarão a concorrência local para seu emprego.

Simplicidade ou Complexidade

Se você é adulto e não tem muito dinheiro, tem duas opções básicas:

1. Viver abaixo dos seus recursos
2. Expandir os seus recursos

Dizendo de outra maneira:

1. Simplicidade
2. Complexidade

Tenho muitos amigos que simplificaram e reduziram seu padrão de vida. Um casal que vive no campo construiu sua própria casa de adobe e, portanto, não precisa pagar financiamento. Como moram no campo, têm sua própria energia solar, usam a água do próprio poço, criam gado e são armados até os dentes. O marido é um militar da reserva e vai uma vez para a cidade para comprar mantimentos. Levam uma vida simples, e são muito felizes.

Muitos *baby boomers* estão mudando para o México ou para a Costa Rica à procura de uma vida mais simples e menos dispendiosa.

Donald e eu optamos por uma vida mais complexa. Fazemos negócios ininterruptamente porque temos interesses comerciais no mundo todo. Temos várias casas, mantemos contato constante com nossa base e viajamos muito.

Kim e eu adoramos nossa vida. Temos amigos no mundo todo e nosso estilo de vida é propício a relacionamentos de longa distância, tanto na esfera pessoal quanto na profissional.

A maioria das pessoas se situa entre esses dois exemplos de estilo de vida. Hoje, é fácil comprar uma propriedade de cerca de 200ha, usar energia solar e, ainda assim, manter contato com o mundo e viver o estilo de vida plugado o tempo todo, se assim preferir.

A razão pela qual digo que é importante optar por simplicidade, complexidade ou ambos, é porque todas as escolhas requerem tempo, dinheiro e planejamento. Conheço várias pessoas que adorariam morar no campo e fugir do alvoroço das grandes cidades, mas não dispõem de tempo ou de dinheiro para comprar uma propriedade de 200ha.

Sendo adulto, você já deve saber qual o estilo de vida de sua preferência. Não existe certo ou errado. A questão é: comece a planejar agora — antes que seja tarde demais, em especial se você optar por viver em um sítio de 200ha ou em uma ilha tropical. Sugiro que você comece a procurar o paraíso agora. A vida é muito curta para não sonhar com o paraíso, seja ele qual for. Há coisas mais importantes do que o dinheiro.

Donald e eu não recomendamos o ritmo frenético de nossas vidas. Mas amamos a agitação. Optamos por isso. Queremos que você faça sua escolha.

Se não estiver pronto para se aposentar e mudar para um rancho ou para a praia, e uma vida mais agitada e abastada financeiramente o atrair mais, você, provavelmente, precisará aumentar sua complexidade. Isso significa que terá de

> A complexidade competitiva significa estudar o mundo do dinheiro, das pessoas e dos negócios 24h por dia, sete dias por semana, o ano todo.
>
> — *Robert T. Kiyosaki*

aumentar a consciência financeira em relação a si mesmo e ao mundo. Por exemplo, quando acordo, preciso saber como estão os mercados na Ásia e na Europa. Quanto está o iene em relação ao dólar? Qual o preço do petróleo? E do gás natural, do ouro, da prata e de minhas empresas na China e na América do Sul?

Isso também significa ler livros e revistas de negócios como *Forbes*, *Fortune*, *Time* e *The Economist*, para acompanhar um pouco do que acontece no mundo. Kim e eu sempre participamos de workshops sobre finanças e investimentos, não só para conhecer gente nova, mas também para ficar a par de novas ideias e descobrir novas tendências nos investimentos. Complexidade significa conhecer e negociar com vários tipos de pessoas diferentes. No mundo do empreendedorismo e dos investimentos altamente alavancados, você conhece muitas figuras interessantes e vigaristas.

Nossa vida também requer que lidemos com a imprensa o tempo todo. A mídia é boa para nós 90% do tempo, mas, segundo a regra dos 90/10, são os 10% que prometem fazer uma matéria honesta sobre nós que nos apunhalam pelas costas, mentindo e distorcendo os fatos, em vez de informar ao público. Como meu pai rico costumava dizer: "Liberdade de expressão não quer dizer que você tenha de dizer a verdade."

Em termos simples, a complexidade competitiva significa estudar o mundo do dinheiro, das pessoas e dos negócios 24h por dia, sete dias por semana, o ano todo. Eu adoro esse jogo. Para mim, é como se todo dia fosse um domingo com final de campeonato. Não conheço nenhum jogo mais excitante, frustrante, por vezes decepcionante e compensador do que este. Se você trapacear, o jogo tomará de volta todas as suas vitórias. Se você for inteligente, o jogo abrirá as torneiras e jorrará dinheiro em você.

Dois Extremos

Então, estes são os dois extremos. Vivemos em um país livre e a escolha é sua. Tomei minha decisão anos atrás, quando era um garoto do quinto ano, lendo sobre os grandes exploradores como Colombo, Marco Polo e Leif Erickson. Sonhava em seguir seus passos pelo mundo todo e foi exatamente o que fiz. A diferença é que agora viajo pelo mundo e acompanho o andamento de minhas holdings por meio eletrônico, em menos tempo do que levou Colombo para desatracar a embarcação. O planeta é um mercado que opera 24 horas por dia, sete dias por semana. Trilhões de dólares são negociados diariamente. É por isso que acho engraçado quando encontro pessoas à procura de emprego ou aumento de salário, ou quebrando a cabeça para descobrir como ganhar algum dinheiro. Obviamente, elas vivem em um mundo diferente do meu. Hoje, é possível viver nos locais mais remotos do globo e manter negócios com o resto do planeta.

Os que vivem em um mundo livre têm a opção de escolher o tipo de vida que desejam levar. Em vez de ficar zangado com a globalização, a exemplo de muita gente, faço o possível para me adaptar a ela. Recentemente, tivemos notícias dos tumultos na França, de grupos reivindicando garantia de emprego. Os estudantes querem que o governo dite regras que impeçam as empresas de demitirem funcionários. Embora eu entenda esse desejo e as preocupações com o desemprego, temo que esses jovens estejam vivendo fora da nova realidade.

Quando as pessoas me perguntam o que devem fazer, recomendo que viajem para a França, depois para Nova York e Los Angeles, em seguida para Hong Kong, Cingapura, Xangai, Índia, Dubai, Praga, Londres e Dublin, e então voltem para casa. Serão os US$25 mil mais bem gastos da sua vida.

Um amigo meu do Arizona, que sempre passa as férias na Europa, aceitou meu conselho de viajar pelo mundo. Quando voltou, disse apenas: "Uau! Essa viagem abriu meus olhos. Mal posso acreditar na rapidez com que o mundo se move hoje. Fiquei deslumbrado com Hong Kong e Xangai. Se os trabalhadores americanos pudessem ver a rapidez com que trabalham os asiáticos, e por um salário muito inferior, perceberiam que não estão trabalhando tão pesado assim. Na Europa, os ricos vão muito bem, porque operam de maneira mais global do que a maioria dos americanos. Entretanto, muitos trabalhadores europeus continuam na idade das trevas. Em vez de avançar, muitos querem retroceder." Portanto, viaje e veja o acelerado mundo do dinheiro, conhecido como globalização.

Vencendo a Olimpíada do Dinheiro

Para as pessoas que começam do nada, mas querem ficar ricas, costumo sugerir que imaginem almejar a uma medalha de ouro nas Olimpíadas. Depois de fixar essa meta, a questão seguinte é: "Em quais Olimpíadas — na de verão ou de inverno?" Então, a próxima questão será: "Em que modalidade?" Você quer ser medalhista em arremesso de peso, polo aquático, remo, esqui, snowboard, arremesso de martelo ou tiro ao alvo? Escolhida a modalidade, estude, treine, contrate um técnico, participe de competições menores e dedique sua vida a vencer.

Se não quiser dedicar sua vida a vencer, duvido que terá chance de vencer as Olimpíadas ou de ficar rico.

Quando faço uma retrospectiva de minha vida, vejo que fui reprovado em três matérias: inglês, datilografia e contabilidade. Hoje, sou mais conhecido como escritor, passo a maior parte do tempo digitando e escrevo sobre contabilidade. Embora não seja excelente em escrever, digitar ou em contabilidade, eu me dedico a vencer.

Avalie os Fatos

Se você é adulto, chegou a hora de ser sincero consigo mesmo e perguntar: "Estou à frente do mundo ou fiquei para trás?" Se tiver ficado para trás e não se importar com isso, então comece a simplificar sua vida. Talvez você precise viver abaixo de seus recursos, como a maioria dos planejadores financeiros recomenda.

Se decidir juntar-se à globalização e tornar-se mais complexo, veja as etapas básicas que recomendo a seguir:

1. Encontre-se com amigos, novos ou antigos, ou ingresse em um clube com pessoas com a mentalidade que você quer ter.
2. Viaje mais. Faça viagens para aprender e crescer. Conheça o mundo.
3. Recomendo que leia:

    O Mundo é Plano, de Thomas Friedman

    The Dollar Crisis ("A Crise do Dólar", em tradução livre), de Richard Duncan

    A Revolução do Lado Direito do Cérebro, de Daniel Pink

    The Coming Economic Collapse ("O Colapso Econômico Iminente", em tradução livre), de Stephen Leeb

    The America We Deserve, de Donald Trump

Se você não está por dentro de tudo, ler e estudar esses livros o quanto antes lhe dará uma visão interessante do mundo, uma perspectiva muito diferente daquela pintada por nossos políticos e planejadores financeiros. Estudando esses livros, de preferência em grupo, você enxergará além dos problemas de nosso mundo. Verá um admirável mundo novo que surge junto com a abundância de oportunidades de ficar rico além de seus sonhos mais loucos.

Em vez de viver como a maioria das pessoas, talvez você deseje voar alto como uma águia e desfrutar a vida que somente 10% da população conhecerá.

Conheça Pessoas que Gostam de Atenção

Na *Rich Dad*, estamos entusiasmados com o fato de os indivíduos terem criado os seus próprios clubes CASHFLOW. Um clube CASHFLOW é um grupo de pessoas que se reúnem para jogar o jogo *CASHFLOW*® e investir seu tempo em educação financeira. Esses clubes são independentes da *Rich Dad*, e formados pelos seus membros.

Existem dois tipos de clubes: comerciais e educativos.

1. Os clubes CASHFLOW comerciais são muitas vezes formados porque seu fundador usa o jogo *CASHFLOW*® como uma forma de apresentar o grupo não só ao jogo, mas também aos produtos que vendem. Por exemplo, uma empresa imobiliária utiliza o jogo como uma ferramenta educativa, mas também para que as pessoas conheçam a empresa e os seus serviços.

   É importante lembrá-lo de que estes clubes não são afiliados à *Rich Dad*. Eles são totalmente independentes. Tudo o que pedimos a tais clubes é que informem aos novos membros sobre suas agendas comerciais logo de início, antes que as pessoas joguem o jogo.

   Na *Rich Dad*, entendemos que a maioria de nós tem algo para vender. Tudo o que pedimos é que isso seja feito com respeito e profissionalismo.

2. Os clubes CASHFLOW educacionais são formados primeiramente com a finalidade de ensinar aos amigos e à família os mesmos princípios sobre negócios e investimentos que o meu pai rico me ensinou.

   Você deve se lembrar do Cone de Aprendizagem, apresentado anteriormente no livro, que diz que uma das melhores maneiras de aprender e reter o conteúdo aprendido é através do estudo em grupo e de jogos ou simulações. Isto é o que os clubes CASHFLOW fazem. É uma maneira cooperativa de aprender. É também uma ótima maneira de fazer novos amigos.

Recomendamos que você invista seu tempo antes de investir seu dinheiro. Preferimos que você aprenda a pescar antes de entregar seu dinheiro a pessoas que vendem o peixe. É por isso que os clubes CASHFLOW são formados em casas, em empresas durante a hora do almoço, em escolas e em igrejas.

Esses são os dois tipos básicos de clubes CASHFLOW. Temos novos produtos especialmente projetados para servir de guia, e materiais de apoio.

Resumo

Se você decidir viver no mundo mais complexo da sociedade global, recomendo vivamente que aprenda sobre os seguintes temas:

1. **Investimento básico:** é a capacidade de ler os números. Se você pretende investir em uma empresa, imóveis ou ações, é importante saber como interpretar os números. Eles são parte importante para chegar à proficiência financeira.

    O *CASHFLOW® 101* foi projetado e criado para ensinar os princípios do investimento básico.

2. **Investimento técnico:** é um conhecimento essencial no volátil mundo de hoje. O investimento técnico requer que a pessoa saiba investir quando os mercados estão em alta e quando estão em baixa. Um investidor técnico sabe como ganhar dinheiro, independentemente da direção em que se mova o mercado.

    Mais importante ainda, o investimento técnico é essencial para ensinar como investir com segurança. Como tenho dito inúmeras vezes, ao contrário dos amadores, os investidores profissionais investem com segurança. Os amadores não. Uma das minhas preocupações com fundos mútuos é que além de não ser capaz de pedir dinheiro emprestado para comprá-los, você geralmente não pode adquirir um seguro para se proteger das falhas do mercado. Isso é extremamente arriscado.

    O *CASHFLOW® 202* foi projetado para lhe ensinar os prós e os contras do investimento técnico.

Eu os encorajo a procurar — ou começar — um clube CASHFLOW. A maioria destes clubes tem ambos os jogos, bem como as versões eletrônicas deles, para que você possa desafiar, conhecer e jogar com pessoas de mentalidade semelhante em todo o mundo.

E, o principal, você estará investindo somente o tempo, sem arriscar seu dinheiro. Uma vez que você sentir que aprendeu os princípios dos investimentos básico e técnico, então pode se aventurar e investir pequenas quantidades do seu dinheiro. Em pouco tempo, se você estudar e praticar com afinco, viajará pelo mundo, física e eletronicamente, participando do jogo mais excitante do mundo — o jogo do dinheiro.

A Resposta de Donald

Sugiro que analise profundamente seu estilo de vida e o tipo de pessoa que você é. Você gosta de simplicidade? Gosta de complexidade?

Para mim, o dinheiro é como a saúde. A saúde é muito importante para o nosso bem-estar. Você pode ter montanhas de dinheiro, mas se não tiver boa saúde, não poderá aproveitá-lo. O dinheiro tem suas limitações. Digo isso para que você comece a pensar sobre a atual situação de sua vida.

Se eu não tivesse dinheiro algum, mas fosse saudável, sei que poderia começar tudo de novo com dedicação e paciência. A dedicação se expressa quando você melhora seu QI financeiro diariamente, por exemplo, quando procura se manter em dia com o que acontece no mundo e lê publicações financeiras, aumentando sua inteligência financeira. A paciência lhe mostrará que as coisas requerem tempo, esforço e reflexão.

Asseguro que minhas ideias sobre como ganhar dinheiro são baseadas na verificação da realidade. Quanto mais velhos estamos, mais temos a perder e menor nossa margem de manobra para cometer erros. Entretanto, penso eu, podemos contar com um pouco mais de experiência de vida.

Certo dia, conversava com Allen Weisselberg, meu diretor financeiro, e ele me contou como apresentou uma matéria nova quando era um jovem professor. Sua principal preocupação era que os alunos do colegial não tinham habilidades em finanças, o que, para ele, significava que as habilidades pessoais desses jovens mereciam atenção especial. Ele acabou descobrindo um meio de ensinar, convidando os alunos a fazerem compras. Todos aceitaram o convite e ele pediu que descobrissem o valor de um desconto de 15% em uma calça jeans. Eles disseram que o caixa faria o cálculo para eles!

> A dedicação se expressa quando você melhora seu QI financeiro diariamente.
>
> — *Donald J. Trump*

Então, Allen perguntou a eles o que fariam se o caixa não informasse o desconto correto? Como eles saberiam o valor correto caso precisassem corrigir o funcionário? Se não soubessem calcular, como saberiam se estavam sendo lesados ou não? Bem, como os jovens não gostaram da ideia de ser passados para trás, rapidamente começaram a calcular o valor correto do desconto. Ele disse aos alunos que esse exemplo era o primeiro passo para estarem preparados ou, pelo menos, alertas ao que acontecia ao redor deles.

A mesma lição se aplica aos adultos. Precisamos nos dedicar a descobrir as coisas por conta própria ou acabaremos nas mãos dos outros, que podem, intencionalmente ou não, ter prioridades diferentes dos nossos interesses.

Reveja seu conjunto de habilidades, seus interesses, o local em que mora, suas inclinações e comece a pensar em como mudar sua situação. Mantenha-se aberto a ideias que talvez não o atraíssem antes. Perceba que a oportunidade vem em diferentes embalagens, e que excelentes coisas podem acontecer depois de grandes reveses. Talvez não seja fácil, mas não é impossível.

Não importa o que aconteça, não desista. Avalie sua situação atual e siga em frente. Todos temos algo a oferecer, cada um é um ser humano único e, como disse antes, não aceito desculpas.

Quando se trata de sua vida e do bem-estar de seus amados, você deveria fazer o mesmo.

Capítulo 23

Estou na Meia-idade sem Muito Dinheiro. O que Devo Fazer?

A Resposta de Robert

A geração *baby boom*, nascida entre 1946 e 1964, foi, sob vários aspectos, um grupo muito afortunado. Nasceu logo depois que os Estados Unidos se tornaram a maior potência militar *e* financeira do mundo. Entretanto, esse grupo vivencia o declínio da América, se não do ponto de vista militar, pelo menos do financeiro.

A geração *baby boom* é a *última* geração da Era Industrial e a primeira da Era da Informação. Os *baby boomers* são uma geração de transição, e isso tem causado uma divisão ainda maior entre as pessoas de meia-idade que têm dinheiro e as que não têm.

Envelhecer pode não ser fácil para os *boomers* que seguiram as regras e os valores da Era Industrial. Ao terminar os estudos, muitos deles foram trabalhar em empresas da Era Industrial, como as indústrias automotivas e de transporte aéreo. Os *boomers* têm importantes desafios financeiros pela frente, justo agora que se preparam para a aposentadoria.

Quem hoje atravessa a meia-idade e aderiu aos valores e às regras da Era da Informação terá melhores chances de envelhecer com graça e se aposentar com fartura. Enquanto muitos contemporâneos que trabalham nos setores automotivo e de transporte aéreo estão sofrendo, os *boomers* que migraram para empresas como a Microsoft e a Apple se deram extremamente bem.

Conforme esse grupo envelhece, a desproporção na divisão de riqueza entre os *boomers* que permaneceram na Era Industrial e os que avançaram para a Era da Informação ficará mais evidente. Como se sairão nos próximos anos dependerá das regras financeiras que seguiram — as da Era Industrial ou as da Era da Informação.

Logo que a primeira leva de *baby boomers* saiu da faculdade, o mundo começou a mudar. Primeiro, tivemos a Guerra do Vietnã — uma guerra dispendiosa que dividiu e quase destruiu os Estados Unidos. Em 1971, os Estados Unidos desvincularam-se do padrão-ouro. Em 1973, ocorreu a primeira crise do petróleo e, em 1974, foi aprovada a reforma previdenciária nos Estados Unidos.

Em 1971, quando muitos dos primeiros *baby boomers* saíam da faculdade, o ouro custava US$35 a onça. Hoje, o ouro atingiu US$700 a onça. Esse é um exemplo de quanto o dólar perdeu em termos de poder de compra.

Em 1971, muitos dos *baby boomers* se casavam e compravam casas. Em 1968, meu pai pagou US$50 mil por nossa casa. Hoje, o mesmo imóvel vale quase US$2 milhões. Embora seja boa para os *baby boomers*, essa valorização dificulta a aquisição da casa própria para seus filhos e netos. Atualmente, os filhos de alguns integrantes dessa geração têm dificuldades de sair da casa dos pais.

Muitos *baby boomers* não recebem pensões por causa da reforma da previdência, em 1974. Muitos não têm os planos de benefícios definidos que seus pais tiveram e, quando têm, muitos estão com problemas. Milhões simplesmente deixaram seu dinheiro nas mãos de "especialistas financeiros" e não faziam ideia do que acontecia com ele. No ano 2000, o mercado de ações quebrou, e isso acordou muitos desses *boomers* para o fato de que suas aposentadorias talvez não estivessem garantidas. Muitos descobriram que os tais "especialistas" sabiam menos de finanças do que eles.

Em 2006, depois de comprar enormes carros com alto consumo de combustível, os *boomers* foram atingidos novamente por uma crise do petróleo. Dessa vez, a coisa é séria e não apenas uma manobra política. Em 1973, o barril de petróleo custava cerca de US$3. Hoje, espera-se que o preço ultrapasse US$100 o barril ou fique bem acima disso em um futuro próximo.

Com o aumento do preço do petróleo, aqueles que contam viver de seus rendimentos fixos sofrerão queda drástica no poder aquisitivo. O que vai acontecer com suas economias para a aposentadoria se o preço da gasolina for para US$10 o galão?

E já sabemos o que acontece com a Previdência Social em qualquer lugar do mundo. Espero que nenhum dos leitores esteja contando com o governo para cuidar deles.

Estima-se que 80% dos *baby boomers* não conseguirão ter uma aposentadoria digna. Muitos já enfrentam dificuldades só porque seguiram os planos financeiros de seus pais.

Simplesmente Continuarei Trabalhando

Alguns de meus amigos *boomers* dizem que simplesmente continuarão trabalhando. Embora eu ache o trabalho uma maneira excelente de se manter ativo e vivo, pensar que é possível trabalhar para sempre é uma visão um tanto limitada. O que acontecerá se você não puder trabalhar por problemas de saúde? O custo da saúde é astronômico. E se os seus filhos não tiverem uma cama extra para você?

Saúde, Riqueza e Felicidade

Quando estava na academia militar, descobri que meu pai era realmente um homem bem-sucedido. Afinal, era chefe de ensino, reconhecido por seu trabalho e muito respeitado pelos colegas. Entretanto, não tinha saúde, riqueza nem felicidade.

A saúde de meu pai se deteriorava porque ele fumava de dois a três maços de cigarros sem filtro por dia. Acabou morrendo de câncer no pulmão.

Não fez fortuna. Ganhou muito dinheiro, mas gastou tudo o que tinha. Tentou economizar, e não investir. Acredito que ele contava que a previdência social daria conta dele.

Ele também não era feliz. Quanto mais sucesso alcançava, maior a pressão no trabalho. Raramente estava em casa. Embora eu tenha praticado esportes quase toda a minha vida, ele nunca assistiu a nenhum de meus jogos. Estava sempre trabalhando. Estava sempre na estrada, viajando para escolas de todo o estado e participando de reuniões de pais e mestres — mas nunca tinha tempo para as reuniões de pais e mestres de seus próprios filhos.

Saúde e Riqueza São Medidas em Tempo

Enquanto é possível mensurar saúde e riqueza, a felicidade é algo menos quantificável. Quando vou ao médico, ele pede exames de sangue, mede minha pressão arterial e pode até solicitar uma ressonância magnética. Portanto, minha saúde é razoavelmente quantificável. O mesmo se aplica à riqueza. Quando o gerente de um banco quer saber se deve ou não emprestar dinheiro a você, a primeira coisa que investiga é sua habilidade creditícia junto a empresas como Serasa e SPC.

Saúde e riqueza também são medidas no tempo. Por exemplo, se você está doente, o médico pode dizer: "Você tem seis meses de vida." Isso significa que você definitivamente não tem saúde. Se a expectativa média de vida é de 75 anos e você tem sessenta, seu tempo está se esgotando.

A revista *Forbes* uma vez definiu "rico" como quem tem $1 milhão em renda anual. Assim, o rico é medido em dinheiro. A riqueza é medida em tempo. Por exemplo, se você tem $10 mil na poupança e suas despesas mensais são de $1 mil, então sua riqueza é de dez meses.

A Definição de uma Pessoa Pobre

Enquanto eu assistia à *CNBC*, o popular canal televisivo de finanças, o comentarista relatou que ele se deparou com uma diretriz interoperacional de uma instituição financeira bem conhecida. Embora ele tenha mencionado o nome desta famosa empresa de corretagem de ações, eu não o farei, simplesmente porque eu mesmo não vi o memorando. De qualquer forma, ele falou: "O memorando da empresa definia uma pessoa pobre como alguém que não tem sequer US$100 mil em dinheiro para investir."

Faça uma ideia. Isso significa que a maior parte dos norte-americanos pode ser definida como pessoas pobres pelo padrão do memorando da empresa.

Quando perguntei a um amigo que já trabalhou para esta empresa, ele analisou o comentário, e acrescentou: "Eles não só usam esses critérios antes de torná-lo um cliente, como também o usam para contratá-lo." Ele continuou, dizendo que a empresa realmente não se preocupa com sua educação universitária ou sua experiência profissional. Antes de contratá-lo, eles queriam que fizesse uma lista de pessoas que você sabia pessoalmente que tinha mais de

> Muitas pessoas são comandadas pelo medo e não pelo amor. Por exemplo, muitas trabalham não porque amam o que fazem, mas porque têm medo de serem demitidas ou de não ganharem dinheiro suficiente. Muitas investem por causa do mesmo temor — o de não ter dinheiro suficiente. Muitas são infelizes porque não estão apaixonadas.
>
> — *Robert T. Kiyosaki*

US$100 mil para investir. Se tivesse uma lista extensa, a vaga era sua. Se não, você não seria contratado.

De Volta à Saúde, à Riqueza e à Felicidade

Mencionei a relação entre saúde, riqueza e tempo, porque muitos têm mais saúde do que riqueza... e isso talvez não os faça tão felizes. Se você tem a sorte de ter riqueza e saúde, não só poderá viver mais, como viverá mais e melhor do que os que não têm saúde e riqueza. Com os avanços das pesquisas, não se sabe qual o impacto da medicina em nossa saúde no futuro, a menos que se tenha dinheiro a fim de pagar para ver.

Qual É Sua Resposta?

Dos três itens, na minha opinião, saúde é o mais importante. Se estiver morto, riqueza e felicidade não importarão muito. O problema é que muitos sacrificam uma coisa em função de outra. Por exemplo, muita gente sacrifica a saúde ou a felicidade por dinheiro. Todos conhecemos pessoas que trabalham arduamente e são ricas, mas não cuidam da saúde. Ou, como meu pai, trabalharam muito por dinheiro e títulos, mas sacrificaram a saúde, a riqueza e a felicidade.

Todos os três aspectos são importantes, em especial se você é um *baby boomer* sem muito dinheiro e na corrida contra o tempo.

Portanto, estas são as minhas sugestões:

1. **Se você não ama o que faz, então comece a fazer algo de que goste, mesmo que seja apenas em tempo parcial.** Por exemplo, um amigo meu é funcionário público e odeia o que faz, mas é apaixonado por golfe. Todo sábado, ele vai até o campo de golfe local e presta serviços voluntários em seu tempo livre. Trabalha na lojinha local, dá aulas e ajuda a organizar os torneios. Faltam poucos anos para se aposentar, mas, como fez muitos amigos no campo de golfe, tem chances de trabalhar em tempo integral com golfe depois de aposentado.

2. **Comece a investir em coisas que você ama.** Observe novamente o uso do verbo amar. Sei que a maioria já ouviu que deveria trabalhar no que ama. Bem, o mesmo é válido para os investimentos. Muitos investem em coisas que não conhecem, pelas quais não têm interesse nem amor.

   Invisto apenas no que amo. Amo imóveis. Minha esposa, Kim, diz: "Você nunca passou por um prédio ou pedaço de terra que não tenha amado."

Também amo o petróleo porque trabalhei no setor durante a academia. Entendo do assunto. Também amo o ouro e a prata. Se você leu *Pai Rico, Pai Pobre*, deve se lembrar de minhas tentativas, aos nove anos, de transformar chumbo em moedas de prata (também conhecido como falsificação de dinheiro).

Se você investe em algo que ama, é mais provável que estude o assunto, conheça os prós e os contras, e entenda os meandros do setor. Quanto mais bem informado você for a respeito de seus investimentos, mais chances terá de escolher as opções mais rentáveis.

3. **Contrate um treinador.** Em 2005, olhei para uma foto minha e de Kim no Havaí e fiquei chocado ao ver como havia engordado. Parecia um balão. Sabia que estava pesado, mas sempre enganei a mim mesmo dizendo que não era tão gordo quanto as outras pessoas e que poderia facilmente fazer um regime e voltar ao peso dos tempos de combate. Vinha dizendo essas mentiras a mim mesmo há cerca de 25 anos.

O choque que levei ao olhar a foto me colocou em ação. Não foi o medo de morrer que me levou a agir. Foi o medo de diminuir o tempo ao lado de Kim que atingiu minha cabeça. Não foi medo; foi amor. Eu tinha muito para viver.

Também sabia que não tinha a força de vontade de que precisava para tomar as atitudes necessárias sozinho. Vinha mentindo para mim mesmo há 25 anos. Precisava de um treinador, um mentor — alguém que cobrasse de mim atitudes e me obrigasse a fazer o que eu não tinha disciplina para fazer por conta própria.

Um ano depois, emagreci mais de 22kg. Mais do que o peso, minha porcentagem de gordura corporal diminuiu de 36% para 20%. Para conseguir essas marcas, tive que me reinventar.

Mude sua mentalidade. Olhe novamente para o diagrama a seguir:

Ideias ➡ Ações ➡ Resultados

Sabia que tinha que mudar minha mentalidade e reeducar-me em relação à saúde.

Atualmente, quando as pessoas perguntam como perdi peso (que tipo de dieta segui, que tipo de exercícios faço), tento explicar que não foi tanto o que eu fiz, mas como mudei minha mentalidade.

Hoje, como mais do que nunca. Acho divertido ver meus amigos espantados quando me veem comer tanto.

Se você está na meia-idade sem muito dinheiro e na corrida contra o tempo, chegou a hora de fazer uma mudança em sua vida. Se puder, contrate um coach para ajudá-lo, alguém especializado que possa auxiliá-lo a reinventar a parte de sua vida que precisa de atenção.

A Felicidade É o Segredo

O amor é o segredo para uma vida de saúde, riqueza e felicidade. É mais fácil ser saudável se você é feliz. É mais fácil ser rico se você é feliz. E é mais fácil ser feliz se estiver apaixonado pelo que faz.

Muitos de nós deixamos o medo comandar a vida, e não o amor. Assuma um compromisso pessoal de deixar o amor ditar os seus próximos passos. Você terá mais chances de ver os resultados na saúde, na riqueza e na felicidade se sua mentalidade e suas ações forem baseadas no amor.

O Amor Não Torna as Coisas Fáceis

Algumas pessoas pensam que fazer o que você ama, investir no que ama ou tornar-se saudável por causa do amor tornará tudo fácil. O amor não é fácil e, às vezes, pode ser doloroso. Muitos desistem do amor (na profissão, na vida pessoal — em várias áreas) porque ele é penoso. Quantos de nós já ouvimos alguém dizer: "Eu nunca mais vou amar de novo."?

O amor pode não facilitar a vida, mas certamente dá um sentido a ela.

O amor é espiritual, embora possa ser doloroso. Sempre que estou na ginástica, em agonia e querendo desistir, simplesmente penso em minha querida Kim e encontro forças para continuar. Se duas horas de dor contribuem para uma vida mais longa e feliz com a pessoa que mais amo, vejo que posso aguentar a dor. O mesmo vale para o trabalho e os investimentos. Se não fosse por amor, não poderia passar pela dor e frustração que muitas vezes o trabalho e os investimentos trazem. Quem pensa que o amor é fácil certamente nunca amou.

Uma Palavra sobre Treinamento

A *Rich Dad* tem uma equipe de treinadores profissionais bem treinados. Se você está procurando alguém para ajudá-lo a traçar claramente os seus objetivos financeiros e a mantê-lo responsável, visite richdad.com (conteúdo em inglês) e descubra mais sobre o nosso programa de treinamento.

Uma Palavra Final sobre **Baby Boomers**

Nós, *baby boomers*, em maioria, acreditamos viver em uma era empolgante e que pode se tornar ainda mais eletrizante no futuro. Que você tenha muitos anos de saúde, riqueza e felicidade pela frente.

A Resposta de Donald

Em seu lugar, eu estaria preocupado. As coisas não parecem promissoras para pessoas na casa dos sessenta anos aqui nos Estados Unidos, a menos que tenham condições de se sustentar dignamente por mais 35 anos, contando com um aumento na inflação, no preço do combustível e dos cuidados médicos.

Não que os *baby boomers* sejam um grupo indolente — na verdade, tiveram muitas realizações. Mas, como Robert disse, a menos que você tenha entrado na Era da Informação na meia-idade, ficou para trás em vários aspectos. Em seu lugar, eu começaria a pensar seriamente no futuro. Você deve estar pensando: "Mas sempre fizemos isso", o que é bem verdade. Acontece que o futuro mudou drasticamente nas últimas décadas.

Isso posto, e tendo em mente as sugestões de Robert, devo dizer que a dedicação renovada é de suma importância. Começar de novo nem sempre é fácil, mas, se encarar como um desafio que você é mais do que capaz de vencer, já terá andado metade do caminho.

Muitas vezes, ajuda lembrar situações piores do que a que você pode estar enfrentando como indivíduo e como cidadão. Talvez você esteja em dificuldades, mas não foi derrotado. A minha teoria do "movimento versus catástrofe" vem à mente. Em outras palavras, mantenha o foco e você permanecerá em equilíbrio.

Uma vantagem da idade é que você já sobreviveu por sessenta anos. Isso já é uma realização. Como a sabedoria acompanha a experiência, você tem uma vantagem logo de cara. Sua estratégia terá de incluir olhar para o futuro hoje de um ângulo diferente do que quando tinha 20 ou 25 anos.

É aqui que entra a criatividade. Todos sabemos que as oportunidades podem estar escondidas em decepções ou nos chamados reveses. Se quiser ver sua situação desse modo e concentrar-se em procurar onde estão essas oportunidades, seus problemas poderão se transformar em um futuro melhor do que você espera. Isso é possível. Mas enfatizo a importância de manter seu foco no lado positivo da situação por um bom motivo: ele é a razão principal que o levará à vitória.

Conheço um casal que perdeu sua empresa quando ambos tinham sessenta e poucos anos, por uma série de fatores. Aquele negócio representava o trabalho de uma vida, a aposentadoria deles. Não preciso dizer que estavam muito preocupados com a situação e decidiram ir para uma estância de esqui onde haviam passado várias férias maravilhosas, até mesmo fora da temporada de neve. Sempre quiseram um dia poder se aposentar e viver naquela região. Ficaram na mesma pousada de sempre e conversaram sobre o que deveriam fazer sobre sua situação quando surgiu um problema com os donos da pousada. Eles precisavam sair por causa de uma emergência familiar e perguntaram ao casal se não se importariam de tomar conta da pousada na ausência deles e, em troca, teriam a estada gratuita. O casal concordou e, para resumir a história, foi convidado a permanecer em tempo integral na gerência, acabando por comprar a pousada. No fim das contas, conseguiram um novo negócio que amavam e foram morar onde desejavam viver quando se aposentassem! Isso foi melhor do que haviam planejado e tiveram um excelente êxito financeiro também.

Esse é apenas um exemplo de oportunidade oculta em uma decepção. Existem milhões de histórias como essa e não há razão para você não fazer parte de uma delas. Mas observe que esse casal foi para um local que representava algo que eles já amavam. Foi uma atitude inteligente ir para um lugar que trouxesse lembranças positivas para atrair energia positiva. Se você tiver um lugar assim, tenha-o em mente.

Pode haver um bom motivo para pensar nele com carinho e isso pode ser importante para seu futuro.

> Não subestime a si mesmo nem suas possibilidades.
>
> — Donald J. Trump

Outra boa ideia é se perguntar por que você gosta de determinado lugar. Às vezes, é óbvio — porque é um local bonito, porque representa férias, é romântico, ou seja lá o que for. Mas, se continuar investigando as razões que o levam a gostar desse lugar, é bem provável que encontre algo que possa abrir uma porta para uma nova ideia ou carreira.

Também acredito que a aposentadoria nem sempre é a melhor coisa para as pessoas. Meu pai dizia que "aposentar-se é morrer" porque tirava muita energia do trabalho. Permanecer ativo e "plugado" parece que prolonga a vida em muitos casos. Talvez o chamado "revés" seja uma notícia para uma vida mais longa e feliz. Talvez você tenha mais o que fazer e, quem sabe, isso lhe trará a satisfação que a aposentadoria jamais lhe daria. Às vezes, nossos planos são perturbados por uma boa razão.

Todos ouvimos histórias de pessoas que perderam voos e ficaram muito chateadas porque seus planos de viagem foram desfeitos e depois descobriram que o avião caiu. São famosos também os casos de pessoas que quase foram vítimas de desastres em diferentes situações. Não seja uma dessas pessoas que quase deixam um sucesso ou uma segunda chance escapar porque se recusam a parar e pensar nas alternativas.

A redefinição de metas é uma boa coisa a fazer, seja por livre e espontânea vontade, ou não. Tanto Robert quanto eu acreditamos piamente que as pessoas precisam amar o que fazem para alcançar o sucesso. Ele também aconselha a investir no que você ama — exatamente como aconteceu com o casal da pousada. Tiveram a intuição de visitar o lugar que amavam em busca de renovação e foram revigorados lá. Isso é fazer o que se diz.

Se você está na meia-idade sem muito dinheiro, agradeça pela vida que teve e saiba que a vida ainda lhe reserva grandes aventuras. Não subestime a si mesmo nem suas possibilidades. Tenha você seis ou sessenta anos, ainda terá muitas oportunidades excelentes na vida. O bom da vida não acaba enquanto você não desiste.

Gostaria de citar uma frase de Steve Forbes que diz tudo. Steve a escreveu há alguns anos em seu livro *A New Birth of Freedom* ("Um Novo Nascimento da Liberdade", em tradução livre) e ela continua perspicaz e pertinente: "A verdadeira fonte de riqueza e capital nesta nova era não está nas coisas materiais, mas sim na mente humana, no espírito humano, na imaginação humana e em nossa fé no futuro. Essa é a mágica de uma sociedade livre — todos podem progredir e prosperar porque a riqueza vem do interior."

Capítulo 24

E Se Eu Já For Rico? Que Conselho Vocês Têm para Mim?

A Resposta de Robert

Se você é rico, dê graças a Deus. Mas não se esqueça de que dinheiro pode ser tanto uma bênção quanto uma maldição.

Para a maioria, ganhar dinheiro suficiente é um problema. Se você tem muito dinheiro, mantê-lo pode ser o problema. Ganhadores da loteria, estrelas de cinema, atletas profissionais e herdeiros de fortunas perdem dinheiro porque mantê-lo e preservá-lo pode ser tão difícil quanto ganhá-lo. Você se transforma em um alvo para pessoas que querem seu dinheiro.

Ao analisar o jogo *CASHFLOW*®, você poderá ver três níveis diferentes de investidores. São eles:

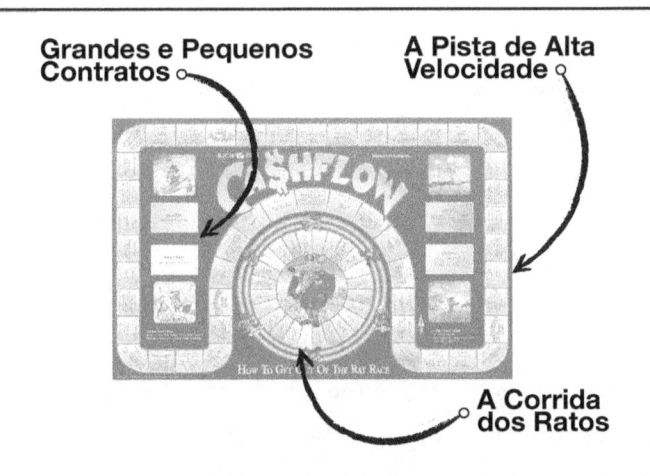

- Grandes e Pequenos Contratos
- A Pista de Alta Velocidade
- A Corrida dos Ratos

1. **A Corrida dos Ratos.** É onde a maioria das pessoas está. Quando investem, essas pessoas aplicam principalmente em títulos mobiliários, ações, títulos e fundos mútuos.

2. **Grandes e Pequenos Contratos.** É onde a maioria das pessoas adquire sua educação financeira, e alguns, efetivamente, conseguem escapar da Corrida dos Ratos.

3. **A Pista de Alta Velocidade.** Foi criada em 1933, por Joseph Kennedy, pai do presidente John Kennedy.
   Foi projetada para investidores ricos com educação e experiência financeira. O problema é que muitos ricos não têm educação financeira e vários perdem suas fortunas para agentes inescrupulosos que saqueiam pessoas abastadas.

> *Se não gosta do que faz, comece a fazer o que ama, mesmo em tempo parcial.*
>
> *— Robert T. Kiyosaki*

Portanto, há basicamente dois tipos de ricos: os que ganham dinheiro e têm a educação e a experiência financeira necessárias para investir na pista de alta velocidade, e aqueles que ganharam muito dinheiro, mas praticamente nada sabem sobre finanças, tampouco têm experiência no assunto.

Gente que vence na vida por esforço próprio tem menos medo de perder dinheiro porque sabe que pode recuperá-lo. Pessoas que conseguiram o dinheiro por outros meios têm duas opções, as mesmas daquelas que não têm dinheiro — instruir-se financeiramente ou entregar seu dinheiro aos cuidados de um profissional confiável e competente.

A cada ano, vemos nos jornais notícias sobre astros do cinema ou dos esportes que perderam tudo por causa de um agente inescrupuloso. Também lemos sobre algum idoso rico que teve seu dinheiro roubado por um parente ou cuidador de confiança. São histórias muito comuns. Todos também ouvimos falar de pessoas que se casam e perdem o dinheiro. Uma das recentes histórias mais famosas é a de Anna Nicole Smith, que, aos 26 anos, casou-se com um homem 63 anos mais velho que ela. Só pode ter sido por amor! Paul McCartney está se divorciando após quatro anos de um casamento feito sem contrato pré-nupcial. Esses, provavelmente, serão os quatros anos de felicidade mais caros da história.

Investindo na Pista de Alta Velocidade

Para o investidor mediano, a SEC inspeciona os investimentos e agentes do setor. Há menos proteção para aqueles que investem fora da Corrida dos Ratos.

Para investidores de grandes e pequenos contratos e da pista de alta velocidade, educação, experiência, confiança e integridade são essenciais. Se você ou seus conselheiros não contam com esses quesitos, continuem com os títulos mobiliários supervisionados pela SEC.

Mas, se você tiver as qualificações necessárias, investir na pista de alta velocidade pode ser mais eletrizante, rentável e divertido. Donald e eu investimos nessa pista. É o único jogo na cidade.

Exemplos de Transações na Pista de Alta Velocidade

Seguem exemplos de transações que fiz na pista de alta velocidade:

1. Ao abrir uma empresa, como empreendedor, e procurar fundos com investidores, estou em uma transação da pista de alta velocidade. Preciso ter muito cuidado para saber se os investidores que procuro são certificados e credenciados.

    A definição de um investidor certificado é: Uma pessoa que individualmente (ou com seu cônjuge) tenha um patrimônio líquido total igual ou superior a US$1 milhão. Uma pessoa que tenha uma renda superior a US$200 mil nos dois últimos anos com uma expectativa de renda equivalente para o ano seguinte, ou uma pessoa que tenha renda conjunta com um cônjuge para esses períodos igual ou superior a US$300 mil.

    Minha empresa de mineração de ouro na China é um exemplo de tal investimento. Esse investimento tornou muitos dos meus investidores milionários.

    Como você sabe, eu também comecei uma empresa petrolífera que nunca encontrou petróleo. Meus investidores perderam a maior parte de seu dinheiro. A parte boa foi que alguns daqueles que estavam na minha empresa petrolífera também estavam na de mineração de ouro na China.

2. **Parcerias em imóveis:** Kim e eu somos parceiros em vários projetos imobiliários — como condomínios de apartamentos com trezentas unidades, construções comerciais e edifícios de escritórios. Minha esposa e eu não somos empreiteiros, como Donald Trump. Simplesmente, somos os

sócios investidores dos construtores. Nunca perdemos dinheiro em parcerias em imóveis... deixe-me bater na madeira.
O segredo é ter parceiros honestos e experientes.

3. **Parcerias em petróleo e combustíveis:** gosto pessoalmente de petróleo e combustíveis por várias razões. São elas:

   Fluxo de caixa: se passar por dificuldades, você receberá dividendos, como no caso dos imóveis.

   Vantagens fiscais: se eu investir US$100 mil em uma parceria de petróleo e gás, o IRS me permite deduzir aproximadamente US$70 mil dos meus impostos. Cerca de 50% sobre o imposto, que é quase o mesmo que receber US$35 mil do governo em fluxo de caixa ou para aplicar ao meu investimento.

   A outra vantagem fiscal é que para cada dólar que recebo de petróleo e gás, o governo permite que eu deduza um adicional de 15% (conhecido como *depletion allowance* [1]). Isso significa que eu pago impostos sobre apenas 85% da renda que recebo de petróleo e gás.

4. **Fundos de participação acionária em empresas de capital fechado:** São os fundos dos ricos. Geralmente, esse tipo de fundo é formado em torno de um grupo de investimento com uma trajetória de sucessos e que investe em todo tipo de negócio, como empresas e grandes empreendimentos imobiliários.

   Geralmente, as necessidades de caixa são muito maiores do que as dos fundos mútuos. Investi em um desses fundos, que exigiu um compromisso de US$1 milhão. Recuperamos nosso dinheiro com um retorno de mais de 40% em menos de três anos. As exigências de caixa e o retorno monetário variam de acordo com o grupo de investimento ao qual você confiar seu dinheiro.

5. **Fundos com alavancagem:** são fundos diferentes dos fundos de investimento comuns, pois usam alavancagem (recursos de terceiros ou exposição a perdas maiores que seu patrimônio). Tive sortes diferentes quando usei alavancagem. Como em qualquer tipo de fundo, grande parte do sucesso dos fundos de alavancagem também depende da gestão.

---

[1] Dedução fiscal prevista em lei para empresas norte-americanas de petróleo, gás e análogos. O depletion allowance é destinado ao reparo do esgotamento causado pela produção, daí seu nome, que, em tradução livre, significa "subsídio de esgotamento". (N. E.)

6. **Derivativos:** poucas pessoas conhecem o mundo dos derivativos. Contudo, os derivativos preocupam a todos nós. Warren Buffett os chama de "armas de destruição em massa".
Não conheço muito sobre essa classe de investimento. No entanto, sei o que é um derivativo. Como o nome diz, é algo derivado de outra coisa, por exemplo, o suco de laranja seria um derivativo da laranja; a hipoteca, do imóvel. Portanto, creio que Warren Buffett esteja preocupado com o mundo dos derivativos, porque muitas pessoas, mesmo as que investem neles, provavelmente não entendem como funcionam e estão lidando com instrumentos alavancados em esteroides. Se houver algum percalço, o mundo todo pode ruir como um castelo de cartas.

Um amigo explicou o fenômeno desta forma: "É como estar desempregado e pegar dinheiro emprestado para investir em algo, usando o dinheiro emprestado como garantia colateral no empréstimo." Isso é como as pessoas que refinanciam seus carros para quitar dívidas de cartão de crédito, mas continuam a usar os cartões. Se o sombrio mundo dos derivativos consiste nisso, talvez o universo das altas finanças globais seja realmente um castelo de cartas — ou melhor, de cartões de crédito.

Resumo

Se você é rico, sua missão é manter seu dinheiro e, queira Deus, multiplicá-lo. Não importa o que você faça, é muito importante ter o seguinte:

1. Um testamento
2. Um plano para o patrimônio
3. Um plano no caso de incapacidade
4. Um contrato pré-nupcial, caso você se case novamente

A Resposta de Donald

Em primeiro lugar, eu diria que você deve ser grato por ser rico. Depois, diria para tomar cuidado. Por fim, diria para se divertir muito.

É isso o que estou fazendo. Neste momento, estou em Los Angeles no Beverly Hills Hotel, com minha linda esposa, Melania, e nosso bebê, Barron, e estamos nos

> A filantropia está entre as melhores recompensas de uma vida bem vivida.
>
> — Donald J. Trump

divertindo a valer. O clima, as acomodações e a comida são fantásticos aqui, e Alberto del Hoya cuida muito bem de nós.

Estou aqui para gravar a sexta temporada de *O Aprendiz*. Mark Burnett e sua esposa, Roma, moram em Los Angeles, e a cerimônia de formatura de minha filha Tiffany será nesta semana. Então, embora eu seja um nova-iorquino, esta é uma bela maneira de viver, e este, um lindo lugar para se estar.

Não estamos muito longe de Palos Verdes, no Oceano Pacífico, onde fica meu espetacular campo de golfe, o *Trump National Golf Club*, em Los Angeles. Vou visitar o campo, jogar algumas partidas de golfe e ver as novas casas com vista para o campo e o oceano que estão quase prontas. São residências excepcionalmente lindas.

Tenho muitos projetos em andamento, e essa é uma das razões pelas quais sou rico. Tiro o máximo proveito de minha riqueza. É a melhor coisa a fazer se quiser ter muitas realizações. Não estou feliz se não estiver ocupado com novos negócios e aprendendo coisas novas. Também estamos montando um escritório da Trump Productions em Los Angeles, enquanto estiver aqui. Portanto, nunca tenho um momento inútil. A vida pode e deve ser eletrizante.

Isso não significa que não sou cuidadoso. É muito fácil ser negligente quando as coisas vão bem; então, mantenho-me focado. Tenho filhos crescidos que estão entrando no mundo dos negócios e não quero que se envolvam em desastres de jeito algum. É importante manter-se responsável pelo que você tem.

Mantenho contato diário com todos na *Trump Organization* para ver o que está acontecendo por lá, e Rhona me mantém a par de minha programação. Meus dois filhos mais velhos, Don Jr. e Ivanka, passaram uns dias aqui comigo para a final de *O Aprendiz* e para alguns episódios da nova temporada, foi um tempo de comemorações.

Se você é rico, espero que possa dizer o mesmo sobre sua vida. A vida deve ser celebrada, em especial se você tem recursos para tanto.

Nunca subestime sua boa sorte e lembre-se de que a filantropia está entre as melhores recompensas de uma vida bem vivida. Esse é o melhor conselho para os ricos.

Donald, Melania e Barron

Donald e Barron

Don Jr. e Ivanka

Capítulo 25

Por que Algumas Pessoas que Desejam Ficar Ricas... Falham Nesta Tentativa?

A Resposta de Robert

Obviamente, existem muitas razões pelas quais as pessoas não conseguem ficar ricas, embora queiram muito que isso aconteça. Eis algumas:

1. Preguiça
2. Maus hábitos
3. Falta de instrução
4. Inexperiência
5. Ausência de orientação
6. Atitudes inadequadas
7. Má influência de amigos e parentes
8. Dispersão
9. Pouca determinação
10. Covardia

Mas existe outra razão sobre a qual eu gostaria de escrever — uma razão raramente discutida. E essa razão é que o indivíduo não consegue encontrar um ambiente que lhe dê apoio para que se torne rico.

Em *Teach to Be Rich*, discuto a possibilidade de que todos nascemos com talentos. Nesse pacote, constituído de dois livros de exercícios e três DVDs, afirmo que o indivíduo deve procurar um ambiente propício ao desenvolvimento de seus talentos. O exemplo que uso é Tiger Woods, cuja genialidade se manifesta nos campos de golfe. Se ele fosse um jóquei, não seria bem-sucedido. Mick Jagger, que frequentou a escola com a intenção de se tornar contador, descobriu seu talento no palco, como membro da banda Rolling Stones.

Meu pai pobre foi um aluno brilhante. Meu pai rico, não. O talento de meu pai rico surgiu no ambiente das ruas. Em meu caso particular, não fui um aluno brilhante. Eu achava que a escola não era o ambiente certo. No caso de meu pai rico, as ruas representam o ambiente no qual sua genialidade se manifesta. Se eu tivesse continuado no mundo acadêmico, meus talentos não teriam florescido.

O ambiente correto é essencial para o desenvolvimento dos talentos pessoais. Quando eu estava na escola de voo da Marinha, alguns de meus companheiros descobriram seu talento pilotando aeronaves. Um prosseguiu na carreira, tornando-se general, e outros se tornaram pilotos seniores de linhas aéreas. Eu era um piloto mediano. Alguns de meus amigos descobriram seu talento nos campos de futebol americano. Eu era um jogador mediano. Quando trabalhei na Xerox Corporation, um de meus amigos descobriu seu talento e rapidamente galgou a escada do mundo corporativo.

Todos os jardineiros sabem que as plantas precisam de solo fértil, água e temperaturas adequadas. Se todos os elementos estiverem presentes, as plantas florescerão. O mesmo é válido quando se trata de seres humanos. Toda pessoa precisa de certos elementos para florescer. Se os elementos essenciais não estiverem presentes, talvez ela não cresça nem desabroche.

A Pessoa Rica em um Ambiente Pobre

Meu pai rico costumava dizer: "É possível encontrar muitas pessoas ricas em ambientes pobres." À medida que ficava mais velho, comecei a entender melhor o que ele queria dizer.

O Ambiente da Minha Casa

Uma das primeiras coisas das quais me dei conta é que havia nascido em uma família com poucos recursos financeiros. Mas isso não significa que não existisse amor. O problema era que o ambiente não era propício para que alguém se tornasse rico. Em minha família, desejar ficar rico era tabu. Como família, dávamos valor à educação, aos serviços públicos e a um baixo salário. Embora não fosse claramente exteriorizada, havia a crença de que os ricos eram mal-intencionados e exploravam os outros.

Nunca havia discussão sobre investimentos. Para a minha família, investir era o mesmo que jogar. Viver abaixo de nossas posses e economizar dinheiro era o estilo de vida que minha família adotara.

Em minha casa, hoje, dinheiro não é uma palavra suja. Enriquecer é divertido, e investir é um jogo. Em vez de vivermos abaixo de nossas posses, estamos constantemente trabalhando para expandir nossos recursos, aumentar nossa renda, fazer com que nossos bens aumentem e ajudar tantas pessoas quantas forem possíveis. Além disso, mantemos pessoas negativas em termos financeiros fora de nossa vida e nos cercamos de pessoas com um modo de pensar semelhante ao nosso, que nos incentivam e nos apoiam. Nossos amigos também fazem parte de nosso ambiente.

Meu Ambiente de Trabalho

Quando consegui meu primeiro emprego, na Xerox Corporation, logo descobri que aquele não era o ambiente ideal para enriquecer. Mas embora meus chefes me pressionassem para que eu trabalhasse muito e ganhasse muito dinheiro, seu foco principal era fazer os acionistas felizes... não os funcionários. Sempre que eu falava na possibilidade de abrir meu próprio negócio, meu supervisor observava que era contra a política da empresa trabalhar por conta própria.

Isso não significa que eu não gostasse de trabalhar na Xerox, pois eu gostava. Apenas não era um ambiente propício ao enriquecimento. Além disso, embora eu realmente tenha ganhado muito dinheiro naquela época, os programas de tributação para funcionários que ganhavam altos salários não deixavam muito espaço para enriquecer.

Na *Rich Dad*, toda reunião semanal se concentra no fato de a nossa equipe estar ficando mais rica. Estimulamos nossos colaboradores a participar de seminários financeiros, a ter seu próprio negócio e a investir — não por meio dos planos de aposentadoria da empresa, mas por seus próprios planos de investimento. Alguns funcionários deixaram a empresa porque não gostavam da pressão que eu fazia para que adquirissem educação financeira e, por fim, fossem livres em termos financeiros. Fico contente que tenham saído, pois serão mais felizes trabalhando em outro ambiente.

Ambientes para Pessoas que Têm Medo de Perder

Muitos indivíduos que querem enriquecer deixam de fazê-lo simplesmente porque são pessoas ricas em um ambiente pobre. Por exemplo, se você é um empregado, provavelmente está em um ambiente projetado para pessoas que trabalham para não perder — as pessoas que querem segurança no emprego e um salário estável. Os proprietários que criam esses ambientes normalmente não têm nenhum problema em atrair e manter bons funcionários — que estão felizes

> Encontre um ambiente no qual você prospere. Talvez você não ouviria falar de Tiger Woods se não existissem campos de golfe.
>
> — Robert T. Kiyosaki

trabalhando para não perder e entregando seu dinheiro para especialistas financeiros, em vez de aprender a administrar seu próprio dinheiro. Obviamente, uma repartição pública se enquadra nesse tipo de ambiente.

Ambientes para Vencedores

Existem organizações que proporcionam ambientes para vencedores — indivíduos que querem enriquecer. Podemos citar como exemplos o esporte profissional, a indústria do cinema e da música. O desafio desses ambientes é que você precisa ser excepcionalmente talentoso, motivado e tenaz. Nesses setores, a regra dos 90/10 do dinheiro é válida. Com certeza, neles você encontra mais perdedores do que vencedores.

Outros ambientes propícios ao êxito são os agentes financeiros, corretoras de imóveis, marketing de rede e outras empresas de alto desempenho.

Uma Árvore em Decomposição

Recentemente, uma árvore que plantei começou a morrer. Isso me aborreceu muito, pois gosto muito de plantas. Contratei especialistas e entendidos em plantas, que trataram a árvore com fertilizantes, mas ela não reagiu. Por fim, munido de um esguicho, passei a molhar suas raízes duas vezes por semana durante um mês. De repente, novas folhas e brotos começaram a crescer nos galhos que pareciam mortos. Tudo de que a árvore precisava era um pouco mais de água. (Após nova inspeção, descobri que o encanamento que levava água até a árvore estava entupido.) Hoje essa árvore está saudável e vibrante. Tudo de que ela precisava era um ambiente propício a seu crescimento. O mesmo acontece com as pessoas. Muitas não ficam ricas porque estão em ambientes pobres.

Ambientes Poderosos

Levando esse conceito de ambiente um pouco mais além, consideremos o seguinte:

1. **Se quiser desenvolver sua inteligência:** vá a uma biblioteca, livraria ou escola.
2. **Se deseja melhorar sua saúde:** frequente uma academia, ande de bicicleta ou pratique mais esportes.

3. **Se almeja engrandecer seu espírito:** vá a uma igreja, encontre um lugar tranquilo e medite ou reze.
4. **Para aumentar sua riqueza:** procure lugares nos quais as pessoas estão enriquecendo (como um escritório imobiliário ou o escritório de um corretor da bolsa), filie-se a um clube de investimentos ou funde um grupo de estudos e passe a conviver com novos amigos que também querem ficar mais ricos.
5. **Se objetiva expandir seu mundo:** vá a lugares nos quais nunca esteve antes... faça coisas que tinha receio de fazer.

Em suma, às vezes, a forma mais rápida de mudar e melhorar consiste simplesmente em mudar de ambiente.

Questões Finais

Acredito que todos nascemos com um talento especial, um dom exclusivo. O problema é que nem todos descobrem seu dom porque não encontram o ambiente no qual esse dom pode florescer. E não se esqueça do seguinte: provavelmente nunca teríamos ouvido falar de Tiger Woods se não existissem campos de golfe.

Portanto, minhas últimas perguntas são:
1. Sua casa e sua família proporcionam um ambiente que o ajuda a desenvolver seus talentos financeiros? Sim ou não?
2. Seu local de trabalho é um ambiente que estimula o desenvolvimento de seus talentos financeiros? Sim ou não?
3. Você tem ideia de qual poderia ser seu talento? Sim ou não?
4. Você trabalha com pessoas que querem que você desenvolva seus talentos? Sim ou não?
5. Se você encontrar seu ambiente, deseja trabalhar intensamente para desenvolver os seus talentos? Sim ou não?

Faço essa última pergunta porque o fato de ter talento não significa que a vida seja fácil. Todos conhecemos pessoas talentosas, mas o problema é que algumas não se dedicam com afinco ao desenvolvimento de seus talentos. E, mais uma vez, não se esqueça: Tiger Woods (e outras personalidades importantes) trabalhou muito para desenvolver seu talento.

Como diria meu pai rico: "A preguiça é o carrasco do talento."

As cinco perguntas acima são importantes, por isso, talvez você queira refletir sobre elas, bem como sobre as respectivas respostas, antes de virar a página.

A Resposta de Donald

O Ambiente

Reconheço que tive muita sorte por ter nascido na família em que nasci, com pais dedicados, que acreditavam firmemente na educação. Frequentemente dou a isso o nome de "o clube do esperma afortunado". Mas conheço pessoas que nasceram em ambientes que não eram propícios a conquistas e que, mesmo assim, se saíram muito bem.

Conforme disse Thoreau: "Não sei de nenhum fato mais animador do que a inconteste capacidade do homem de melhorar de vida por meio de esforços conscientes."

Talvez você tenha de se esforçar mais e por um tempo mais longo, mas isso é melhor do que encontrar desculpas e deixar que seus objetivos desmoronem. Meu pai tinha pouquíssimo com o que começar e viveu rebolando para pagar todas as contas no fim do mês. Mas foi em frente com sua ética no trabalho e sua inteligência natural e, no fim, acabou sendo muito bem-sucedido. Tenho grande respeito pelas pessoas que foram bem-sucedidas trilhando o caminho mais difícil.

Um ambiente certo, conforme salienta Robert, é necessário para alimentar seus talentos específicos. Parte de nossa responsabilidade é encontrar o ambiente certo para que possamos prosperar ou, no mínimo, usá-lo como meio de atingir o nível seguinte. A vivência pode se assemelhar à escola, quando estamos no quinto ano, esperamos passar para o sexto, desde que nosso desempenho esteja de acordo com o exigido. Atingir um estágio na vida adulta que permanece como o quinto ano por algumas décadas, na verdade, não representa progresso. Talvez seja confortável, mas não deve ser aceitável em longo prazo.

Uma forma excelente de lidar com ambientes que não são ideais é manter o foco. Raramente as coisas são perfeitas, portanto,

> Mantenha seu foco inabalável e concentre-se na solução.
>
> — *Donald J. Trump*

se seu ambiente de trabalho não for propício ao êxito, você terá de se esforçar ainda mais para manter o foco intacto.

Acima de tudo, não comece a se concentrar nos aspectos negativos de sua situação — concentre-se nas soluções!

Há muitos exemplos de pessoas que tiveram de superar grandes provações e imensas desvantagens e acabaram alcançando êxito surpreendente. Isso é sempre uma possibilidade, e você poderia se tornar um desses exemplos. Lembre-se de que você está em uma empresa respeitável, embora o ambiente não seja ideal. Mantenha o foco em seus objetivos, esteja disposto a cobrir os próximos quilômetros e tenha consciência de que você tem tanto direito de ser bem-sucedido como qualquer outra pessoa.

Digo isso porque tenho visto indivíduos que parecem acreditar que estão pedindo demais ao desejarem ser bem-sucedidos. É como se esse território pertencesse a outras pessoas, mas a eles fosse vedado. Não sei se esses indivíduos foram educados acreditando que desejar sucesso significa ser ganancioso ou egoísta, mas decididamente é uma forma de pensar que precisa ser reavaliada.

Não há vantagem alguma em ser pobre. Na verdade, no fim, a pobreza acaba sendo uma carga para todas as pessoas.

Nenhuma pessoa saudável quer ser uma carga para os outros. Criar um ambiente que possa ajudar os outros exige dinheiro. Estar em posição de fazer benemerência é, sem dúvida, mais desejável do que ser alvo de benemerência. Só isso já pode ser uma grande motivação para dar atenção ao assunto e trabalhar com afinco.

A hereditariedade e o ambiente são dois fatores importantes que têm influência sobre o que somos e sobre aquilo em que nos tornamos ou não. Mas não são os únicos fatores. Os outros são sua responsabilidade e — sua escolha. Isso, por si só, deveria ser um pensamento fortalecedor.

Você está em posição de superar suas desvantagens. Todos conhecemos a expressão "ambiente amigável", que pode se aplicar também neste caso. Adote uma atitude amigável em relação às situações que enfrenta, aprenda com elas, mas continue sempre progredindo. Por exemplo, Robert tirou lições de seus dois ambientes e, no final, ambos lhe foram úteis.

Mantenha o foco no êxito e melhore sua vida, colocando-a na posição em que deveria estar.

Sua Visão

Dedique alguns minutos à análise do seu ambiente.

1. Sua casa e sua vida familiar constituem ambiente propício ao desenvolvimento dos seus talentos financeiros? *Em caso afirmativo, por que razão? Em caso negativo, o que você pode fazer a respeito?*
2. Seu local e seu ambiente de trabalho são propícios ao desenvolvimento de seus talentos financeiros? *Em caso afirmativo, por que razão? Em caso negativo, o que você pode fazer a respeito?*
3. Você tem ideia de quais poderiam ser seus talentos? Em caso afirmativo, quais seriam? Você os está desenvolvendo? *Se você desconhece seus talentos, como poderia descobri-los?*
4. Você trabalha com pessoas que querem que você desenvolva seus talentos? Em caso afirmativo, como lhe dão apoio? *Em caso negativo, o que você pode fazer a respeito?*
5. Se você encontrasse seu ambiente, estaria disposto a se esforçar para desenvolver seus talentos? *Por que sim ou por que não?*

A seguir, analise o quadrante CASHFLOW e faça o exercício a seguir...

A partir de qual quadrante você gostaria de receber a maior parte da sua renda?

_____

Relacione as seis pessoas com as quais você passa a maior parte do seu tempo:

_____ ____   _____ ____

_____ ____   _____ ____

_____ ____   _____ ____

Agora diga de qual quadrante cada uma dessas seis pessoas aufere sua renda.

Elas são ativas no quadrante no qual você deseja atuar?

Em caso negativo, talvez você queira se relacionar com outros amigos e procurar novos amigos que aufiram sua renda a partir do quadrante que você busca.

Em caso afirmativo, talvez seu ambiente seja propício à conquista de seus objetivos.

Robert e Donald entrando no Trump International Golf Club, em Los Angeles

Parte 5

Pise Fundo

Todos os nossos dias são repletos de momentos decisivos. Desde o momento em que acordamos, tomamos decisões, se resolvemos sair da cama e fazer exercícios ou ficar nela e dormir mais meia hora. Tomamos uma decisão quando ligamos para a empresa avisando que estamos doentes, embora estejamos em condições de trabalhar. Tomamos uma decisão quando resolvemos assistir à televisão em vez de ler um livro sobre negócios ou investimentos. E tomamos uma decisão quando entregamos nosso dinheiro a um profissional de vendas para investi-lo em nosso nome, em vez de aprendermos a investir por nossa conta.

Na Parte 4, Robert e Donald compartilharam seus conselhos dados às pessoas em determinadas situações. Agora, na Parte 5, compartilham recomendações mais detalhadas sobre investimentos em imóveis, marketing de rede e aquisição de empresas. Mais importante ainda, encerram com um comentário sobre a necessidade de desenvolver habilidades de liderança. Se você não souber comandar a si próprio, não será capaz de comandar outras pessoas.

Frequentemente perguntam a Robert e Donald: "Você acha que é interessante investir em imóveis?" ou "Você acha que ações representam um bom investimento?".

E eles respondem: "Depende. Até que ponto você é bom?" Ser bom tem pouco a ver com imóveis, ações, ouro ou qualquer outra coisa na qual você poderia investir. O fato de determinado investimento ser bom ou não está diretamente relacionado ao grau de comprometimento, você precisa ser bom no que faz. Perguntar se imóveis representam um bom investimento é o mesmo que perguntar se o regime adotado por determinada pessoa é um bom regime. Ou se a pessoa com a qual a outra está se casando a fará feliz.

Robert e Donald acrescentam: "Imóveis não são um investimento bom nem mau. Os indivíduos são bons ou maus investidores." Investir não é arriscado; as pessoas é que são arriscadas.

O pai rico de Robert costumava dizer: "Não existem investimentos ruins, mas, certamente, existem muitos investidores ruins."

Noventa por cento das pessoas que investem querem descobrir a fórmula mágica, o segredo que as tornará ricas, mas isso envolve três problemas. Primeiro: existem milhões de formas de uma pessoa conseguir acumular uma grande fortuna. Com o advento da internet, um número maior de milionários, bilionários e pessoas ricas surgiu e continuará a surgir, portanto, o primeiro problema é: cada indivíduo precisa encontrar a fórmula mágica que melhor se adapte a ele. Segundo: as pessoas que estão atrás de uma fórmula mágica muitas vezes são presas de pessoas que vendem fórmulas mágicas — do tipo: "Entregue-me seu dinheiro em longo prazo, e eu o investirei para você." Terceiro: a maioria das pessoas não consegue ser fiel à mesma fórmula por muito tempo, a mesma razão pela qual, por exemplo, são vendidos tantos regimes diferentes, em geral para as mesmas pessoas.

Se você optar por ser uma das muitas pessoas que não têm o compromisso de fazer parte dos 10%, saberá o conselho a seguir: "Economize dinheiro, livre-se das dívidas, faça investimentos em longo prazo e diversifique." Nesse caso, Robert e Donald o aconselhariam a começar assim que possível e economizar o máximo que puder, pois você precisará de muito dinheiro e muito tempo para se sair bem adotando essa fórmula.

Por outro lado, se você se decidir a integrar os 10% de pessoas que ganham 90% do dinheiro, então será preciso foco e comprometimento — *seu* foco em *seu* comprometimento!

Você terá que descobrir sua própria fórmula mágica.

Capítulo 26

Por que Você Investe em Imóveis?

A Resposta de Robert

Por que invisto em imóveis? A resposta se encerra em uma única palavra, ou seja, *controle*. Não conheço outro investimento que me permita ter tanto controle sobre os muitos aspectos relacionados ao dinheiro e a conservá-lo. Como resultado, tenho controle sobre minha vida.

Conforme frequentemente mencionado neste livro, muitos acham que investir é arriscado porque não têm controle sobre o objeto do investimento. Entretanto, não podemos exercer controle sobre poupança, ações, títulos e renda fixa. Lembre-se sempre do seguinte:

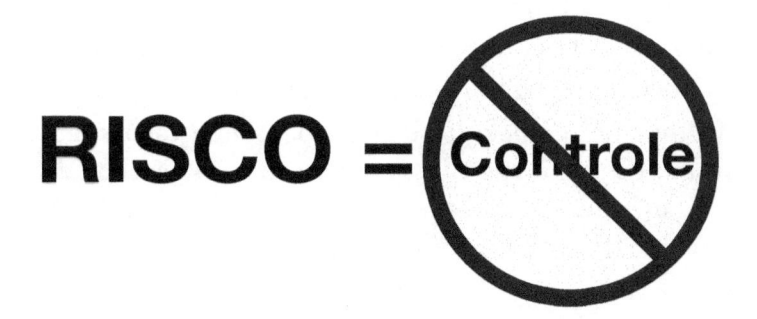

RISCO = ~~Controle~~

As pessoas se preocupam com a segurança no trabalho porque não têm controle sobre seu emprego. Poucos empregados têm controle sobre a propriedade da empresa, sobre seu salário, ou sobre impostos que pagam, ou ainda sobre o futuro de seu emprego.

Além do controle, os imóveis proporcionam muitas outras vantagens. Se uma propriedade for comprada ao preço justo, financiada sob boas condições, estiver bem localizada e for bem administrada — então as vantagens serão as seguintes:

1. **Fluxo de caixa:** os cheques chegam todos os meses.
2. **Alavancagem:** os banqueiros farão fila para lhe emprestar dinheiro para ser investido em imóveis.
3. **Amortização:** os inquilinos pagam a dívida.
4. **Desvalorização:** o governo oferece incentivos fiscais para imóveis, porque ele perde valor. Os imóveis podem perder valor, mas não é a tendência. Na realidade, a razão pela qual os governos oferecem incentivos a essa desvalorização é porque os investidores imobiliários oferecem moradia.
5. **Criatividade:** o valor da propriedade aumenta com a criatividade. Por exemplo, se eu comprar um pedaço de terra bruta, posso mudar seu zoneamento. Ou posso comprar uma casa velha e reformá-la. Ou ainda, converter um prédio residencial em um comercial.
6. **Expansibilidade:** Depois que aprendi a comprar casas que abrigam uma única família, passei a expandi-las em prédios com várias unidades. Hoje, quando minha mulher e eu compramos uma propriedade, ela deve ter condições de abrigar no mínimo 250 unidades.
7. **Previsibilidade:** leva cerca de um ano após a compra para se estabilizar um condomínio. Depois de um ano, a gerência é capaz de se livrar de inquilinos ruins, fazer os reparos estéticos que os bons inquilinos desejarem, e podemos, às vezes, lentamente, aumentar os aluguéis.

Uma vez que um edifício é estabilizado, as verificações mensais são um mecanismo de manutenção. Isso certamente se relaciona com os altos e baixos do mercado de ações... sentindo-se bem quando os preços sobem e mal quando descem. Eu gosto de receber essas verificações mensais pelo correio.

O segredo para bons imóveis é uma boa gestão. Como dito anteriormente, a razão para que muitos investidores em ações, títulos e fundos mútuos não invistam em imóveis é porque eles são ou gerentes ruins ou não querem sê-los.

Em nosso plano de investimentos, Kim e eu trabalhamos duro para começar a investir em condomínios com mais de cem unidades, simplesmente porque, com mais de cem apartamentos, poderíamos conseguir gerentes melhores.

Considerando que a gestão de imóveis é a chave para o sucesso, algumas das melhores oportunidades de investimento são comprar propriedades que pertenciam antes a gestores ruins.

8. **Imposto diferido:** uma das grandes vantagens dos imóveis é o imposto diferido. Há muitas maneiras para que um investidor imobiliário evite pagar impostos frequentes — legalmente. Uma dessas maneiras é conhecida como o imposto diferido. No ano passado, Kim e eu vendemos um pequeno prédio residencial, e recebemos mais de um milhão de dólares em ganhos de capital. Seguindo as regras do imposto diferido, fomos capazes de reinvestir esse dinheiro sem ter que pagar impostos.

   A opção do imposto diferido não está disponível para pessoas que investem em ações, títulos e fundos mútuos. Você ficaria surpreso com o quão rápido pode ficar rico se reduzir ou eliminar os impostos.

9. **Valorização:** conforme o dólar perde valor, os imóveis tendem a aumentar seu valor. Além disso, à medida que a população aumenta, a demanda cresce, o que também eleva os preços.

   Muitos investem contando com a valorização (ganhos de capital). No mercado de ações a maioria dos indivíduos investe na baixa, esperando vender na alta. Isso se chama investir para obter ganhos de capital. No mundo dos imóveis esses investidores também existem, e também são denominados *flippers*. Os *flippers* também compram na baixa e esperam vender na alta. O problema com a estratégia de ganhos de capital é que, em geral, ela funciona em um mercado com tendência à alta. Se o mercado tiver tendência à baixa, os *flippers* estarão fritos.

   Investir em fluxo de caixa é melhor do que investir em ganhos de capital imobiliário, porque as leis fiscais favorecem o investidor do fluxo de caixa.

Por que Considero a Valorização a Última Opção

Há uma razão pela qual coloco a valorização em último lugar; contudo, para muitos, a valorização está em primeiro lugar. Muitas pessoas compram uma casa pensando em se desfazer dela, ou seja, vendê-la com lucro. Os indivíduos que se dedicam a esse tipo de operação precisam trabalhar com afinco para pagar os impostos, que, nesse caso, são muito mais altos. Embora ocasionalmente eu faça isso, prefiro as razões anteriores para investir em imóveis. A minha estratégia favorita é comprar uma propriedade, depois comprar outra e outra. Em longo prazo, eu trabalho menos, ganho muito mais dinheiro, e pago menos impostos.

A valorização foi colocada por último por *ser* o *último* motivo. Na verdade, não conto com a valorização. Em minha opinião, comprar uma propriedade ou ações e esperar que valorizem é especular (ou jogar), não investir. Embora fique contente com a valorização, não conto com ela. Investir contando com a valorização é particularmente desastroso quando o mercado de imóveis quebra, o que acontece de tempos em tempos.

A Razão Secreta

Há outra razão pela qual gosto de investir em imóveis. O mercado de imóveis é lento, não experimenta mudanças súbitas. Conforme afirmei antes, a geração *baby boom* é a última da Era Industrial e a primeira da Era da Informática. Meu problema com a Era da Informática é que sou antiquado — sou um cara ultrapassado. Não tenho endereço de e-mail nem quero ter. Não sei usar a internet ou dispositivos a ela relacionados.

Minhas empresas têm sites na internet, e ganho milhões de dólares provenientes dessa fonte. Tenho um computador, mas faço uso dele como de uma máquina de escrever — ele me ajuda a ganhar milhões de dólares como processador de textos, não como computador.

Não só sou antiquado, como estou me tornando cada vez mais ultrapassado a cada novo avanço tecnológico. Certa vez comprei um iPod, mas não consegui descobrir como introduzir informações nele ou dele recuperar informações. Na verdade, sei exatamente quando me tornei ultrapassado. Foi quando tentei programar meu videocassete, na década de 1980. Foi então que percebi que não pertenço à era tecnológica.

Portanto, é por isso que dedico mais tempo a aprender a lidar com imóveis do que a tentar me manter atualizado com a tecnologia. No meu entender, todos precisam de um lugar para morar e de um lugar para trabalhar durante boa parte da vida. À medida que nossa população cresce e nosso dólar perde valor, os imóveis terão uma vantagem, enquanto eu comprar as propriedades certas, bem localizadas, pelo preço certo, bem financiado e com uma boa gestão.

O verdadeiro problema em ser antiquado ainda está por vir. Os jovens nascidos após o ano 2000 contribuíram para acelerar radicalmente o ritmo das mudanças tecnológicas por volta de 2015. Assim como os rapazes de minha geração começaram a construir carros turbinados, as crianças de hoje adotarão a tecnologia de hoje e a incrementarão.

A internet surgiu recentemente, em 1989. As crianças nascidas após o ano 2000 viverão uma realidade completamente diferente daquela que as de hoje vivem. Nossas crianças já não assistem à televisão ou leem jornais. Não sabem quais são as fronteiras do mundo. Mas sabem que podem fazer negócios online, com qualquer parte do mundo.

> Os visionários dominam a capacidade de enxergar o cerne das questões e dos investimentos. Dão valor à transparência.
>
> — *Robert T. Kiyosaki*

Eu estava no ensino fundamental quando a televisão entrou em nossas casas pela primeira vez. Na década de 1960, as crianças faziam desordem pelas ruas. Por quê? Porque a televisão trouxera a Guerra do Vietnã para dentro de suas casas. Era uma guerra real. Não era a guerra retratada nos filmes de John Wayne e em Hollywood. Minha geração presenciou a realidade da guerra, corpos de mulheres e crianças explodindo em pedaços. Por essa razão, os rapazes de minha geração faziam desordem — pelo menos alguns tinham esse comportamento.

Não demorará muito para a presença da nova geração se fazer sentir. Talvez os jovens façam perguntas contundentes do tipo: "Por que não estamos tentando encontrar recursos energéticos alternativos?", "Por que não nos concentramos em reduzir o aquecimento global?", "Por que a pobreza existe?", "Por que existem leis tributárias diferentes para pessoas diferentes?", ou ainda "Por que as escolas não ensinam as crianças a lidar com dinheiro?". Espero que elas enfrentem os desafios que minha geração preferiu varrer para debaixo do tapete.

As empresas de primeira linha com as quais milhões de investidores estão contando talvez não sejam mais de primeira linha. Novas empresas, dirigidas por rapazes com mentalidade diferente, eliminarão as empresas de primeira linha de hoje. Assim como a GM era uma empresa poderosa na época em que eu era criança e hoje é uma monstruosidade em processo de envelhecimento, talvez a Microsoft ou a Dell, ou o Google, sejam as GMs de amanhã.

Ao investir em imóveis, não me preocupo se o inquilino é a GM ou o Google, ou um idoso da geração *baby boom* ou ainda um garoto da vizinhança, desde que o aluguel seja pago.

E essa é a razão secreta de minha preferência por imóveis: levará um bom tempo para que se tornem algo obsoleto.

De Quem São os Seus Imóveis?

Apenas como uma nota auxiliar, penso que você possa estar interessado em saber quem realmente possui bens imobiliários.

Os *imóveis* vêm da ideia da *ausência de movimento*. Assim, *imóveis* significam literalmente *o que não se move*. Isso porque durante a Era Agrícola realmente havia apenas duas classes de pessoas, a realeza e os camponeses. Como mencionado anteriormente, os reis possuíam a terra e nela se estabilizavam, enquanto os camponeses vagavam por ela o dia inteiro por conta do trabalho. Como pagamento por viver nas terras da realeza, os camponeses pagavam um imposto, sob a forma de uma porcentagem das suas colheitas, à família real.

Hoje, ainda não possuímos os nossos imóveis. O governo é dono da nossa terra. Todos nós pagamos um imposto, conhecido como imposto sobre a propriedade, para o governo. Se não pagarmos esse imposto, logo descobrimos quem realmente possui a terra.

Como você pode notar, as coisas não mudaram muito.

De Quantas Formas Podemos Enriquecer?

Veja a seguir um artigo sobre algumas das outras razões pelas quais Donald e eu investimos em imóveis. Tem a ver com um dos termos prediletos de Warren Buffett, *valor intrínseco*.

Warren Buffett é famoso por falar sobre o valor intrínseco de uma ação. Embora muitas pessoas repitam ou imitem as palavras de Buffett sobre valor intrínseco, poucas sabem o que esse termo realmente quer dizer. Neste artigo tentarei explicar o significado da expressão da forma mais simples possível. Se você deseja uma explicação mais sofisticada, talvez deva ler os inúmeros livros escritos sobre Buffett e seus métodos de investir.

Uma vez que você compreenda o significado de valor intrínseco, é provável que entenda por que alguns investidores ganham mais dinheiro do que outros. Perceberá também que é possível encontrar valor intrínseco em investimentos diferentes de ações. Explicarei a expressão usando imóveis como exemplo. Por que usar imóveis? Porque um imóvel é algo mais tangível do que uma ação, e isso significa que um número maior de pessoas terá condições de entender o significado de valor intrínseco.

Quando o investidor mediano pensa em ganhar dinheiro, em geral pensa em comprar na baixa e vender na alta. Por exemplo, o investidor compra uma ação por $10 e a vende quando ela alcança $20. Todos os dias ele verifica o preço daquela ação.

Muitos investidores ficam constantemente de olho nas altas e baixas do mercado de ações. Seu dia começa bem se o preço sobe, e mal se o preço cai. Isso não é o que Warren Buffett faz, tampouco o que eu faço. Embora o preço de um ativo seja importante, não é algo que seja alvo de nossa atenção diária, conforme ocorre com muitos investidores. Warren Buffett presta muita atenção aos preços ao comprar uma empresa. Depois disso, não se preocupa se o preço das ações está subindo ou caindo. Tampouco se incomoda se o mercado de ações está aberto ou fechado. Ele não joga na bolsa, conforme fazem muitos investidores.

Em primeiro lugar, Warren Buffett não é dono apenas de ações. É dono de empresas. Em segundo, em termos bem simples, o que Buffett procura em uma empresa é uma boa administração que, com o tempo, se tornará mais valiosa. Frequentemente, Buffett se refere à composição do valor da empresa, ou seja, a acelerar o valor.

Voltando a Falar em Imóveis

Vamos usar imóveis como exemplo, pois, com um imóvel, acredito que talvez seja mais fácil explicar o significado da expressão valor intrínseco.

Quando compro uma propriedade, preocupo-me apenas com o preço por ocasião da compra (o mesmo que Buffett faz), pois o preço determina o retorno. O que estou procurando quando adquiro uma propriedade são as quatro vertentes da renda (ou fluxo de caixa):

1. **Renda (fluxo de caixa):** espera-se que essa receita seja denominada fluxo de caixa positivo — depois que todas as despesas forem pagas, inclusive os impostos e a parcela de minha hipoteca.
2. **Depreciação (fluxo de caixa fantasma):** a depreciação aparece como despesa, quando, na realidade, é uma renda derivada da isenção de impostos. Isso confunde muitos investidores imobiliários inexperientes. A depreciação representa um fluxo de caixa ou uma renda invisível.

3. **Amortização:** representa receita, pois seu inquilino está pagando seu empréstimo. Quando você paga o financiamento de sua casa própria, esse desembolso não representa uma renda, mas uma despesa. Quando seu inquilino paga seu empréstimo, esse pagamento representa fluxo de caixa.
4. **Valorização:** na verdade, valorização é inflação, que aparece como valorização. Se seu rendimento de aluguel sobe, você como um investidor pode refinanciar e pedir seu apreço como dinheiro livre de impostos e fazer seu inquilino pagar a amortização do novo montante do empréstimo. Em outras palavras, poderia ser um fluxo de caixa livre de impostos.

Esse é um exemplo do valor intrínseco de um investimento em um imóvel financiado dentro de boas condições, adquirido pelo preço justo, e bem administrado. Como investidor em imóveis, é essa minha intenção ao investir. Invisto para obter mais valor e ter disponibilidade de fluxo de caixa.

Os investidores que compram imóveis para vender são muitas vezes chamados de *flippers*, mas eu chamo-os de *especuladores*, porque isso não é realmente investir. Eles são focados em ganhos de capital, mas esses ganhos são muitas vezes tributados a taxas mais elevadas se eles não reinvestem seu dinheiro, e em vez disso gastam os seus ganhos. Ao contrário desses especuladores, invisto para gerar fluxo de caixa e aumento de valor.

Warren Buffett também não gosta de vender, pois vender ações aciona o gatilho dos impostos, e os impostos reduzem sua fortuna. Para os que conhecem a fórmula de Buffett, ele está empenhado em aumentar sua renda, não em compartilhá-la com o governo.

Uma razão pela qual eu recomendo que as pessoas joguem nossos jogos *CASHFLOW®101* e *CASHFLOW® 202* é para que elas se tornem melhores investidores, treinando seus cérebros para ver o que seus olhos não podem. Em outras palavras, para ver o valor real ou a falta dele em qualquer investimento, independentemente de ser uma ação, títulos, fundo mútuo, negócios ou imóveis. Eu também recomendo que você o jogue pelo menos dez vezes, porque quanto mais você jogá-lo, mais sua mente será capaz de ver — o que a maioria dos investidores deixa passar.

Neste esquema simples, você pode entender melhor o que quero dizer, possibilitando que o cérebro veja o que aos olhos muitas vezes escapa. O diagrama a seguir se refere a uma demonstração financeira:

DEMONSTRAÇÃO FINANCEIRA

Renda
Fluxo de caixa positivo (renda líquida)

Despesas
Desvalorização (fluxo de caixa fantasma)

BALANÇO PATRIMONIAL

Ativos	Passivos
Amortização (inflação)	Amortização (meus inquilinos quitação de pagamentos empréstimos pagos)

Quatro tipos de renda vinda de imóveis

Este é um exemplo excessivamente simplificado do que um investidor imobiliário procura. Eles estão procurando o valor intrínseco que os investidores amadores deixam passar.

Quando Warren Buffett menciona o valor intrínseco de uma empresa, ele está se referindo a muitas das mesmas coisas ditas aqui. O vocabulário que ele usa é, às vezes, diferente, mas eu acredito que você tenha uma boa ideia sobre este exemplo do valor intrínseco dos imóveis.

O investidor mediano geralmente pensa nos *índices preço/lucro*. O investidor imobiliário médio fala sobre *taxas dos imóveis*. Embora estes sejam indicadores importantes a serem observados, eles dificilmente constituem uma medida de valor intrínseco — e os investidores profissionais buscam valor, não preço.

Se você gostaria de jogar os nossos jogos *CASHFLOW*® sem arriscar dinheiro, existem clubes CASHFLOW no mundo todo. Você pode juntar-se a um e expandir sua mente para ser capaz de ver o que os seus olhos não podem.

Em conclusão, o investidor mediano só conhece uma maneira de ganhar dinheiro, que é através da compra na baixa dos preços e da venda na alta. Um investidor profissional prefere comprar na baixa, obter ganhos de outras fontes, e deixar o ativo crescer para sempre.

O Poder da Visão

A proficiência financeira permite que uma pessoa enxergue com o cérebro o que o olho humano não consegue ver. É a isso que me refiro quando falo em *visão*. Donald e eu investimos em imóveis porque conseguimos enxergar o valor e o fluxo de caixa. Os indivíduos sábios dominam a capacidade de enxergar o cerne das questões e dos investimentos. Dão valor à transparência.

Sem Transparência

Os fundos mútuos não têm transparência. Uma empresa de fundos mútuos não é obrigada a ser financeiramente transparente. Elas não precisam divulgar suas contas com precisão. Está além de mim entender por que alguém iria investir em uma entidade que não torna suas despesas públicas. Isso é mais do que apenas ser um amador — é escolher ser cego.

Investir em Longo Prazo

Como investidores de fundos mútuos não podem ver os números reais, eles não podem ver quanto dinheiro a empresa de fundos mútuos está tomando deles. Quando um consultor financeiro recomenda que você invista em longo prazo, a razão é:

Mais de Quarenta Anos...

Empresa de Fundos Mútuos	Você
80% de retorno	20% de retorno
0% de risco	100% de risco
0% de capital	100% de capital

A empresa de fundos mútuos pode receber até 80% dos retornos porque está sempre cobrando taxas sobre a relação entre os fundos e os investidores. O investidor assume 100% do risco e coloca 100% do capital. Agora você entende por que os bancos não emprestam dinheiro para comprar fundos mútuos e as companhias de seguros não o assegura contra perdas?

Nem Todos os Investimentos São Iguais

A tarefa de um líder ou de um professor consiste em ensinar as pessoas a enxergarem. Como nosso sistema escolar pouco ensina sobre dinheiro, a maioria das pessoas, mesmo as bastante instruídas, não consegue enxergar por que alguns investimentos são mais interessantes do que outros.

Agora que você viu a diferença entre imóveis e renda fixa, talvez esteja apto a decidir qual seria o melhor investimento no seu caso.

A Resposta de Donald

Quando me perguntam por que gosto de investir em imóveis, sempre sinto a tentação de responder: "Porque gosto de respirar." Em minha opinião, os imóveis são como o oxigênio. É o que me mantém vivo quando estou acordado e também quando estou dormindo.

Independentemente do fato de ter sido criado em um ambiente de negócios voltado para imóveis, de qualquer maneira eu, provavelmente, teria encontrado meu caminho nesse setor, pois gosto de muitas coisas relacionadas a imóveis. Sou um construtor por natureza. Lembro-me de construir estruturas muito altas com meus blocos de brinquedo quando eu era criança. Tomava emprestados os blocos de meus irmãos (que eu teria devolvido, se não os tivesse colado) para fazer prédios ainda mais altos. Acho que está em meu DNA construir coisas, e quanto maiores, melhor.

Como investimento, os imóveis representam um dos lugares mais seguros para guardar seu dinheiro. Não experimentam grandes explosões, conforme ocorre com outros setores. O mercado de imóveis, às vezes, enfrenta altos e baixos, mas, conforme Robert comentou, não creio que algum dia se torne obsoleto. No decorrer dos séculos, a terra sempre sofreu valorização. O preço original de Manhattan era de cerca de US$24 o m^2 — exatamente US$24, sem o acréscimo de zeros.

Quando Robert diz que não gosta de dispositivos eletrônicos, devo admitir que o mesmo acontece comigo. Não uso nem mesmo um interfone em meu escritório. Prefiro gritar para me fazer ouvir — é eficaz, economiza

> Sou fascinado por imóveis, e é isso que me motiva.
>
> — *Donald J. Trump*

tempo e cria um ambiente de trabalho energizado, desde que as pessoas também falem suficientemente alto para que eu possa ouvi-las. Como já disse, nem sempre sou uma via de mão única.

Os escritórios de corretoras de imóveis não são conhecidos por sua tranquilidade. O pessoal da mídia que já visitou nossos escritórios costuma chamá-los de "zonas de combate", entre outras coisas. De certa forma, têm razão. Às vezes, uma empresa se assemelha a um campo de batalha. O fato de esperar que minha empresa seja combativa significa que estou preparado para a realidade.

O que corrobora as razões pelas quais gosto de investir em imóveis: é estimulante, complexo, multidimensional e tangível. É possível enxergar o objeto de seu investimento, que evolui e se torna maior e melhor com o passar do tempo, desde que você saiba o que está fazendo.

A *Trump Tower* não foi construída há tanto tempo quanto outros prédios que se tornaram marcos, mas já é considerado um ponto de referência. Sua construção data de 1983. É um empreendimento do qual sinto orgulho e outra razão pela qual lidar com imóveis é gratificante. E tem sido gratificante também sob o aspecto financeiro.

Se vou investir meu tempo e meu dinheiro em alguma coisa, no final das contas, preciso sentir orgulho desse investimento. Muitos indivíduos investem em coisas a respeito das quais não entendem ou em coisas pelas quais não sentem a menor atração. Tudo bem, gosto não se discute, mas antes de investir eu preciso sentir muito entusiasmo pelo objeto de meu investimento. Sou fascinado por imóveis, e é isso que me motiva.

O que faz sua alma vibrar?

Sua Visão

Imóveis são o investimento ideal para você?

_____
_____
_____
_____
_____
_____
_____

Capítulo 27

Por que Você Recomenda o Marketing de Rede?

A Resposta de Robert

Quando ouvi falar de marketing de rede pela primeira vez, eu era contra essa atividade. Mas, depois de ampliar meus conhecimentos, comecei a enxergar as vantagens que poucas outras oportunidades de negócios oferecem.

O êxito de longo prazo é um reflexo de sua educação, vivência e caráter. Muitas empresas de marketing de rede fornecem treinamento em desenvolvimento pessoal nessas áreas estratégicas.

A maioria das escolas treina indivíduos para os quadrantes E ou A, e isso é ótimo se esses forem os quadrantes nos quais o indivíduo quer passar o resto de sua vida. Muitos programas de MBA treinam alunos para empregos que oferecem altos salários no mundo corporativo, o que os colocará no quadrante E, e não no D.

E se você estiver no quadrante E ou A e quiser mudar? E se você desejar estar no quadrante D? Onde você poderá encontrar a oportunidade de obter treinamento nesse quadrante? Eu recomendaria uma empresa de marketing de rede. Recomendo o setor para pessoas que querem mudar, e sugiro que adquiram as habilidades e atitudes necessárias, fazendo um treinamento para que sejam bem-sucedidas no quadrante D.

Ser empresário e estabelecer uma empresa no quadrante D não é fácil. Na verdade, acredito que esse seja um dos maiores desafios que uma pessoa possa enfrentar. A razão pela qual existe um número maior de indivíduos nos quadrantes E e A é que esses quadrantes exigem menos do que o quadrante D. Como dizem: "Se fosse fácil, todo mundo faria."

> Uma habilidade pessoal necessária a qualquer empresa do quadrante D é a liderança. Você é capaz de superar seus medos e de fazer com que os outros também os superem para fazer acontecer?
>
> — *Robert T. Kiyosaki*

Pessoalmente, tive de aprender a superar as minhas próprias dúvidas, minha timidez e o medo da rejeição e, depois que fracassei, tive de sacudir a poeira e dar a volta por cima. Existem certas características pessoais que o indivíduo precisa desenvolver se quiser ser bem-sucedido em uma empresa do quadrante D, seja ela do ramo de marketing de rede, uma franquia ou uma startup.

Uma habilidade pessoal necessária a qualquer empresa do quadrante D é a liderança. Você é capaz de superar seus medos e de fazer com que os outros os superem para fazer acontecer? Essa foi uma habilidade que adquiri na Marinha. Como oficiais superiores, era imperativo que fôssemos capazes de liderar outros em uma batalha, embora todos estivéssemos apavorados.

Conheço muitas pessoas do quadrante A, especialistas ou proprietários de pequenos negócios, que gostariam de expandir sua empresa, mas, simplesmente, não têm habilidades de liderança. Ninguém está disposto a acatar suas ordens. Ou os funcionários não confiam em seu líder ou o líder não estimula os funcionários a se aperfeiçoarem.

Conforme dito anteriormente, a revista *Forbes* definiu um proprietário de uma grande empresa integrante do quadrante D como um indivíduo que controla uma empresa com mais de quinhentos funcionários. Essa definição explica por que habilidades de liderança são vitais para uma empresa do quadrante D.

Onde você poderia encontrar uma empresa que investisse tempo em sua educação, em seu desenvolvimento pessoal e o incentivasse a ter seu próprio negócio? A resposta é: entre a maioria das empresas de marketing de rede.

Construir uma empresa no quadrante D não é uma empreitada fácil, portanto, é preciso perguntar a si mesmo: "Será que tenho as características necessárias? Estou disposto a ultrapassar minha zona de conforto? Estou disposto a liderar e a aprender a liderar? Existe dentro de mim uma pessoa muito rica, pronta para sair da casca?" Se a resposta for "Sim", comece a procurar por uma empresa de marketing de rede que ofereça excelentes programas de treinamento. Eu me concentraria menos nos produtos ou nos planos de remuneração e mais no programa de educação e desenvolvimento pessoal que a empresa proporciona.

Uma empresa de marketing de rede encaixa-se no quadrante D porque satisfaz a muitos critérios pelos quais procuro em uma empresa ou investimento. Esses critérios são:

1. **Alavancagem:** posso treinar outras pessoas para trabalharem para mim?
2. **Controle:** sou dono de um sistema protegido?
3. **Criatividade:** a empresa permitirá que eu use minha criatividade e desenvolva o meu estilo pessoal e meus talentos?
4. **Expansibilidade:** a empresa poderá crescer indefinidamente?
5. **Previsibilidade:** minha renda será previsível se eu fizer o que se espera de mim? Se eu for bem-sucedido e continuar a expandir os negócios, minha renda aumentará com meu sucesso e trabalho árduo?

O Marketing de Rede Não É um Esquema de Pirâmide?

Sempre me perguntam se o marketing de rede é um esquema piramidal. Costumo responder que as corporações são, na verdade, esquemas em forma de pirâmide. Uma corporação tem apenas um indivíduo no topo, em geral o CEO, e todos os outros abaixo dele.

Segue-se o exemplo de uma típica pirâmide corporativa:

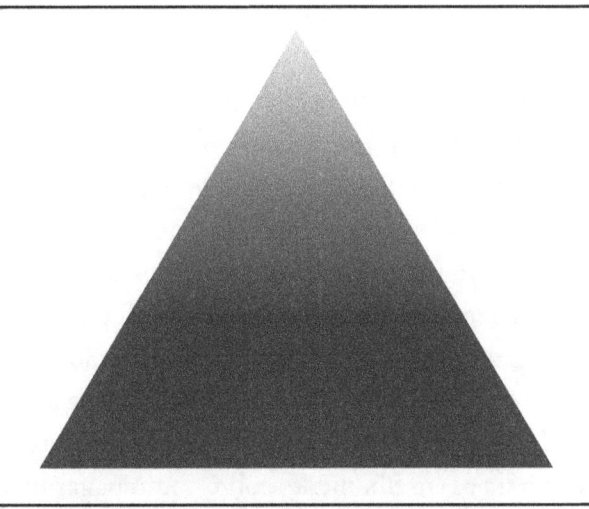

Compare esse esquema ao de uma empresa de marketing de rede:

Propósito do marketing de rede

Fazê-lo crescer

Uma verdadeira empresa de marketing de rede é exatamente o oposto de um modelo de empresa tradicional. É projetada para levá-lo ao topo, não para mantê-lo na base. Uma verdadeira empresa de marketing de rede não é bem-sucedida, a não ser que alce os funcionários ao topo.

Outros Pontos Dignos de Nota

A seguir, estão alguns pontos dignos de menção:

1. **Maior isenção de impostos.** Ao estabelecer uma empresa de marketing de rede durante seu tempo livre e, ao mesmo tempo, manter seu emprego regular, você começará a gozar dos benefícios tributários reservados aos ricos. O proprietário de uma empresa que opera meio período pode gozar de uma redução de impostos maior que aquela concedida a empregados. Por exemplo, você talvez possa deduzir despesas com veículos, combustível, algumas refeições e lazer. Obviamente, será preciso verificar, com um contador, os regulamentos pertinentes à sua situação. E o custo do seu contador é dedutível. Na maioria dos casos, um empregado não pode deduzir as despesas do contador. Em outras palavras, o governo vai lhe dar uma isenção fiscal para aconselhamento sobre como pagar menos em impostos.

2. **Pessoas com um pensamento semelhante.** Uma das vantagens que tive foi que meus amigos também queriam estar no quadrante D. Quando iniciei a minha carreira, a maioria dos meus amigos do quadrante E achava que eu estava ficando maluco. Não conseguiam entender por que eu não queria um emprego estável ou um cheque de pagamento regular. Portanto, parte importante de se tornar um D é rodear-se de pessoas que sejam D e queiram que você se torne um D.
3. **Um tempo para si mesmo.** Ser bem-sucedido em qualquer dos quadrantes exige tempo.

Da mesma forma que é preciso tempo para alcançar o topo da escada corporativa como E ou se tornar um médico conceituado ou um advogado do quadrante A, é preciso tempo e dedicação para ser bem-sucedido no quadrante D. Foram precisos anos para que eu estabelecesse uma empresa bem-sucedida no quadrante D.

Portanto, dê tempo a si mesmo. Eu diria que são precisos no mínimo cinco anos para que um indivíduo aprenda e se desenvolva até que esteja adequado ao quadrante D.

4. **Empresas de marketing de rede são pacientes.** Um dos atrativos das empresas de marketing de rede é que elas investem nas pessoas, mesmo que estas não sejam bem-sucedidas.

No mundo corporativo, se o indivíduo não for bem-sucedido dentro de um período de seis meses ou um ano, em geral é demitido. No mundo do marketing de rede, desde que o indivíduo esteja disposto a despender tempo, a maioria das empresas investirá em seu desenvolvimento, afinal, elas querem que ele chegue ao topo.

5. **Alavancagem dos sistemas já implementados.** Esses sistemas já foram testados e comprovados, portanto, você poderá fazer uso deles em vez de tentar construir sistemas internos do zero.

Resumo

Após ampliar os meus conhecimentos, consegui finalmente enxergar os benefícios exclusivos que o setor de marketing de rede proporciona às pessoas que desejam mais da vida.

Em geral, é muito menos dispendioso começar em uma empresa de marketing de rede do que abrir um negócio próprio.

A Resposta de Donald

Como Robert, eu não sabia muito sobre o marketing de rede ou a indústria de vendas diretas. Mas quando um amigo me disse que era um dos modelos de negócios de crescimento mais rápido, eu tive que abrir minha mente e olhar para ele. O que eu encontrei me surpreendeu.

Anos atrás, muitas empresas se opunham a um modelo de negócios conhecido como franquia. Muitas pessoas questionaram a legitimidade deste esquema. Hoje, todo mundo em qualquer lugar sabe sobre o McDonald's. O marketing de rede, sendo um novo modelo de negócio, está enfrentando a mesma resistência com que as franquias se depararam anos atrás.

Olhando para esta nova indústria, fiquei surpreso ao descobrir que muitas das principais empresas da *Fortune 500* adicionaram um componente de marketing de rede para os seus negócios. Hoje, muitos bancos, empresas de telecomunicações, corretores de imóveis, empresas de cartões de crédito e grandes marcas de consumo estão comprometidos com essa nova forma de marketing e distribuição de pessoas para pessoas. Assim, minha recomendação é manter a mente aberta, e se você estiver olhando para começar seu próprio negócio, um negócio de marketing de rede pode ser para você.

O marketing é uma poderosa ferramenta, e o marketing de rede pode maximizar esse poder, desde que você tenha automotivação. Em uma imagem visual simples, observe um produto e, a seguir, remova a publicidade. Você está encarregado do marketing e da publicidade.

> O produto deve compensar seus esforços e dedicação.
>
> — *Donald J. Trump*

É uma tarefa difícil, mas pode ser realizada se você tiver entusiasmo suficiente para desempenhá-la sozinho e conseguir manter o ímpeto e um alto nível de motivação. Exige espírito empreendedor, e isso significa foco e perseverança. Não recomendo o marketing de rede para pessoas carentes de automotivação.

Outro importante aspecto do marketing de rede é que ele é inerente à sociabilidade, portanto, se você não for uma pessoa sociável e de fácil convívio, seria aconselhável pensar duas vezes antes de entrar nessa área. A sociabilidade é um pré-requisito.

Da mesma forma que na publicidade, não faz sentido instituir uma campanha publicitária excepcional se o produto não for igualmente excepcional. E não se esqueça de que, se você decidir ser distribuidor, deve atentar para os dispositivos do código do consumidor que eventualmente se aplicariam, em especial às reclamações recebidas sobre o produto. Mas, acima de tudo, certifique-se de que o produto compensa seus esforços e dedicação. Caso contrário, você poderá estar dando murros em ponta de faca.

Robert menciona a importância de ultrapassar a zona de conforto quando se trata de marketing de rede. E menciona também que você deve dar tempo suficiente a si mesmo. Há importantes pontos a considerar. Com certeza você concorda que a liderança é essencial ao êxito. Definitivamente, é preciso ter uma atitude de comando e de autoconfiança.

Como em qualquer empreendimento, procure saber tudo que for possível sobre o que pretende fazer antes de começar. Está comprovado que o marketing de rede é uma fonte de receita viável e gratificante, e os desafios talvez combinem perfeitamente com sua personalidade. Existem alguns exemplos notáveis de êxitos que foram conquistados por meio de dedicação, entusiasmo e do produto certo combinado ao momento oportuno. Da mesma forma que ocorre com muitas questões já discutidas, existem fatores tangíveis e intangíveis envolvidos, mas o êxito não é um mistério total, e isso também se aplica ao marketing de rede.

A maioria das pessoas já ouviu falar em grupos de foco, ferramenta que as agências de publicidade usam ao testar um novo produto. Elas visitam diferentes locais todos os dias e perguntam às pessoas do que elas gostam ou não gostam em um novo produto. O processo funciona melhor quando você consegue manter sob controle o conceito de grupo de foco ao tomar uma decisão sobre determinado produto. O fato de você gostar do produto não significa que todos gostarão dele. Descobrir um denominador comum no apelo do produto é fator importante.

O resumo de meus conselhos sobre marketing de rede é: faça uma pesquisa e incorpore ao produto tudo que obteve por meio dela. O entusiasmo genuíno é praticamente imbatível e, com ele, as probabilidades estarão a seu favor.

Sua Visão

O marketing de rede é ideal para você?

_____
_____
_____
_____
_____
_____
_____

CAPÍTULO 28

POR QUE VOCÊ ACONSELHA COMEÇAR O PRÓPRIO NEGÓCIO?

A Resposta de Robert

Observe mais uma vez o quadrante CASHFLOW, abaixo:

```
  E | D
 ---+---
  A | I
```

As grandes diferenças entre os quadrantes referem-se aos valores diferentes. Meu pai pobre não se deu bem nos quadrantes A, D ou I porque, como foi treinado para ser professor, seus valores correspondiam aos do quadrante E. Ele não tinha as habilidades ou o instinto de sobrevivência necessário ao êxito nas ruas. Não foi treinado para os outros três quadrantes. Assim, quando o governo o exonerou do serviço público, meu pai descobriu quem estava no controle de sua vida.

A vantagem de ter um pai rico que fez fortuna nos quadrantes D e I foi que ele me orientou mental e emocionalmente a partir dos quadrantes E e A em direção aos quadrantes D e I — da mesma forma que o pai de Donald o orientou.

Embora eu tenha enfrentado várias derrotas ao longo do caminho, foi a sabedoria de meu pai rico e sua orientação que me conduziram ao longo da árdua estrada.

Eu Amo Ser Empresário

Embora no início a estrada fosse árdua, hoje gosto muito de ser empresário. Adoro abrir novas empresas. Adoro a criatividade, a oportunidade de conhecer pessoas, os desafios e as recompensas. O preço que paguei para adquirir educação e experiência foi alto, mas, ao fazer uma retrospectiva, chego à conclusão de que valeu a pena.

Não retornei aos navios petroleiros ou às aeronaves porque grande parte da empolgação de aprender essas profissões deixou de existir. Fiquei muito empolgado ao manejar pela primeira vez o timão de um navio petroleiro e ao fazer minha primeira aterrissagem. Depois que passei a dominar essas habilidades, a curva de aprendizagem se tornou mais fácil — e, por fim, acabou. Como piloto de uma linha aérea ou oficial de um navio, os dias seriam muito parecidos.

Adoro os novos desafios que enfrento diariamente como empresário. Adoro a empolgação no início de um empreendimento e o desenvolvimento que vem a seguir. Depois que a empresa está de pé e em operação, adoro o desafio da expansão e do crescimento. Depois que a empresa começa a crescer, adoro o desafio de contratar novos membros para a equipe que possam proporcionar mais estabilidade à empresa e promover seu crescimento, o que torna a empresa previsível e lucrativa.

Como empresário, todos os meus dias são estimulantes, novos e produtivos. Estou sempre aprendendo algo novo, mesmo nos maus dias. Donald diz o mesmo, e essa é a razão pela qual tem vários projetos de negócios em andamento ao mesmo tempo. É um verdadeiro empresário. Um verdadeiro empresário precisa ser inteligente e gostar de aprender. Se você não gosta de aprender, é provável que sua empresa não cresça, pois você não está crescendo. Quando uma empresa entra em declínio ou fica estagnada, em geral é porque o proprietário está em declínio ou estagnado.

Mire-se no Espelho

Sua empresa é o melhor espelho no qual se mirar. É como o jogo de golfe. Ela lhe fornece feedback imediato toda vez que você dá uma tacada. Se você for bom, sua empresa o tornará mais rico do que Tiger Woods. Como todos sabem, os empresários bem-sucedidos são as pessoas mais ricas do mundo. E se você não for bom, essas pessoas não permitirão que se associe ao clube. Sei disso por experiência própria. Hoje, vários country clubs me convidam para ser membro honorário. Alguns anos atrás, os mesmos clubes não permitiriam sequer que eu cruzasse a porta.

Reassuma o Controle

Um dos motivos pelos quais tantas pessoas se sentem inseguras hoje é que nunca aprenderam na escola a importância de *controlar* a própria vida. Por exemplo, se você é empregado, praticamente não tem controle sobre seu salário, suas promoções, aumentos, férias, e, às vezes, nem mesmo sobre seu horário de almoço.

Em 1974, com a aprovação da ERISA, a "Lei de Segurança da Aposentadoria dos Empregados", muitos empregados do quadrante E estão sendo obrigados a se tornar investidores do quadrante I. Mas o problema será a falta de instrução e de experiência. Como a maioria dos empregados, mesmo os mais instruídos, tem pouco conhecimento sobre finanças, frequentemente investe em ativos financeiros, como poupança, ações, títulos ou fundos. Mais uma vez o problema se repetirá — na qualidade de investidores, não terão nenhum *controle* sobre esses bens.

Outra coisa sobre a qual os empregados praticamente não têm controle são os impostos. Aqueles que estão no quadrante E e A, na maioria dos casos, pagam impostos muito mais altos do que os profissionais dos quadrantes D e I.

E, mais uma vez, a razão está relacionada ao *controle*. A Receita Federal e o código tributário permitem maior controle àqueles que pertencem aos quadrantes D e I porque esses indivíduos são importantes para o crescimento econômico e o poder da nação. Os verdadeiros Ds proporcionam empregos, e os verdadeiros Is fornecem capital para subsidiar empresas, infraestruturas, exploração de recursos naturais, energia e imóveis.

Muitas pessoas se sentem inseguras quanto a seu futuro porque praticamente não têm controle sobre seu emprego, seus investimentos e impostos.

Frequentemente fico conhecendo pessoas de diferentes países que tentam me explicar que as leis em seu país são diferentes. Pelo que pude constatar, não são tão diferentes. Sei disso porque tenho negócios na China, Japão, Canadá, Austrália, América do Sul, Oriente Médio e Europa. Tenho constatado que benefícios semelhantes em termos de tributação são concedidos aos quadrantes D e

I nos países mais desenvolvidos ou naqueles em desenvolvimento. Existem algumas diferenças, mas o Primeiro Mandamento que diz "aqueles que têm o ouro fazem as regras" parece prevalecer no mundo todo.

Aprenda a Assumir o Controle

Hoje, é mais fácil do que jamais foi ter acesso aos quadrantes D ou I. Temos ferramentas tecnológicas que facilitam a alavancagem e a expansão da base de operação de uma empresa em qualquer parte do mundo. Por exemplo, o computador e a internet permitem que um empresário opere em âmbito nacional ou internacional com muito mais facilidade e a um custo muito mais baixo. Por uma quantia inferior a R$1 mil é possível comprar um computador e ter acesso aos mercados mundiais como proprietário de empresas ou investidor. A questão é: você tem a educação, a experiência, a mentalidade e os valores essenciais a um empresário nacional ou internacional?

Como Obter Educação e Experiência

Visto que nossas escolas quase nada ensinam sobre a arte de ser empresário ou de investir, a pergunta é: "Como um indivíduo pode obter a educação e a experiência necessárias a um empresário bem-sucedido nos quadrantes A, D ou I?"

Minha resposta e a de Donald são muito parecidas. Ambos recomendamos que ele frequente uma escola de administração ou encontre um mentor e se torne seu aprendiz. Conforme deve ser de seu conhecimento, Donald e eu tivemos um pai rico que nos guiou ao longo do processo de desenvolvimento.

No capítulo anterior Donald e eu falamos sobre os benefícios do marketing de rede. O treinamento e o baixo custo inicial são, em minha opinião, as maiores vantagens de uma empresa de marketing de rede. Se você estiver levando a sério a ideia de se tornar empresário, novamente sugiro que procure uma empresa de marketing de rede que ofereça excelentes programas de treinamento e dedique, no mínimo, cinco anos de sua vida ao aprendizado dos valores essenciais do quadrante D.

O Poder das Franquias

Se você tiver mais disponibilidade de dinheiro e se sentir pronto para assumir um compromisso maior, talvez queira analisar a possibilidade de adquirir uma franquia. Se a franquia for boa, seus proprietários dedicarão tempo e energia treinando você para ser o administrador do ponto de vendas e de seus sistemas.

Todo mundo conhece o McDonald's. É um dos sistemas de franquia mais conhecidos no mundo. Muitas vezes pensei em adquirir uma franquia do McDonald's, não necessariamente pelo dinheiro, mas por seus programas de treinamento. Talvez você já tenha ouvido falar da Hamburger University. É uma respeitada escola de administração que treina indivíduos para enfrentarem o mundo real dos negócios. Mas um dos problemas com a franquia do McDonald's é o alto custo inicial, que, muitas vezes, ultrapassa R$1 milhão.

O Poder dos Mentores e Instrutores

Pessoalmente, compreendo os desafios, as frustrações, recompensas e a jornada a partir do lado esquerdo dos quadrantes E e A em direção ao lado direito dos quadrantes D e I. É por essa razão que na *Rich Dad* temos um número maior de programas avançados para aqueles que desejam ser bem-sucedidos nos quadrantes D e I. Oferecemos os seguintes programas (em inglês):

1. ***Rich Dad's Coaching***: Temos uma equipe de orientadores qualificados cujo objetivo principal é manter o participante concentrado e no caminho certo para que atinja seus objetivos pessoais no campo financeiro, ensiná-lo a investir, a iniciar seu próprio negócio ou a expandir sua empresa. Esse é um programa personalizado que tem produzido resultados excepcionais. Creio que a magia do programa é que os objetivos que você estabelece são seus objetivos reais, que vão além de sua realidade atual, que exigem o melhor de você e que, de acordo com sua convicção — uma vez alcançados —, mudarão sua vida.

2. ***Rich Dad's Education***: Embora a maioria dos investidores recomende o máximo possível de diversificação, na *Rich Dad*, recomendamos o máximo possível de concentração. Todos os indivíduos que fizeram grandes conquistas jamais perderam o foco.

   Em um futuro não muito distante, o setor de educação da *Rich Dad* oferecerá seminários e cursos de nível universitário para indivíduos que estão prontos para focar áreas específicas de negócios ou investimentos. Por exemplo, um de nossos cursos que está me empolgando muito ensina como se tornar um incorporador imobiliário, ou como se tornar um especialista em opções de ações de execuções hipotecárias. Como é sabido, existem muitas pessoas que podem enriquecer — se mantiverem o foco.

Resumo

Existem dois tipos de pessoas no mundo. As que buscam segurança e as que buscam liberdade. Como alguns de vocês sabem, segurança e liberdade são exatamente opostos. É por isso que os indivíduos que têm mais segurança têm menos liberdade. É como se esses indivíduos estivessem no setor de segurança máxima de uma prisão. Se você deseja liberdade, posso afirmar que o máximo de liberdade pode ser encontrado nos quadrantes D e I.

A Resposta de Donald

Por mais que possa parecer estranho, nem sempre recomendo que as pessoas abram seu próprio negócio. Algumas simplesmente não têm estofo para se tornar empresários, e sinto que seria um mau conselho dizer a todas que elas também podem ser extremamente bem-sucedidas quando, na verdade, não é esse o destino que lhes está reservado. Isso não funciona muito bem com os grupos que me pedem para dar uma palestra sobre motivação e êxito, mas tenho a obrigação de ser honesto. Não me agrada dar um conselho errado, e procuro evitar que isso aconteça.

Há cerca de um ano, durante uma de minhas palestras, me dei conta disso quando um senhor que aparentava uns sessenta anos me fez algumas perguntas diretas sobre a possibilidade de se tornar empresário. Tive de lhe dizer que nem sempre é a melhor coisa a fazer — existem riscos envolvidos. A ideia de aconselhar um homem que poderia perder tudo naquela altura da vida me fez pensar sobre outras coisas além dos tópicos normalmente abordados em minhas palestras. Cada caso é um caso, e eu me sentiria pessoalmente responsável se ele seguisse meus conselhos e fracassasse. Tive a intuição de que ele não era um empresário nato e não seria justo, pois não se tratava de um jovem iniciando sua vida profissional. Sou um otimista cauteloso, mas a cautela fala mais alto.

Recomendo que as pessoas abram sua própria empresa quando a situação é propícia — quando já observei sua ética no trabalho, sua motivação, seus principais interesses e sua tenacidade, e sei que têm as qualidades necessárias. Algumas pessoas acham que têm essas qualidades, mas, muitas vezes, estão enganadas. Todos a quem aconselhei a abrirem seu próprio negócio se deram muito bem. Mas esse não é um conselho que dou indiscriminadamente.

Certa vez aconselhei uma jovem que trabalhava no setor imobiliário a abrir seu próprio escritório, e ela seguiu meu conselho — no dia seguinte! Kim Mogull é uma empresária muito conhecida em Nova York, e até hoje conta como iniciou sua carreira. Não demorou mais de 24 horas para dar a partida. Outro conhecido meu trabalhava em uma área na qual não estava se dando bem, era do mercado financeiro, e eu finalmente lhe disse que ele estava começando a parecer um perdedor porque não estava se saindo muito bem, o que o deixou desolado. Perguntei-lhe o que gostaria de fazer e ele confessou que sentia interesse pelo golfe. Foram precisos alguns anos de coaching, mas ele finalmente fez a mudança e teve muito sucesso com seu próprio negócio de golfe — e, paralelamente, ficou muito feliz.

Esses dois exemplos mostram que: você precisa ser bom no que faz e precisa ter coragem para dar o passo para se tornar independente. Cada um de nós tem seu tempo, mas a inclinação precisa estar presente.

Uma das primeiras coisas que digo às pessoas é que ser empresário não depende de um esforço em grupo. É preciso que você esteja disposto a ficar sozinho por certo tempo — e, às vezes, por um longo tempo. O êxito de Robert não aconteceu da noite para o dia, mas ele persistiu, aprendeu com a experiência, e veja onde ele está agora. Acredite, se você tiver determinação, vale a pena.

O orgulho de ser proprietário não precisa ser explicado. Provavelmente começa com sua primeira bicicleta. Quando alguma coisa lhe pertence, intimamente você sente orgulho em fazer com que ela funcione bem. No meu caso, meu nome aparece em uma infinidade de produtos, e minha responsabilidade é assegurar que o produto reflita a melhor qualidade possível. Esses são meus padrões, e procuro viver de acordo com eles. É uma integridade de propósito difícil de ser igualada, a menos que você tenha seu próprio negócio.

Já ouvi indivíduos comentarem sobre certos funcionários: "Eles trabalham como se a empresa fosse deles." Eles trabalham com tal integridade de propósito que é como se fossem donos da empresa. Você precisa ter essa qualidade se quiser ter sua própria empresa — para começar, não existe limite de tempo para sua semana de trabalho. Você pode trabalhar de sol a sol e, no final, a responsabilidade é sua.

> *"Você colhe o que semeia" encaixa-se perfeitamente. Um assunto que merece reflexão.*
>
> *— Donald J. Trump*

Gosto de ter essa responsabilidade, pois a acho fortalecedora. E me dá energia, em vez de me irritar. Algumas pessoas talvez não achem essa pressão agradável, e se for esse seu caso eu o aconselho a continuar a ser empregado.

As recompensas de ter seu próprio negócio são claras. Não precisam ser explicadas. Uma vez que o indivíduo tenha sido dono de uma empresa, será difícil voltar a ser empregado. Não é, nem de longe, a mesma coisa. Isso talvez seja um bom incentivo para que o indivíduo se esforce para continuar a ser o capitão de seu navio. Todos os dias você pode dizer: "O jogo começa comigo — hoje, aqui, agora!" É uma sensação incrível.

Ter o próprio negócio é como plantar uma árvore — é um organismo vivo que atravessa as estações e as tempestades, lindos dias ensolarados e os rigores do inverno —, mas continua a crescer e é, literalmente, uma expressão de si mesmo. Essa é uma das razões pelas quais sou tão cuidadoso com o controle de qualidade do que faço. Se uma coisa o representa, você quer que ela seja a melhor representação de sua capacidade. Você decide até onde ir e, acredite, nunca se sentirá entediado.

Esse é outro aspecto interessante de ter sua própria empresa. Se você se sentir entediado, não tem ninguém a quem culpar a não ser a si mesmo, e essa situação não perdura por muito tempo. Alguns empregos são enfadonhos, e não há muito que você possa fazer, exceto pedir demissão. Com sua própria empresa, você está no controle, o que significa mais liberdade.

Liberdade é uma palavra interessante, pois ela tem um preço. Muitos donos de empresas trabalham um número muito maior de horas do que seus funcionários, mas nunca ouvi um empresário dizer que preferiria trabalhar para os outros! Nunca mesmo!

Todos já ouviram falar sobre se expressar, particularmente quando se trata de artes. Isso também se aplica aos negócios, que também considero uma forma de arte. Existem muitas coisas em comum, inclusive disciplina, técnica, obstinação etc. Mas é essa liberdade de expressão que torna o dono de uma empresa um indivíduo excepcional. Se eu tiver uma visão de algo que desejo fazer, saio em campo e faço esse algo acontecer. Não preciso pedir permissão a ninguém, por um motivo, o jogo é meu. Para conseguir um alvará de funcionamento, tenho de seguir as leis da área, de zoneamento e outras leis correlatas, mas a concepção e o poder de fazer com que as coisas aconteçam são meus. Essa é uma sensação inigualável!

As pessoas se sentem inspiradas por uma razão — a inspiração é um agente motivador. A frustração ocorre quando a inspiração não é satisfeita. Se você tiver a inspiração e for capaz de combiná-la à perseverança e ao foco, eu o aconselho a pensar em ter sua própria empresa. As recompensas são maiores e, novamente, o antigo provérbio "Você colhe o que semeia" encaixa-se perfeitamente. Você colherá o que semeou. Um assunto que merece reflexão.

Sua Visão

Você gostaria de ser dono do seu próprio negócio? Por que sim ou não?

_____

_____

O que "liberdade" significa para você?

_____

_____

CAPÍTULO 29

Os Líderes São Professores

A Visão de Robert

Há muitos desafios a ser enfrentados. Precisamos de um número maior de líderes, não de seguidores.

Existe um número excessivo de pessoas com a mentalidade de que têm direitos — pessoas que esperam que o governo resolva seus problemas. Este livro foi escrito na esperança de que você se torne um líder.

O que significa ser líder? A seguir, fornecemos três definições sobre as quais você deve refletir:

1. **Os líderes são exemplos.** Quando eu estava na Escola Naval, grande parte de meu treinamento se concentrava em aprender a ser um modelo de desempenho — alguém admirado pelos subordinados, alguém cuja vida fosse baseada em padrões mais altos.
   Sem dúvida, Donald Trump satisfaz esses critérios. Ao escrever este livro em parceria com Donald, tive a oportunidade de conhecer uma pessoa a quem eu há muito já respeitava e admirava. Sua simples presença tem sido uma lição sobre a maneira como desejo estruturar minha vida — de acordo com padrões pessoais mais altos.
   Meu pai pobre me aconselhava a levar uma vida abaixo das minhas posses. Ele recomendava que eu trabalhasse arduamente para aumentar minhas posses. Conviver com Donald me estimulou a expandi-las além do que jamais pensei ser possível. E isso é o que os verdadeiros líderes fazem. Estimulam as pessoas a irem além do que pensavam ser possível.
   Acredito que este livro o tenha estimulado a ir além do que você pensa ser possível, a estruturar sua vida de acordo com padrões mais altos.

2. **Os líderes inspiram as pessoas para superar dúvidas e medos.** Meu pai rico costumava dizer: "O medo é o grande divisor. É a linha divisória entre os covardes e os líderes, os fracassos e os sucessos."

Em meus últimos dias de treinamento na base dos Fuzileiros Navais em Camp Pendleton, Califórnia, pouco antes de embarcar para o Vietnã, o instrutor que me ensinou a atirar e a lançar mísseis disse: "Seus dias de aprendizado estão acabando. Logo você estará no Vietnã, enfrentando a tarefa mais árdua que um líder pode enfrentar. Estará pedindo a seus homens que sacrifiquem a própria vida para que outros possam viver. Minha pergunta é: você estaria disposto a fazer o mesmo?" Depois de deixar que meu copiloto e eu refletíssemos sobre sua pergunta, ele disse: "Se você está disposto a sacrificar sua vida, encontrará vida. De uma forma estranha, você está tendo a oportunidade de enfrentar uma situação da qual a maioria das pessoas passa a vida tentando escapar. Você ingressará em uma esfera da vida além da vida e da morte."

Em várias ocasiões durante o ano que passei no Vietnã enfrentei o momento sobre o qual meu instrutor falara — o momento em que tive de encarar um de meus maiores medos e ultrapassei as fronteiras da vida e da morte.

Obviamente, os negócios e os investimentos não são eventos de vida e morte. Contudo, para ser bem-sucedido, muitas vezes é preciso escolher entre a morte de seu velho eu e o nascimento de seu novo eu. Muitas pessoas param de crescer porque têm medo de morrer, a velha identidade se recusando a cometer suicídio, e, assim, a vida continua a mesma, enquanto o mundo caminha.

Os verdadeiros líderes nos incentivam a crescer e a fazer as coisas que tememos.

> Os verdadeiros líderes nos incentivam a crescer e a fazer as coisas que tememos.
>
> — Robert T. Kiyosaki

Ao fazer uma retrospectiva de minha vida, percebo que, para que um novo eu surgisse, o velho eu teve de morrer.

Por exemplo:

Quando decidi me tornar uma pessoa *rica*, a pessoa *pobre* que havia dentro de mim teve de morrer.

Quando decidi me tornar *empresário*, o *empregado* que existia dentro de mim teve de morrer.

Quando decidi emagrecer e me tornar uma pessoa *saudável*, a pessoa *preguiçosa* que havia dentro de mim teve de morrer.

Tenho um amigo que sempre diz: "Todo mundo quer ir para o céu, mas ninguém quer morrer." Conviver com Donald nesses últimos dois anos me estimulou a ir além de meu velho eu, a ir em busca de uma vida que poucas pessoas experimentam.

Na década de 1980, quando Kim e eu estávamos passando pelos momentos mais difíceis das nossas vidas, nós dois lemos o livro de Donald, *The Art of the Deal*. Como alguns de vocês sabem, em 1985, Kim e eu estávamos tão quebrados que vivemos alguns dias dentro de um carro. Em 1987, quando *The Art of the Deal* saiu, foi a vontade de Donald de compartilhar sua sabedoria que nos encorajou a continuar, embora muitos de nossos amigos e familiares dissessem que devíamos parar de seguir os nossos sonhos.

Em 1987, quando o mercado de ações caiu, foram as palavras de sabedoria de Donald que nos permitiram reconhecer oportunidades em vez de desastre. Em vez de nos tornarmos mais pobres, como muitas pessoas fizeram, entendemos o crash do mercado de ações, das instituições de poupança e empréstimo (S&Ls) e do mercado imobiliário como uma oportunidade para tomar a frente e nos tornarmos financeiramente livres. Donald tem sido um farol na escuridão para Kim e eu e nós devemos muito a ele por causa da sua disposição, ao longo dos anos, por compartilhar seu conhecimento.

3. **Os líderes são visionários e ensinam os outros a enxergar além.** Certa vez li que Winston Churchill era capaz de enxergar duzentos anos à frente. E também que o dr. Buckminster Fuller era capaz de enxergar mil anos à frente. Não sei se isso é verdade, mas todos conhecem pessoas que não conseguem enxergar além do dia seguinte. Sabemos também que Donald Trump é capaz de enxergar arranha-céus reluzentes onde outros veem apenas prédios deteriorados. É isso o que faz de Donald um líder e um homem muito rico. Ele consegue enxergar o que os outros não conseguem.

Meu pai rico me ensinou a enxergar o que os outros não conseguiam. Repetindo uma importante lição deste livro, meu pai rico me ensinou a enxergar as quatro formas diferentes de renda que os investidores em imóveis realizam.

DEMONSTRAÇÃO FINANCEIRA

Renda
Fluxo de caixa positivo

Despesas
Desvalorização

BALANÇO PATRIMONIAL

Ativos	Passivos
Valorização	Amortização

Como jovem, uma vez que conseguisse imaginar essas quatro formas de renda, eu conseguiria imaginar como poderia me tornar um homem rico. Ao me ensinar a enxergar o que os outros não conseguiam, meu pai rico me proporcionou uma visão — a visão do meu futuro.

Quando você compara a visão à realidade do investidor que investe em longo prazo em renda fixa ou fundos, sente-se fortalecido para enxergar um futuro muito diferente.

De novo, repetindo uma lição muito importante deste livro:

Investindo dos 25 aos 65 anos em fundos mútuos, os retornos do investidor terão a seguinte configuração:

Ao longo de 40 anos

Empresas de fundos mútuos	Investidor
Retornos 80%	20%
Risco 0%	100%
Capital 0%	100%

Deixe a Fox entrar na Hen House

Como você pode ver, é muito rentável vender investimentos para pessoas com pouquíssima educação financeira. Para piorar a situação, muitas escolas, organizações e empresas, em sua tentativa de levar a educação financeira para a organização, na verdade convidam as mesmas pessoas que vendem estes investimentos de alto risco e de baixo rendimento para "educar" as crianças. Em outras palavras, é o caso clássico das galinhas convidando a raposa ao galinheiro.

A seguir, há um exemplo de raposas em um grande galinheiro. Na edição de maio de 2006 da revista *Money*, foi divulgado que a marca de fundos mútuos vendidos pela poderosa *American Association of Retired People* (AARP — "Associação Americana de Aposentados", em tradução livre), com 36 milhões de membros, é de alguns dos piores fundos disponíveis. Apesar de todo seu dinheiro e poder político, a organização vende para os seus membros fundos que não estão entre os 20% melhores da classe de ativos do fundo para o desempenho. Seu fundo maior e mais popular nem sequer está entre os 40% superiores. A boa notícia é que a AARP está fazendo mudanças para corrigir esta situação.

Na edição de 22 de setembro de 2006 do jornal *USA Today*, uma manchete dizia: "*Bill Would Shield Troops From Bad investments*" ("Bill Teria Protegido as Tropas de Investimentos Ruins", em tradução livre). O artigo começa assim:

"Os membros do serviço militar seriam protegidos dos civis empurrando pacotes de serviços financeiros e seguros muito caros."

O artigo afirmava em seguida:

"Também proibiria os produtos financeiros desacreditados que já não estão disponíveis nos mercados civis, mas ainda são vendidos a pessoas no serviço militar."

Como exemplo de uma vítima, o artigo cita o representante Geoff Davis, R-Kentucky, que disse: "Como ex-oficial de armas de combate, ele estava entre os membros do serviço, perdendo milhares de dólares em investimentos enganosamente anunciados." Ele prossegue: "Não funcionava assim, até que eu saí do exército para o mundo dos negócios, e descobri como esses produtos não competitivos eram quando comparados com outras oportunidades de investimento... Minha esposa e eu perdemos quase metade das economias das nossas vidas neste suposto investimento."

Repetindo meu ponto, pode ser muito lucrativo vender para pessoas com pouquíssima educação financeira e que acreditam que investir é arriscado. Investir não é necessariamente arriscado... mas não ter conhecimentos financeiros é.

Você quer ser um investidor que entrega cegamente seu dinheiro para uma empresa de fundos mútuos para investir para você, ou quer ser um investidor que toma as rédeas do seu futuro, assumindo o controle dos quatro tipos diferentes de renda?

"Mas o caráter executivo não passou despercebido. CEOs estão agora perto da parte inferior do barril na confiança pública. Uma pesquisa mostrou que, embora 75% dos comerciantes sejam de confiança do público em geral, 73% confiam nos militares e 60% confiam em médicos, apenas 25% confiam em executivos — um pouco acima dos 23%."
— John C. Bogle Fundador e CEO Vanguard Mutual Fund Group

Os CEOs estão dominando as empresas em que os gestores de fundos mútuos investem. Meu pai rico disse: "Fundos mútuos são como batatas fritas. Eles podem saciá-lo, mas não são bons em longo prazo."

Se você gosta de ações e fundos mútuos, recomendo fortemente o livro *Battle for the Soul of Capitalism* ("A Batalha pela Alma do Capitalismo", em tradução livre), de John C. Bogle.

Líderes São Professores

Anos atrás, meu pai rico não me deu dinheiro. Em vez disso, deu-me o poder de enxergar. É isso o que a proficiência financeira significa: o poder de enxergar com a mente o que seus olhos não conseguem ver.

Conforme já mencionado neste livro, no mundo do dinheiro você sempre ouve a palavra *transparência*. Transparência significa ser capaz de enxergar dentro de alguma coisa. Quando um banqueiro lhe pede seus demonstrativos financeiros, ele quer enxergar sua empresa por dentro. Seu demonstrativo financeiro é seu "cartão de relatório" do mundo real.

Meu pai rico, como grande líder e professor, proporcionou-me a visão do meu futuro, mas me deixou a tarefa de decidi-lo. É isso o que os grandes líderes e professores fazem. Os grandes líderes conseguem enxergar além, e ensinam os outros a fazer o mesmo.

— *Robert T. Kiyosaki*

A Visão de Donald

Resumo

Robert e eu esboçamos e abordamos alguns problemas que enfrentamos como indivíduos e como nação. Ambos acreditamos em analisar a solução e nos tornarmos parte dela. Espero que tenhamos sido suficientemente transparentes para permitir que você entenda como poderia também se tornar parte da solução.

Na qualidade de professores, sabemos que podemos lhe transmitir discernimento e algumas diretrizes, mas que, em essência, você é responsável por suas próprias decisões. Na verdade, esse é um de nossos objetivos.

Sempre tive habilidade para focar, pois o foco é um dos principais pontos de apoio para lidar de maneira eficaz com um problema, assim como a conscientização é o primeiro passo para o progresso. Para começo de conversa, como você pode resolver um problema se não consegue enxergá-lo? Temos nos concentrado em descobrir quais são os problemas, pois, assim, seria possível enxergar mais claramente quais poderiam ser as soluções, sejam elas individuais ou coletivas.

Durante o período em que escrevemos este livro, testemunhamos alguns fatos que salientam o valor de nosso esforço. Vimos alguns gigantescos esforços e talentos filantrópicos, os dirigentes da Enron serem levados ao tribunal e a permanência da constante confusão ao redor do gás e do petróleo. Mais do que nunca, percebemos que a situação não mudará, portanto, cabe a nós mudarmos.

Certa vez, observei: "Sem entusiasmo não existe energia, e sem energia não existe nada." Disse isso há muito tempo, mas continua válido até hoje, e é um dos conceitos que me fizeram continuar a escrever este livro. Não é hora de abandonar o campo de batalha. Precisamos, no mínimo, de mais entusiasmo e energia para lidar com as coisas que estão acontecendo. Eis um pensamento de Winston Churchill sobre o qual vale a pena refletir:

> Percebemos que a situação não mudará, portanto, cabe a nós mudarmos.
>
> — Donald J. Trump

"Fazemos a vida com o que recebemos, mas criamos vida com o que doamos."

Robert e eu esperamos sinceramente que um dia você esteja preparado para doar, pois isso significará que se tornou parte da solução e que nossos esforços valeram a pena.

Nesse meio-tempo, saiba que estar consciente é um grande passo na direção certa, e continue se esforçando para manter essa condição. Vamos procurar reduzir nossos pontos cegos ao mínimo quando se trata de responsabilidade financeira, bem como de responsabilidade global.

Sei que Robert continuará em seu caminho de excelência como um grande professor, e espero que todos vocês continuem a ouvir o que ele tem a dizer. O fortalecimento vem com o esclarecimento.

Espero que tenhamos preparado você para o sucesso.

— *Donald J. Trump*

Conclusão

Autoavaliação

Ao longo deste livro, convidamos você a compartilhar suas ideias, experiências, objetivos e sonhos. O motivo pelo qual fizemos isso está no Cone de Aprendizagem. Como você pode ver, a atividade "Lendo" está na base do cone e "Colocando em prática", no topo. Ao participar e refletir sobre como as questões se aplicam à sua vida, você estará operando na metade do cone, perto da seção "Participando de um debate". Ao se envolver nessas atividades, esperamos que você reconheça e internalize oportunidades para uma mudança positiva em sua vida.

Cone de Aprendizagem

Depois de duas semanas, tendemos a nos lembrar de		Natureza do envolvimento
90% do que dizemos e fazemos	Colocando em prática	Ativa
	Simulando a experiência real	
	Fazendo uma representação dramática	
70% do que dizemos	Conversando	
	Participando de um debate	
50% do que ouvimos e vemos	Presenciando uma atividade	Passiva
	Assistindo a uma demonstração	
	Assistindo a uma apresentação	
	Assistindo a um filme	
30% do que vemos	Olhando fotos	
20% do que ouvimos	Ouvindo	
10% do que lemos	Lendo	

Fonte: Cone de Aprendizagem adaptado de Dale, (1969).

Chegou a hora de você se analisar e se autoavaliar. Será que você deixou todas essas áreas em branco?

    Se for esse seu caso, o que essa atitude revela sobre seu nível de comprometimento e foco?

Ao concluir as seções, reveja seus comentários. Eles têm um tom negativo (não pude, não posso, não sei como fazer)? Ou positivo (eu pude, posso, farei)?

    Respostas negativas tendem a colocar você para baixo e o deprimem. Já as positivas, motivam e transmitem confiança a você. Se suas respostas foram negativas, será que você não tem nada mais a fazer? Se foram positivas, você está pronto para mudar sua vida?

Quanto tempo e dinheiro você dedica atualmente aos investimentos?

    Você assumiu um compromisso pessoal de dedicar mais tempo e dinheiro? Em caso negativo, talvez você não veja nenhuma melhora efetiva. Em caso positivo, empregue seu tempo e dinheiro de maneira sensata em uma área de seu interesse.

Quanto tempo e dinheiro você dedica atualmente aos investimentos?

    Você assumiu um compromisso pessoal de dedicar mais tempo e dinheiro? Em caso negativo, talvez você não veja nenhuma melhora efetiva. Em caso positivo, empregue seu tempo e dinheiro de maneira sensata em uma área de seu interesse.

Você escolheu uma área na qual pretende se concentrar, como imóveis, marketing de rede, opções sobre ações ou pretende abrir um negócio próprio?

    Caso não tenha feito isso, você tem algum outro plano financeiro para sua vida? Não importa o foco escolhido, continue sua instrução financeira e assuma um compromisso pessoal de vencer.

    Você tem um ambiente e colaboradores que o impulsionam rumo ao sucesso?

    Ou você vive em um ambiente e com pessoas que o atrapalham e o colocam para baixo? Você precisa fazer algumas mudanças no ambiente em que vive? Se for o caso, não hesite.

Somente você pode responder a essas questões e mudar sua vida.

Pensamentos — Ações — Resultados
Nós Queremos que Você Fique Rico.

Agradecimentos de Donald:

Trabalhar com Robert Kiyosaki e a equipe da *Rich Dad* foi uma experiência incrível e divertida. A equipe de Robert tem sido graciosa, bem como um porto seguro na elaboração deste livro, e agradeço a todos pela ajuda para entrelaçar as semelhanças e diferenças entre mim e Robert. Não foi tarefa fácil, mas foi muito bem-feita. Mona Gambetta fez um excelente trabalho na coordenação do lançamento do livro. Robert, obrigado pela experiência maravilhosa — você é um professor único e muito talentoso.

Quero agradecer à minha coautora, Meredith McIver, por seu cuidado e bom humor. Com uma agenda como a minha, ela realmente precisa disso. Podemos sempre contar com a ajuda de Rhona Graff e quero que ela saiba o quanto apreciamos isso.

Agradeço a Michelle Lokey, por trabalhar com afinco neste projeto desde o início, e a Allen Weisselberg, por seus insights e ajuda com o impacto educacional desse esforço. Muitos não sabem que você foi professor do ensino médio no início da carreira, antes de se tornar o CFO da Trump Organization. Agora todos sabem. A Keith Schiller, por sua vigilância e solicitude tão apreciadas por todos. Kacey Kennedy, obrigado por sua ajuda com a coordenação das fotos.

A William McGorry e Cevin Bryerman, da *Publisher's Weekly*, e toda sua equipe, obrigado pelo entusiasmo e apoio desde o início deste esforço em conjunto com Robert. Vocês foram fantásticos.

E, aos meus leitores, quero dizer que foi ótimo passar esse tempo com vocês. Continuem aprendendo, avançando e pensando grande.

Agradecimentos de Robert:

Foi uma honra e a realização de um sonho trabalhar com Donald Trump e sua equipe. Ele é realmente um ícone de nosso tempo. Apesar de exigir excelência em tudo o que faz, sua amabilidade e respeito pelas pessoas que trabalham para ele são de extrema importância. Aprendi muito com ele, expandindo minha própria realidade do que é possível no processo. Sua equipe é um reflexo dele em suas atitudes dinâmicas e apoio excepcional.

Conhecer Meredith McIver e trabalhar com ela foi um verdadeiro prazer. Sua elegância clássica é equipada apenas por seu talento e criatividade. Michelle Lokey foi de extrema ajuda na concretização deste esforço conjunto, trabalhando diretamente com outro advogado, Michael Lechter.

Agradeço a duas mulheres poderosas, Meredith e Michelle, por seu interesse pessoal neste projeto. Agradeço também a Keith Schiller e Rhona Graff, pela gentileza e entusiasmo contínuos durante todo o ano que se passou. Além disso, foi um prazer conhecer Allen Weisselberg, CFO da Trump Organization, e saber que compartilhamos a mesma paixão pela necessidade de tornar os jovens financeiramente proficientes.

Um agradecimento especial a todos da equipe *Pai Rico*, que apoia nossos projetos editoriais e, mais uma vez, adicionou suas ideias e organizou os meus pensamentos para entregar um texto claro e consistente. Seu talento em combinar meu estilo ao de Donald Trump fez deste um livro único em seu estilo e impacto.

Mona Gambetta foi de imensa ajuda na condução da produção e da promoção deste livro. Seu entusiasmo só é ultrapassado por sua inesgotável dedicação à excelência. Há também aqueles que trouxeram esta obra à vida.

Quero agradecer também à equipe da *Publisher's Weekly* pela orientação, riqueza de conhecimento e experiência e, acima de tudo, pelo entusiasmo. William McGorry, Cevin Bryerman, Hannah Volkman e Rachel Deahl, em particular, foram essenciais em sua colaboração. Um agradecimento pessoal a Cevin, pela orientação durante todo o projeto.

E, o mais importante, quero agradecer a você por seu interesse em sua própria educação financeira e por ler este livro.

Donald J. Trump
Presidente da Trump Organization

Donald J. Trump é a mais perfeita definição da história de sucesso americana, continuamente definindo os padrões de excelência, ao mesmo tempo em que expande seus interesses por imóveis, jogos, esportes e entretenimento. Graduado pela Wharton School of Finance, começou a carreira trabalhando com o pai.

Na cidade de Nova York, a assinatura Trump é sinônimo dos endereços de maior prestígio, entre os quais o arranha-céu mundialmente conhecido na Quinta Avenida, a Trump Tower, o Trump International Hotel & Tower, escolhido como o melhor hotel nos Estados Unidos pela Conde Nast Traveler, o Trump World Tower, no United Nations Plaza, na 40 Wall Street, e o Trump Park Avenue. Seu portfólio inclui o histórico Mar-a-Lago Club em Palm Beach, Flórida e sua coleção cada vez maior de campos de golfe premiados que abrangem os EUA de Los Angeles a Nova York, Nova Jersey, Washington, D.C. e a Flórida, e, internacionalmente, da Escócia às Granadinas. O grupo Trump Hotel tem crescido para incluir propriedades em Chicago, Las Vegas, Waikiki e Toronto, além de Trump SoHo/Nova York e o aclamado Trump International Hotel & Tower no Central Park West, que mais uma vez ganhou o cobiçado Mobil Five-Star Award bem como o Five Star Diamond Award, da American Academy of Hospitality Sciences ("Academia Americana de Ciências da Hospitalidade", em tradução livre). O Trump International Hotel & Tower Chicago foi premiado como o melhor hotel nos EUA e Canadá pela revista *Travel & Leisure*. Suas recentes aquisições incluem o emblemático Doral Hotel & Country Club (de aproximadamente 3km), em Miami, o histórico Old Post Office Building, em Washington, D.C. e o Kluge Estate, em Virgínia.

O sr. Trump foi indicado para o Emmy, e é coprodutor da série de reality shows *O Aprendiz*, que rapidamente se tornou a principal na televisão, fazendo a história de audiência e recebendo elogios e atenção mundial. *The Celebrity Apprentice* também atingiu um grande sucesso, sendo um dos programas mais cotados na televisão, e o ano de 2013 marcou a décima terceira temporada desta série notável. "Você está despedido!" é listado como o terceiro maior bordão da televisão de todos os tempos. O sr. Trump também é coproprietário, com a NBC, dos concursos *Miss Universo*, *Miss USA* e *Miss Teen USA*. O *Miss Universo* é transmitido em 180 países e o *Miss EUA* ganhou as audiências na primavera de 2011. Em 2007, o sr. Trump recebeu uma estrela na Calçada da Fama de Hollywood, e está entre os oradores públicos mais bem pagos do mundo.

A marca Donald J. Trump Signature Collection inclui gravatas, ternos corporativos, camisas sociais, abotoaduras e muito mais, tudo um grande sucesso de público, como a Trump Home, que inclui uma coleção abrangente de colchões, mobiliário, iluminação e decoração para quartos. Em 2012, sua fragrância, *Success*, foi lançada.

Autor renomado, o sr. Trump escreveu mais de quinze best-sellers, e, seu primeiro livro, *The Art of the Deal*, é considerado um clássico dos negócios, além de um dos livros do ramo mais bem-sucedidos de todos os tempos.

Robert T. Kiyosaki

Mais conhecido como o autor de *Pai Rico, Pai Pobre* — apontado como o livro nº 1 de finanças pessoais de todos os tempos — Robert Kiyosaki revolucionou e mudou a maneira de pensar em dinheiro de dezenas de milhões de pessoas ao redor do mundo. Ele é um empreendedor, educador e investidor que acredita que o mundo precisa de mais empreendedores para criar empregos.

Com pontos de vista sobre dinheiro e investimento que normalmente contradizem a sabedoria convencional, Robert conquistou fama internacional por sua narrativa direta, irreverência e coragem e se tornou um defensor sincero e apaixonado da educação financeira.

Robert e Kim Kiyosaki são os fundadores da *Rich Dad Company*, uma empresa de educação financeira, e os criadores dos jogos *CASHFLOW*®. Em 2014, a empresa aproveitou o sucesso global dos jogos da *Rich Dad* para lançar uma nova versão revolucionária de jogos online[1] e para celulares.

Robert tem sido considerado um visionário com o talento de simplificar conceitos complexos — ideias relacionadas a dinheiro, investimentos, finanças e economia — e tem compartilhado sua jornada pessoal rumo à independência financeira de uma forma que encanta o público de todas as idades e histórias de vida. Seus princípios fundamentais e mensagens — como "sua casa não é um ativo", "invista para um fluxo de caixa" e "poupadores são perdedores" — despertaram uma enxurrada de críticas e zombaria... para depois invadir o cenário do mundo da economia ao longo da última década de forma perturbadora e profética.

Seu ponto de vista é de que o "velho" conselho — arrume um bom trabalho, poupe dinheiro, saia das dívidas, invista em longo prazo em uma carteira diversificada — se tornou obsoleto na acelerada Era da Informação. As mensagens e filosofias do Pai Rico desafiam o *status quo*. Seus ensinamentos estimulam as pessoas a se tornarem financeiramente proficientes e a assumirem um papel ativo para investir em seu futuro.

Autor de diversos livros, incluindo o sucesso internacional *Pai Rico, Pai Pobre*, Robert participa frequentemente de programas midiáticos ao redor do mundo — desde *CNN, BBC, Fox News, Al Jazeera, GBTV* e *PBS*, a *Larry King Live, Oprah, Peoples Daily, Sydney Morning Herald, The Doctors, Straits Times, Bloomberg, NPR, USA TODAY*, e centenas de outros — e seus livros frequentam o topo da lista dos mais vendidos há mais de uma década. Ele continua a ensinar e a inspirar o público do mundo inteiro.

Para saber mais, visite www.seriepairico.com ou o site da série original, em inglês, acessando www.richdad.com

---

[1] Ver: http://www.richdad.com/apps-games/cashflow-classic (conteúdo em inglês).

CONHEÇA OUTROS LIVROS DA PAI RICO!

Todas as imagens são meramente ilustrativas.

SEJA AUTOR DA ALTA BOOKS!

Envie a sua proposta para: autoria@altabooks.com.br

Visite também nosso site e nossas redes sociais para conhecer lançamentos e futuras publicações!
www.altabooks.com.br

 /altabooks ▪ /altabooks ▪ /alta_books

ALTA BOOKS
E D I T O R A